教育管理拾萃

袁昌富 著

中山大学出版社

·广州·

版权所有　翻印必究

图书在版编目（CIP）数据

教育管理拾萃/袁昌富著．—广州：中山大学出版社，2020.12
ISBN 978-7-306-07078-4

Ⅰ.①教… Ⅱ.①袁… Ⅲ.①高等职业教育—教育管理—研究—中国 Ⅳ.①G719.2

中国版本图书馆 CIP 数据核字（2020）第 255595 号

出 版 人：王天琪
策划编辑：曾育林
责任编辑：梁嘉璐
封面设计：林绵华
责任校对：陈　莹
责任技编：何雅涛
出版发行：中山大学出版社
电　　话：编辑部 020-84111996，84113349，84111997，84110779
　　　　　发行部 020-84111998，84111981，84111160
地　　址：广州市新港西路 135 号
邮　　编：510275　　传　真：020-84036565
网　　址：http://www.zsup.com.cn　E-mail：zdcbs@mail.sysu.edu.cn
印 刷 者：广东虎彩云印刷有限公司
规　　格：787mm×1092mm　1/16　14.25 印张　400 千字
版次印次：2020 年 12 月第 1 版　2020 年 12 月第 1 次印刷
定　　价：58.00 元

如发现本书因印装质量影响阅读，请与出版社发行部联系调换

目　录

第一编

高职院校内部会计控制体系研究 …………………………………………… 3
高职院校财务资源优化配置研究 …………………………………………… 13
二级单位经费下拨机制研究 ………………………………………………… 21
新常态下基于战略导向型全面预算管理的高职院校中长期预算编制
　　改革研究 ……………………………………………………………… 27
基于廉政风险点防控机制的高职院校内部控制制度建设的研究 ………… 37
江苏高校内部控制体系建设与财务风险防范的协同创新研究 …………… 53
江苏高校财政拨款制度中长期改革研究 …………………………………… 55
航海类学生生均拨款政策调整 ……………………………………………… 73
江苏海事职业技术学院债务偿还能力情况与新建项目分析 ……………… 75
大专工科学费应高于本科 …………………………………………………… 81

第二编

江苏海事职业技术学院"十三五"事业发展规划（参与部分）………… 85
统筹兼顾　整体布局 ………………………………………………………… 90
面向战略，融入区域，服务全民学习型社会构建，担当"双高"新使命，
　　"三并""三争"展风采 …………………………………………… 93
江苏海事职业技术学院后勤服务公司筹建实施方案 ……………………… 104
他山之石，可以攻玉 ………………………………………………………… 107
校企合作精彩纷呈　"十三五"规划曲径通幽 …………………………… 111
对标航运巨头　培养"胜任"船员 ………………………………………… 115
江苏海事职业技术学院内部控制基础性评价报告 ………………………… 121
江苏海事学院内部控制建设实施方案 ……………………………………… 125
三"并"三"争"，打造全方位继续教育培训服务体系 ………………… 130
勤积跬步　开辟船员教育新路径 …………………………………………… 134

多方协同　建高素质船员队伍……………………………………………… 141
握政策　迎接挑战　做好转型准备………………………………………… 146

第三编

围绕中心工作　切实提高财务管理水平…………………………………… 153
努力加强财务管理　不断提升财务工作水平……………………………… 155
最初的决策是绩效最大化的重要影响因素………………………………… 161
落实"放管服"　推进内部控制建设………………………………………… 163
收入分配改革的逻辑起点与框架建立……………………………………… 164
从学校实际出发　有序推进学分制收费工作……………………………… 166
新形势下继续教育发展方向与路径………………………………………… 167
依托授权开展外籍船员培训，共推职业教育国际化进程………………… 174
关注国防技能培训，军地共建融合发展…………………………………… 179
盯目标　抓关键　深化科研管理…………………………………………… 181

第四编

以不断提高会计人员职业道德水平为主线　合理组织会计行为，营造
　　良好组织文化环境………………………………………………………… 187
大力推动优质校建设，提升干部综合素质………………………………… 189
为优质学校创建做贡献……………………………………………………… 192
"免费培养＋定向就业"……………………………………………………… 195
在继续教育学院 2019 年全体学生大会上的讲话………………………… 198
服务终身教育体系建设，助力职业生涯人人出彩………………………… 201
以船员为中心，共同打造服务船员的"江苏品牌"………………………… 208
战疫情，促发展，船员教育再出发………………………………………… 210
聚焦关键岗位　心系海员未来……………………………………………… 214
突出优势　强者联合　冲击遴选…………………………………………… 217
落实主体责任　推动科学发展……………………………………………… 221

第一编

高职院校内部会计控制体系研究[①]

一、引言

"高职院校内部会计控制体系研究"于 2011 年 9 月获批江苏海事职业技术学院研究课题,课题号为 2011A3-01,2011 年 11 月开题。因新会计制度的实施等因素的变化,历时四年余,经过了课题的申报、立项、相关文献学习研究、开题分工、实施研究、调研分析、中期检查、撰写论文等阶段,圆满完成了研究任务,达到了预期的研究目标,取得较多的研究成果。

二、课题背景研究

近几年来,中国的高职教育事业蓬勃发展,各级各类高职院校纷纷加快发展步伐。高职院校为了适应当前的形势,保证自身的生存和发展,大力加强硬件建设,改善办学条件,拓展办学渠道,经济活动呈现出多样化和复杂化的趋势,高职院校对会计内部管理体制的改革力度也在不断加大。然而,当前高职院校内部会计控制存在的问题也日渐显现,主要表现为内部会计控制意识不强、内部会计控制体系不够健全、内部审计力度不够、内部会计控制的范围不够广泛、会计人员素质偏低等。

由于高职院校内部会计控制体系不完善,随之而来的是出现了一些违法、违纪行为和经济案件,造成国有资产损失,影响了正常的教学秩序。如何有效解决当前高职院校内部会计控制中存在的问题,发挥内部会计控制对高职教育的促进作用,加强高职院校内部会计控制,提高管理水平,提高资金使用效率,成为当前高职院校面临的一个重要而迫切的课题。

三、核心概念界定

高校内部会计控制是指高等学校为了确保学校教育事业活动有秩序和有效地运行、确保高校资产的安全完整、防止欺诈和舞弊行为、提高会计的真实性和准确性、实现高校管理目标等制定和实施的一系列具有控制职能的方法、措施和程序。

---

① 本文为江苏海事职业技术学院研究课题,编号:2011A3-01。

（一）内部控制

内部控制是指为确保实现企业目标而实施的程序和政策。内部控制系统包括两个因素，分别是控制环境和控制政策与程序。控制环境是指企业内对内部控制的态度及内部控制意识，代表整个企业对内部控制的价值观；控制政策与程序是指嵌入企业运营中的具体的内部控制。（2011年注册会计师）

发起组织委员会（Committee of Sponsoring Organization，COSO）的董事会、管理层及其他人士为实现以下目标提供合理保证而实施的程序：运营的效益和效率、财务报告的可靠性和遵守适用的法律法规。

中国《企业内部控制基本规范》内部控制是由企业董事会、监事会、经理层和全体员工实施的、旨在实现控制目标的过程。

（二）会计控制

会计控制指施控主体利用会计信息对资金运动进行的控制。会计控制的客体是资金运动，会计控制的主体是会计部门及利用会计信息对资金运动进行控制的其他有关决策部门，会计控制的组织体系是以会计部门为中心渗透到单位每个部门的网络系统。

（三）内部会计控制

内部会计控制是指单位为了提高会计信息质量，保证资产的安全、完整，确保有关法律法规和规章制度的贯彻执行和实施的一系列控制方法、措施和程序。（《内部会计控制规范——基本规范（试行）》）

高职院校内部会计控制是指根据国家有关法律法规和《内部会计控制规范——基本规范（试行）》，结合高职院校总体情况和财务处的具体情况，建立适合高职院校特点和管理要求的内部会计控制制度，并组织实施。

内部会计控制的基本目标是：第一，规范单位会计行为，保证会计资料真实、完整。第二，堵塞漏洞、消除隐患，防止并及时发现、纠正错误及舞弊行为，保护单位资产的安全、完整。第三，确保国家有关法律法规和单位内部规章制度的贯彻执行。

内部会计控制遵循的基本原则：一是内部会计控制应当符合国家有关法律法规和本规范，以及单位的实际情况。二是内部会计控制应当约束单位内部涉及会计工作的所有人员，任何个人都不得拥有超越内部会计控制的权力。三是内部会计控制应当涵盖单位内部涉及会计工作的各项经济业务及相关岗位，并应针对业务处理过程中的关键控制点，落实到决策、执行、监督、反馈等各个环节。四是内部会计控制应当保证单位内部涉及会计工作的机构、岗位的合理设置及其职责权限的合理划分，坚持不相容职务分离，确保不同机构和岗位之间权责分明、相互制约、相互监督。五是内部会计控制应当遵循成本效益原则，以合理的控制成本达到最佳的控制效果。六是内部会计控制应随着外部环境的变化、单位业务职能的调整和管理要求的提高，不断修订和完善。

内部会计控制的内容主要包括货币资金、实物资产、对外投资、工程项目、采购与付款、筹资、销售与收款、成本费用、担保等。

我院内部会计控制是指根据国家有关法律法规和《内部会计控制规范——基本规范（试行）》，结合我院总体情况和财务处的具体情况，建立符合我院业务特点和管理要求的内部会计控制制度，并组织实施。

四、研究意义与研究价值

全面开展高职院校会计内部控制体系研究，完善内控制度，是保护学校财产、促进学校良性发展急需进行的工作，具有重大现实意义。

（1）能促进高职院校快速健康发展。随着我国教育体制改革的不断深化和高校自主权的进一步扩大，我国高职院校在各方面都获得了快速发展。特别是在兼并、合并后，高职院校教育经费不断扩大，外来科研经费大幅提升，纵向拨款、横向协作经济业务与日俱增，高职院校的理财范围和对象发生了巨大的变化。系部、校办企业等部门增多，呈现出权力分散的趋势。为使高职院校的经济活动按照一定的秩序运行，促使学校各级经济责任人和管理人员认真履行各自的经济责任，保证学校教育经费投入与产出的质量和效益，研究并制定出符合高职院校内部会计控制体系是管理的核心，唯有如此才能促进高职院校健康快速地发展。

（2）有效保证高职院校财务安全。资料表明，近几年来，高职院校存在的财务安全隐患仍然很严重，财务失控现象并没有得到有效遏制，给国家财产造成重大损失。因此，研究并完善高职院校内部会计控制体系，有利于提高财务宏观调控措施的科学性和准确度，也有利于保护资金来源，规范资金管理，提高资金的使用效益，有效保证财务安全。

（3）最大限度地完善高职院校治理结构。由于特定的体制、环境等，高职院校出现的财务安全隐患和财务失控现象都与高职院校内部会计监督不力、控制和管理不严有着密切的关系。因此，研究并完善高职院校内部会计控制体系，促进高职院校管理的科学化、制度化、规范化，提高重大经济决策的科学性和透明度，以预防为主，以控制为重点，能最大限度地完善高职院校治理结构。

（4）能有效预防和惩治腐败。近几年来，高职院校在内部会计控制方面出现的问题越来越多，会计控制失败事故数不胜数。这就迫切要求对会计内部控制体系进行研究，加快高职院校内部的会计控制建设，从源头上治理腐败，防止经济犯罪。

五、国内外研究现状

(一) 国外研究现状

内部会计控制萌芽于公元前 1580 年至公前 1085 年埃及新王国时期的寺庙的内部控制。其主要任务是管理寺庙的财产并保证寺庙财产的安全,主要通过账簿的设置和实物的核对来实施。中世纪大学的财务体制和管理体制分为"学生大学"管理模式和"教师大学"管理模式。

关于当代国外高校内部会计控制的研究文献并不是很多。但是,这并不表明国外高校在内部会计控制方面的发展停滞不前,相反,其内部会计控制更加完善,内部控制引起的问题较少。

(二) 国内研究现状

我国从 20 世纪 90 年代起,开始重视内部控制。下面是高校内部会计控制可以遵循的法律、法规。① 2000 年 7 月实施的《中华人民共和国会计法》,明确了各单位必须建立、健全本单位的内部控制制度。《中华人民共和国会计法》是我国第一部体现内部控制要求的法律。②2014 年 1 月实施的《高等学校会计制度》第四十七条规定:"高等学校必须接受国家有关部门的财务监督,并建立严密的内部监督制度。"③2001 年财政部颁布的《内部会计控制规范》。④2008 年 7 月,由财政部联合证监会、审计署、银保监会等下发的《企业内部控制基本规范》中的第五条规定企业必须建立、实施有效的内部控制。有效的内部控制应包括五个要素:一是内部环境。内部环境包括企业治理结构、组织机构设置及权责分配、人力资源政策、内部审计、企业文化等。二是风险评估。风险评估要求企业及时识别、系统分析经营活动中存在的风险,合理确定风险应对策略,实现企业内部控制管理目标。三是控制活动。企业要根据风险评估结果,及时采取相应的控制措施,将风险控制在可以容忍的范围之内。四是信息与沟通。信息与沟通要求企业必须准确、及时收集、传递与内部控制相关的信息,保证企业内部、企业与外部之间信息的有效沟通。五是内部监督。企业必须对内部控制建立与实施情况进行有效的监督检查,对内部控制的有效性进行评价,及时发现内部控制存在的缺陷并加以改进。

由此可见,我国目前已经按照按 COSO 的五要素框架对企业的内部会计控制进行了规范。

近些年来,我国对高校内部会计控制的研究主要是借鉴 COSO 的整体框架理论,结合高校的实际,分析高校内部会计控制现状和存在的问题,然后针对问题提出完善措施,大多数研究的应对措施是基于财务会计角度对实证的设计,尚未从高校整体活动角度提出构建思路。如大连海事大学王刚的《高校内部会计控制系统研究》一文从控制论、信息论、系统论和受托经济责任的角度，提出了构建高校内部会计控制系统的理论基础，对高校内部会计控制的现状进行了分析，按照高校内部会计控制系统框架，对高校的对外投资、工程项目和实物资产等内部会计控制的薄弱环节进行了实证设计。厦门大学陈旭辉在《我国高校内部会计控制问题研究》中借鉴COSO要素及国外高校内部会计控制研究实践基础，对我国高校内部会计控制的现状进行分析，探讨了高校内部会计控制的构建与执行，提出了完善内部会计控制信息披露的基本思路。中国海洋大学葛玉杰的《我国高校内部会计控制研究》一文以控制论、信息论、系统论和受托经济责任理论为基础，借鉴COSO的风险管理框架理论，提出建立以控制环境为基础、以控制循环系统为核心、以监督和评价为保障、以信息系统为联系的高校内部会计控制系统，对目前高校的内部会计控制现状进行了分析，并对对外投资、工程项目和实物资产等业务进行了实证设计。近年来，我国会计理论研究者和实务界的一些专家学者也对高校的内部会计控制进行了一些研究和探索，但是在实际应用中还是以基于具体控制内容的实证设计为主，我国高校的内部会计控制还没有真正形成完整的内部会计控制体系。

六、研究目标、研究内容

（一）研究目标

本课题的研究目标主要有：保证高校履行国家的各种法律法规和单位内部规章制度的贯彻执行；保护高校财产的安全、完整及有效使用；保证高校会计信息及其他各种管理信息的真实、可靠和及时提供；控制高校成本、费用，减少不必要的支出，以求达到高校目标；预防和控制各种错误和弊端，以便及时、准确制定和采取纠正措施；保证高校各项日常教学、科研活动有秩序、有效率地进行；实现高校教育发展的战略目标。

（二）研究内容

本课题研究内容主要是高职院校内部会计控制体系。课题组成员通过分析研究内部会计控制制度、预算管理、风险监控机制、会计人员素质控制以及内部审计中存在的问题，寻求解决措施，并建立符合我院实际的科学的内部会计控制体系。

七、课题研究依据

2000年颁布的《中华人民共和国会计法》

2013年颁布的《事业单位会计制度》

2014年颁布的《高等学校会计制度》

2013年颁布的《高等学校财务制度》

2001年颁布的《内部会计控制规范——货币资金（试行）》

2001年颁布的《内部会计控制规范——基本规范（试行）》

1996年颁布的《会计基础工作规范》

1997年颁布的《会计基础工作规范化管理办法》

1986年颁布的《会计专业职务试行条例》

2012年颁布的《行政事业单位内控控制规范（试行）》

八、研究方法

（1）文献研究法。根据研究目的和课题需要，到南京市图书馆和江苏省高校图书馆及江苏省注册会计师协会等机构查找与高职院校内部会计控制体系相关的资料；通过参加各种学术会议和利用计算机互联网来掌握高职院校内部会计控制体系发展的新动向。

（2）调研分析法。成立调研小组，对国内高职院校内部会计控制体系建设和实施情况进行调研和分析。在全面深入调研的基础上，了解掌握高职院校内部会计控制体系建设和实施情况，针对高职院校内部会计控制体系建设和实施中存在的实际问题，提出可行的改进方法与措施。课题组将制订详尽的调研计划、内容与方法，在落实具体调研人员与措施的基础上，调查多所高职院校。在调研过程中，课题组采用走访、召开座谈会、问卷调查等方式对高职院校财务部门的管理人员和专业技术人员展开广泛而深入的调查工作。

（3）行动研究法。将该研究方法贯穿于"三个结合"之中，即理论研究与实践探索相结合，边研究，边应用；校内人员分散研究与集中交流相结合；校外财务专家指导与综合运用国内内部会计控制经验相结合。

九、研究思路

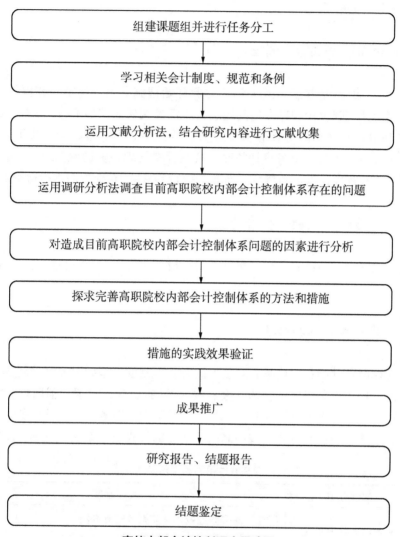

高校内部会计控制研究思路图

十、研究进程或阶段说明

（一）准备工作阶段

1. 查阅相关文件、资料、撰写开题报告

从申请此项课题（2011年4月）开始就利用学院图书馆提供的各种书籍和电子资源文献、光盘，以及互联网，系统查阅国内外学术期刊和有关文献资料，广泛收集信息，积累各种素材，拓展思路，认真撰写开题报告。

2. 完成任务分解、课题开题

在课题开题之前，先后多次召开课题组成员会议，讨论课题开题、子课题分工、各项调查任务的分解等。

（二）调研、全面分析综合

根据本项目的研究方案，2011年7月起开始搜集资料，确定研究框架，并就高职院校内部会计控制现状和存在的问题进行广泛的调研。2014年10月对江苏省教育厅直属53所高校和2所中专院校开展检查，通过听、看、查、问、议等调查方法，主要对"小金库"治理、财务审计整改、科研经费管理、资助政策执行、收费管理、资产管理、债务管理，以及新制度、新政策执行等一共16个方面进行检查。

（三）撰写论文、调研报告阶段

通过对相关理论的反复研究，完成了调研报告的写作；撰写和发表了一批高质量的学术研究论文。

（四）建立财务内控体系

结合我院财务处的相关业务，对基本财务管理制度、基础财务管理制度、高校资产管理制度、经费支出与成本管理制度、收入及结余/基金管理、辅助财务管理制度等6个方面制定了相应的制度体系，具体制度见下表。财务内部会计控制体系的建立经历了分析→实践→修改→再实践→修改→建立的过程，这是从理论到实践的过程。

我院内部会计控制制度体系建立表

序号	制度分类	我院制度
1	基本财务管理制度	①江苏海事职业技术学院财务管理办法 ②江苏海事职业技术学院基建财务管理办法
2	基础财务管理制度	①江苏海事职业技术学院预算管理办法 ②江苏海事职业技术学院专项经费管理办法 ③江苏海事职业技术学院财务信息公开管理办法
3	高校资产管理制度	①江苏海事职业技术学院会计管理办法 ②江苏海事职业技术学院货币资金管理办法 ③江苏海事职业技术学院公务卡管理办法

续表

序号	制度分类	我院制度
4	经费支出及成本管理制度	①江苏海事职业技术学院缴款、借款、报销规定 ②江苏海事职业技术学院专项经费管理办法 ③科研经费财务管理办法
5	收入及结余/基金管理	①江苏海事职业技术学院收费管理规定 ②江苏海事职业技术学院学生收费管理规定 ③票据管理办法
6	辅助财务管理制度	江苏海事职业技术学院会计档案管理办法

(五) 结题工作阶段

提出本课题的结题申请,做好项目结题的各项准备工作,对研究过程进行仔细的回顾,对研究成果进行全面总结归纳,撰写课题结题报告初稿,听取相关专家的指导意见,对原稿进行认真的补充和修改,最终完成本课题结题报告的定稿,等待专家评审和上级领导批准结题。

十一、研究取得成果

(1) 高职院校内部会计控制体系研究调研报告1篇。
(2) 高职院校内部会计控制实证报告1篇。
(3) 高职院校财务内控体系方案1套。
(4) 研究论文2篇:
①吴悦:《浅析高校会计电算化条件下的会计档案管理工作》。
②袁昌富、董瑶:《基于廉政风险点防控的高校内部控制探析》。

十二、本课题创新之处

(1) 内容上创新。由于高校是事业单位,不同于企业,但有自己的校办企业,它又与一般事业单位不完全一样,为此在研究内容上需要大大充实,既要考虑企业内部控制的内容,还要关注高校这个特殊事业单位的特点,使高校内部控制制定的内容具有针对性、实用性。

(2) 体系上创新。企业内部控制包括基本规范、具体规范和应用指南,在借鉴的基础上不仅要创新,还将研究、制定评价标准和配套实施办法,形成全方位、立体性的内控体系。

十三、研究的成效

2011—2015年,我院制定了一套财务内控制度体系,保证其得到有效执行。财务处严格按照《江苏海事职院技术学院财务管理办法》管理我院经济业务,并相应制定了《江苏海事职业技术学院专项经费管理办法》《科研经费财务管理办法》《江苏海事职业技术学院缴款、借款、报销规定》,从流程、审批、审核等各个方面规范我院专项经费、科研经费、各项借款、报销业务,保证专项经费的专款专用,提高资金的使用效率;保证科研项目结题也结账,对科研经费严格把关;严格按照规定执行报销审批审核程序,防止报销单据杂乱、资料不全等问题。制定了《江苏海事职业技术学院货币资金管理办法》和《江苏海事职业技术学院公务卡管理办法》,加强对货币资金的管理,提高资金的使用效率。同时制定了《江苏海事职业技术学院收费管理规定》,有效避免乱收费、收费无依据的问题,做到收费合理,收费透明化。另外,制定《江苏海事职业技术学院会计档案管理办法》《票据管理办法》,以加强我院会计档案管理和票据管理,合理有序归档,防止票据丢失,严格管理。通过制定一系列制度,我院有效地加强了内部控制建设。

十四、结束语

随着高校的规模不断扩大,经济业务种类不断增多。由于内部会计控制的缺失,高校的管理出现了许多新问题,高校的经济犯罪案件频发,引起了社会的广泛关注。未来,我国应不断完善高校这类非营利组织内部会计控制的法律、法规体系,建议按整体框架理论出台"非营利组织内部会计控制规范",建立健全高校内部会计控制体系,加强高校的廉政风险防范意识,使各项业务合法合规,有利于促进高校健康稳定发展。

参考文献

[1] 李金华,娄本刚. 如何构建会计的内部控制体系 [J]. 中小企业管理与科技(上旬刊),2008(12):42.

[2] 沈淑红. 试论高校会计内部控制体系的建立 [J]. 事业财会,2007(4):27-29.

[3] 王瑞玲. 建立并实施有效的会计内部控制体系的基本途径 [J]. 消费导刊,2008(11):122.

[4] 翟志华. 试论高校会计内部控制体系的建立 [J]. 武汉航海职业技术学院学报,2007,2(2):12-16,35.

[5] 财政部会计司. 内部会计控制规范 [M]. 北京:经济科学出版社,2001.

[6] 李凤鸣. 财务内部控制学 [M]. 北京:北京大学出版社,2002.

高职院校财务资源优化配置研究[①]

一、课题背景研究

资源的稀缺性和需求的无限性使人们不断追求资源利用效率。作为我国高等教育领域内资源的重要组成部分，高职院校财务资源的利用在近二十年的高职教育体制改革中出现了一些新问题，受到越来越多的关注。《国家中长期教育改革和发展规划纲要（2010—2020年）》中提出要大力发展职业教育，这是促进就业、改善民生、解决"三农"问题的重要途径，是缓解劳动力供求结构矛盾的关键环节，必须摆在更加突出的位置。高职教育同时也是直接服务于经济建设的主战场，由此可见高职教育的重要性。

很长一段时间以来，我们更多的是关注高职教育办学的社会效应。高职办学的经济效应虽已得到重视，但缺乏全面而深入的研究。要提高办学的经济效应，就需要缓解教育资源稀缺与高速发展的高职教育对教育资源的需求之间的矛盾，因而实现教育资源的优化配置就成了解决问题的关键。高职院校财务资源是人力资源和物力资源以及其他各项资源增值与消耗的货币表现形式，是高职教育资源优化配置的基本保障。

二、核心概念界定

（一）财务资源

财务资源是指企业所拥有的资本以及企业在筹集和使用资本的过程中所形成的独有的不易被模仿的财务专用性资产，包括企业独特的财务管理体制、财务分析与决策工具、健全的财务关系网络，以及拥有企业独特财务技能的财务人员等。

（二）高职院校财务资源

高职院校的财务资源是指以货币形态存在的教育资源，在入口处表现为以各类货币形式体现出来的教育投入，在出口处表现为学院内部人力资源、物力资源消耗的货币形态。作为一般等价物的形式存在，其可以供给高职院校的各种日常活动开支，也可以转化为其他资源形式，是高职院校正常活动、谋求发展必不可少的基础资源之

[①] 本文为江苏省高校哲学社会科学基金资助项目，编号：2011SJA630006。

一。目前，高职院校财务资源来源因资源配置方式调整出现多元化，具体表现为：国家（地方）对高职院校的财政拨款及其对高职院校的税收支持、社会方面（企业、社会团体等）的集资捐款和直接投资、受教育者个人（家庭）投资、高等学校自身投资（其主要来源是科研、教学成果转让、转化及相关销售服务收入，学院产业及其他经营劳动收入）。

（三）财务资源配置

财务资源配置是指资本在不同形成方式上的组合和在不同经济用途之间的分配。它涉及财务活动的两个基本方面：一是对资本的形成进行组合，即融资中的资源配置，这里，资源的配置表现为资本在不同时期之间和不同性质之间的安排，从而形成了融资的核心问题——融资结构的合理安排，包括长期资本和短期资本的安排、债务资本和权益资本的安排；二是对资本的使用进行分配，即投资中的资源配置，这里，资源的配置主要表现为资本的合理分配，从而形成了投资的核心问题——资源流向和流量的调整。财务资源配置是针对资本而言的，它不是单纯的融资或投资概念，而是一个投融资概念；不是单纯的资本量问题，而是资本内在结构的组合和安排问题。

（四）高职院校财务资源的优化配置

高职院校财务资源的优化配置，就是将教育投入所形成的财务资源进行科学合理的分配，用于进一步丰富高职院校的人力资源、物力资源和其他资源，并根据它们对教育产出所具有的重要程度来确定在某方面的财务投入量，使高职院校有限的财务资源在合理配置后对高职院校教育产出形成的贡献达到最大值。

三、研究意义与研究价值

（一）研究意义

1. 理论意义

开展这一研究能够深化高职院校财务资源利用效率理论研究，探讨提高高职院校财务资源利用效率的途径和方法，从而有利于缓解高职院校办学经费的不足。教育经费不足是长期困扰世界各国高等教育发展的重要问题，是教育发展中的永恒主题。《国家中长期教育改革和发展规划纲要（2010—2020年）》中提出要大力发展职业教育，这是促进就业、改善民生、解决"三农"问题的重要途径，是缓解劳动力供求结构矛盾的关键环节，必须摆在更加突出的位置。

2. 实践意义

本研究有助于准确把握我国高职院校财务资源利用的现实情况。高职院校财务资源利用效率对学校的教学、科研的发展速度与规模，以及办学效益均有重要意义。由于我国高等教育体制改革尚未深入，大多数高职院校不独立承担投资风险，因此高职院校资源利用的效率意识淡薄。本文依据比较科学的指标体系对个案高职院校财务资源利用的情况进行调查和做出判断，并借助其他方法找出指标体系未能充分反映的对高校财务资源利用效率产生影响的其他因素，有助于更科学地把握我国高职院校财务资源投入和利用的现实情况。

（二）研究价值

从宏观层次说，通过对高职院校财务资源利用效率的研究可以发现资源利用效率方面存在的问题，以及导致资源利用效率不高的原因，为教育决策者和管理者进行教育改革、改善管理提供依据。从微观层次说，通过高职院校内部资源利用效率的分析，包括人力、物力、财力利用率的分析，可以发现高职院校资源配置和学校管理方面的问题，进而改善学校管理，挖掘资源利用潜力，充分利用教育资源，培养数量更多、质量更高的学生。

四、国内外研究现状

（一）国外研究现状

从国外的研究情况来看，主要集中在对教育投入与产出的相互关系进行综合比较的研究和教育成本效益分析上，而没有阐述如何提高资源利用效率的比较系统的理论文章。在研究的基础上，国外的专家、学者也提出了许多提高教育资源利用效率的建议。综观国外，各国提高教育资源利用效率的措施有：不断改善办学条件，提供更有利的学校投入要素，如图书的数量及学生使用的方便程度、设备的状况、教师的质量；提供良好的由社会决定的投入要素，改善某些学生的社会经济背景；通过颁布一些社会经济和教育政策来逐步改善教育投资的社会环境和学生的社会经济背景；调整学校规模，寻求最佳投资效益；等等。

西方国家对高校的绩效评价比较重视，有关绩效指标及其评价的论述也较多。绩效指标通常是用数量形式测量高校活动特征的一种工具，这种测量既可以是序数性的，也可以是基数性的；既可以是绝对性的，也可以是相对性的；既包括固定的机械的程序，也包括一些非正式的过程（如同行评价或声誉排行等）。绩效指标分为效率指标、效益指标和经济指标。关于绩效指标的具体内容和体系，目前比较全面的是英国副院长与校长协会和大学拨款委员会工作小组联合编制的《英国大学管理统计和绩效指标体系》，有39个指标；美国泰勒等人在《改进高等教育绩效的战略指标》中编制的指标体系，有55个指标。

(二) 国内研究现状

王善迈教授在《教育投入与产出》一书中，从宏观和微观两个层面论述了影响教育效率的因素，包括教育投入的数量和质量、教育管理体制、学校管理体制以及学校规模等；范先佐教授在《教育经济学》中提出了提高教育资源利用效率的途径，其途径有确立合理的教育发展目标、学校规模适度、教育布局合理、改革先行的教育管理体制以及实现教育产权的社会化；靳希斌教授在《市场经济大潮下的教育改革》中运用产权理论和交易费用理论分析了提高教育效率的途径。

北京大学魏新、张万奇把高等学校资源利用效率评价指标分为人力资源使用率、财力资源使用率、物力资源使用率等3个一级指标，以及生师比、生职比、生均经常费、教学性开支占经常费比例、人员性开支占经常费比例、生均教学性开支、教学平均利用率、实验室平均利用率、图书周转率等9个二级指标。这种指标体系比单一的指标更能反映学校资源使用效率，增加了评估在学校间的通用性，减少了系统误差的可能性，有利于对学校的资源使用效率作出全面的评价。

五、研究目标、研究内容

（1）阐述财务资源及高职院校财务资源的定义、内涵；梳理国内外高职教育财务资源利用效率的发展脉络并作评述。

（2）选取高职院校进行调研，分析其财务资源配置的现实状况，以及影响这种资源配置的主要机制因素。在横向层面与国内或江苏省内的其他高职院校进行比较，为课题的建议与对策部分提供现实依据。

（3）在目前我国宏观办学体制、学校微观管理机制的背景下，从我国高职院校的发展现状出发，提出优化财务资源配置的建议。

六、课题研究依据

《国家中长期教育改革和发展规划纲要（2010—2020年）》
《江苏省中长期教育改革和发展规划纲要（2010—2020年）》
《关于落实〈规划纲要〉组织实施重大项目的指导意见》
《国务院关于进一步加大财政教育投入的意见》
《国有资产管理法》
《江苏省省属高等学校国有资产管理暂行办法》
《高等学校本科教学质量与教学改革工程专项资金管理暂行办法》

七、研究方法

（一）文献资料法

通过利用学校图书馆提供的各种文本和电子资源文献、光盘（音像资料），以及在知网上检索，系统查阅收集国内外学术期刊中近几年有关高职院校财务资源配置的文献资料，对政策文本、理论文献和统计数据进行分析、整理，扎实打好理论基础，并以此指导项目选题、研究设计、研究实施与研究总结的全过程。

（二）调查法

根据被调研的学校财务资源利用效率现状，对个案高校进行调查，用"解剖麻雀"的方法，找出主要特点、产生原因，追踪其过去的表现，分析其现实中的情况，以了解该校相关财务资源配置存在的问题。

（三）比较分析法

在阅读大量文献的基础上，概括归纳关于高职院校财务资源利用效率研究的不同类型。在时间维度上，与个案学校前期的资料进行比较；在横向维度上，与国内或江苏省内其他高校进行比较。

（四）访谈法

针对高职院校财务资源利用的多面性，运用访谈、电话问询、电子邮件问询的方式，具体了解相关高校师生对高等教育资源利用情况的印象和判断。

八、研究进程或阶段说明

（一）准备工作阶段（2011年4月—2012年6月）

1. 查阅相关文件、资料，撰写开题报告（2011年4—8月）

从申请此项课题（2011年4月）开始就利用学院图书馆提供的各种书籍和电子资源文献、光盘，以及互联网，系统查阅国内外学术期刊和有关文献资料，广泛收集信息，积累各种素材，拓展思路，认真撰写开题报告。

2. 课题开题，完成任务分解（2011年10月）

在开题之前，先后多次召开课题组成员会议，讨论课题开题、子课题分工、各项调查任务的分解等，并确定了课题组主要成员的分工。

（二）调研、全面分析综合（2011年10月—2012年6月）

2012年1月，对南京信息职业技术学院、南京铁道职业技术学院进行了调研；2012年5月，对江苏食品职业技术学院进行了调研；2012年6月，对南京交通职业技术学院进行了调研；先后召开各种座谈会十余次，共计走访了数十名教师和有关专家，收集了关于高职院校财务资源配置的意见。

（三）撰写论文、调研报告阶段（2012年7—12月）

通过对相关理论的反复研究，对调研单位进行回访，完成了调研报告的写作；撰写和发表了一批高质量的学术研究论文。

（四）撰写财务资源配置方案，提出优化财务资源配置建议（2013年1月—2014年10月）

2013年度按照二级学院经费下拨方案对学校各二级学院及行政部门进行了试运行。2013年年底，各二级学院预算执行情况良好，推进了学院经费管理的科学化、精细化，推动了学院各项事业的发展。

（五）结题工作阶段（2014年10—12月）

提出本课题的结题申请，做好项目结题的各项准备工作，对研究过程进行仔细的回顾，对研究成果进行全面总结归纳，撰写课题结题报告初稿，听取相关专家的指导意见，对原稿进行认真的补充和修改，最终完成本课题结题报告的定稿，等待专家评审和上级领导批准结题。

九、研究取得成果

（1）高职院校财务资源优化配置研究调研报告1篇。
（2）高职院校财务资源动态配置方案1篇。
（3）研究论文4篇：
①袁昌富：《二级管理模式下高职院校财务资源优化配置初探》。
②袁昌富：《高职院校财务资源优化配置再探——二级管理模式下动态配置》。
③袁昌富：《江苏高校生均拨款制度改革现状及对策》。
④吴悦：《高职院校实施二级财务管理的探讨》。

十、主要观点

（1）财务资源流入方面，课题申报人建议建立新的财政拨款公式模型，既要反映专业培养差异，也要体现整个社会的公平性、高职教育的普遍性，要体现生均拨款制度的科学化、精细化，鼓励高职教育围绕地方经济发展培养应用型人才，政府导向明确，防止高校逆向选择。

（2）高职院校理工类学科对实验实训的投入要求较高，特别是随着高职教育改革的深化，实行的是厂中校、校中厂、工学结合、工学交替，这种校企合作方式适合小班化教学，对师资、实训设备的投入远远超过本科院校的投入，在这种情况下考虑高职类学费比本科类学费低是不合理的，因此建议工科类收费标准不区分本专科。

十一、研究的成效

2013 年度按照二级学院经费下拨方案对学校各二级学院及行政部门进行了试运行。为了帮助各二级学院、部门更科学、合理地编制本部门支出预算，财务处在预算编制前期、中期多次组织相关讲座，就预算编制中可能会出现的问题进行详细讲解。财务处本着"量入为出、统筹兼顾、保证重点、收支平衡"的原则，在严控开支范围和开支标准的指导思想下，对每一个部门所报经费支出预算都落实了支出的合理性和变化范围，既减少了不必要的开支，又提高了经费使用效率。对部门各项经费使用情况进行及时跟踪检查，每月及时公布各二级学院、部门预算执行情况。在预算年度中期，财务处领导走访每一个二级学院、部门，就预算执行中出现的问题深入调查研究、听取意见，及时调整预算方案，确保预算的执行。

2013 年年底，各二级学院预算执行情况良好，推进了学院经费管理的科学化、精细化，推动了学院各项事业的发展。

十二、结束语

据国家教委统计，全国高校仪器设备有 20% 以上处于闲置状态，价格昂贵的大型科研装备的利用率最高不超过 15%。高校物力资源出现多重浪费，如：二级学院实验室和不同课题组的导师购买相同的设备，造成多重购买浪费；校图书馆、二级学院重复购书也造成浪费；各高校间的资源不能实现共享，造成各高校间重复购买。

建设节约型校园，以科学发展观进行资源优化配置，以节约资源为重点，建立节约型管理运行机制，这是高职院校贯彻落实国家加快建设"两型"社会的一项战略举措，是用尽可能少的教育资源，培养更多的人才，为国家、为社会创造更多的经济效益和社会效益，这对实现我国高职院校的科学发展有十分重要的意义。

由于财务处日常工作繁杂，研究人员水平有限，因此本文的研究未能穷尽高职院校财务资源配置的所有问题，有一些问题尽管有所涉及，但研究得不够系统、深入；

有一些问题得出了初步结论，但尚需从实践层面进一步检验。财务资源配置是一个需长期关注的问题，本研究认为还有以下两个方面需要研究关注：

（1）边际效用理论对财务资源配置的指导意义。可以建立以经费投入和时间为自变量的资源效用函数，通过分析自变量变化与效用函数的变化关系来指导财务资源配置。

（2）对优化财务资源配置建立相应评价指标体系非常必要，目前的研究中评价指标主要包括生均经常费、教学性开支占经常费比例、人员性开支占经常费比例、教室平均利用率、图书周转率等，但如何处理好评价指标的精确性和简易性将是一个需长期研究的课题。

参考文献

［1］李福华．高等学校资源利用效率评价［J］．陕西师范大学继续教育学报，2000（3）：33－36．

［2］王善迈．教育投入与教育产出研究［M］．石家庄：河北教育出版社，1996：194．

［3］李星云．论江苏教育与经济的均衡发展［J］．江苏经贸职业技术学院学报，2007（3）：1－4．

［4］张敏，唐任伍．我国高等教育资源利用效率评价理论研究［J］．清华大学教育研究，2006，27（5）：24－28，41．

［5］杨秀芹，范先佐．高等学校行为的博弈分析［J］．高等教育研究，2006，27（5）：40－45．

［6］尚海磊．对高等教育资源浪费根源的制度性分析及对策［J］．南京理工大学学报（社会科学版），2007，20（1）：70－74．

［7］徐警武．我国公立高校的组织效率损失与产权失灵析论［J］．教育发展研究，2007（3）：38－42．

二级单位经费下拨机制研究[①]

一、研究背景

资源的稀缺性和需求的无限性使人们不断追求资源利用效率。作为我国高等教育领域内资源的重要组成部分，高职院校财务资源的利用在近二十年的高职教育体制改革中出现了一些新问题，因而受到越来越多的关注。《国家中长期教育改革和发展规划纲要（2010—2020 年）》中提出要大力发展职业教育，这是促进就业、改善民生、解决"三农"问题的重要途径，是缓解劳动力供求结构矛盾的关键环节，必须摆在更加突出的位置。高职教育也是直接服务于经济建设的主战场，由此可见高职教育的重要性。但是，在目前我国教育投入有限的情况下，如何合理分配二级单位经费是一个亟待解决的问题。

《财政部印发关于推进财政科学化精细化管理的指导意见的通知》（财办〔2009〕37 号文）中指出提高收入预算编制的科学性和准确性。根据国内生产总值、居民消费价格总水平以及与税收直接相关的工商业增加值、全社会固定资产投资、外贸进出口总额、社会消费品零售总额等经济指标的预期增长情况，并综合考虑政策调整等增减收因素，分税种科学测算税收收入。依据各项非税收入政策规定以及近年来的收入情况，综合考虑预算年度内的政策调整等相关因素，分项目测算非税收入。细化预算编制，提高预算年初到位率。细化基本支出和项目支出预算编制，逐步实现"一上"预算编制全部细化到"项"级科目和落实到具体执行项目。基本支出预算要如实、准确地反映预算单位机构编制、人员、经费类型等基础数据及变化情况。实行定员定额管理的基本支出预算，要根据定额标准、编制、人员情况来测算编报。未实行定员定额管理的基本支出预算，要在上年度基本支出水平基础上结合人员变化情况、实际开支水平、部门历年财政补助水平及部门履行职能的实际需要测算编报。项目支出预算至少提前一年进行充分的研究论证，在"一上"时要有明确的项目实施计划和时间进度，保证项目可执行，且一经确定，原则上不得调整。涉及政府采购的，要同时编制政府采购预算。建立重大项目支出预算事前评审机制，继续推进按经济分类编制预算试点工作，使项目预算做到实、细、准。大幅减少代编预算规模。严格控制和减少上划和下划预算。建立部门预算责任制度。强化部门的预算编制主体责任，把预算编制作为部门的经常性工作，提前做好基本支出测定、项目论证评审等前期准备工作。严格限制上级单位代编下级单位预算，切实做到从最基层预算单位开始编制预

[①] 本文为江苏海事职业技术学院"解放思想、加快学院改革发展大讨论活动"专项研究课题，编号：2013SX—33。

算。扩大部门预算改革范围。省（区、市）、地市级部门及其下属预算单位要全面编制部门预算，县（市、区）也要逐步编制部门预算。

为响应上述两个文件，2012年学校财务处对水上专业办学成本进行了测算，2013年推出系部经费下拨办法。

二、研究的理论与实践依据

《国家中长期教育改革和发展规划纲要（2010—2020年）》
《江苏省中长期教育改革和发展规划纲要（2010—2020年）》
《关于落实〈规划纲要〉组织实施重大项目的指导意见》
《财政部印发关于推进财政科学化精细化管理的指导意见的通知》
《国有资产管理法》
《江苏省省属高等学校国有资产管理暂行办法》
《高等学校本科教学质量与教学改革工程专项资金管理暂行办法》

三、研究目的

深化学院两级管理改革，进一步明确学院与系部之间的经济权利和经济责任，规范学院经济秩序，提高经费使用效益，积极推进系部财权与事权的有机统一，建立责、权、利相统一的运行机制和理财机制，增强系部办学活力，促进学院管理从直接控制、过程管理为主向宏观调控、目标管理为主转变，提高学院二级管理水平。

二级学院在遵守学校财务制度的前提下，对学校分配的经费有自主支配权，本着"自求发展、自我约束、自我激励、量入为出"的精神，根据事业发展的需要，合理行使计划使用审批经费的权利，有利于调动二级单位的积极性，有助于完成学校既定的工作目标和任务，有利于二级单位更好更快地成长。

系部经费下拨机制研究着重于研究系部经费的核定标准、核拨程序、系部经费预算、决算和审计程序以及系部经费的支出管理。系部要开源节流、精打细算，优化资源配置；要积极采取措施，坚持公开、公平、公正的原则，合理、有效使用经费，确保系部经费的正常运转。

四、研究意义

（1）为了促使学院战略规划目标的层层分解和落实，实现长期目标与短期目标、经费使用绩效和管理过程之间的平衡，必须实行学院办学经费分级管理，下移管理重心，建立二级系部自我发展、自我约束的办学机制。在推进经费二级管理工作的过程中，经费的核定、核拨是非常关键的一环。推进经费二级管理是系部当家理财和职能部门转变职能管理观念的落脚点，有利于明确经费主体责任意识，划清各部门的经济责任，对提高学院经费使用效益具有重要意义。

（2）二级学院在遵守学校财务制度的前提下，对学校分配的经费有自主支配权，本着"自求发展、自我约束、自我激励、量入为出"的精神，根据事业发展的需要，合理行使计划使用审批经费的权利，有利于调动二级单位的积极性，有利于完成学校既定的工作目标和任务，有利于二级单位更好更快地成长。

（3）开展这一研究是当前高职教育经费管理改革的迫切要求。

（4）二级单位对学院分配的经费有自主支配权，有利于调动二级单位的积极性，有利于我院建设成"节约型校园"。

（5）二级单位经费下拨机制研究有助于准确把握我校二级单位财务资源利用的现实情况。根据实际情况再进行调查研究，从而实现理论与实际的结合，不断优化系部经费下拨机制，为完成学院的长期目标做出贡献。

（6）二级单位经费下拨机制的研究将从效率的角度更好地规范高职院校的办学行为。这一研究运用实证分析和规范分析的方法，通过实证分析获得的统计数据，将为今后同类研究提供翔实的资料，完善统计工作。通过规范分析，将为我院财务资源利用效率的提高提供保障与方向，从教育资源利用效率的角度更好地规范学校的办学行为，提高学校教育资源的利用效率，将为财务处省级课题"高职院校财务资源优化配置研究"提供一定的数据支持。

五、课题研究实施过程

（一）调研阶段（2012年12月—2013年2月）

收集整理关于高职院校二级单位经费管理相关政策、法规并面向同类高职院校进行调研，我院财务处赴南京铁道职业技术学院、南京食品职业技术学院进行调研，考察各高职院校二级单位经费下拨中的难点。

（二）制订方案阶段（2013年2月—2013年3月）

汇总分析调研成果，并制定二级单位经费下拨办法。

（三）方案实施阶段（2013年3月—2013年12月）

为了帮助各系部、部门更科学、合理地编制本部门支出预算，财务处在预算编制前期、中期均多次组织相关讲座，就预算编制中可能会出现的问题进行详细讲解。对部门各项经费使用情况进行及时跟踪检查，每月及时公布各系部、部门的预算执行情况，在预算年度中期，财务处领导走访每个系部、部门，就预算执行中出现的问题深入调查研究、听取意见，及时调整预算方案，确保预算的执行。

（四）对执行情况分析阶段（2014年1月—2014年3月）

对二级单位2013年预算执行情况进行分析、撰写报告，根据实际执行情况研究2014年二级单位预算下拨办法。

六、研究所取得的主要成果

（1）制定了二级单位经费下拨办法。
（2）形成2013年二级单位预算执行情况分析报告。
（3）高校生均拨款系列论文。

七、解决的主要问题包括

（1）二级单位经费下拨原则。
（2）二级单位经费下拨具体标准。
（3）对二级单位经费使用情况监督及奖惩措施。

八、研究成果的运用价值

党的十八大报告在论述教育时指出"推动高等教育内涵式发展"以及"合理配置教育资源"，这充分说明国家对高等教育从外延式简单扩张的发展模式（数量规模型）逐步发展为内涵式发展模式（质量效益型）。高职院校对教育资源进行整合、调配，充分发挥资源效能，培养高质量的人才和研制高精尖的科研成果，可以达到"精"办教育的目的。各高职院校应通过建立二级学院预算拨款模型来实现管理、运行重心下移，真正让二级学院从制度上、体制上获得适度而充分的财务管理权、事务管理权，这样才能确保高职院校的持续健康发展。

在高职院校二级财务管理体制下，必须确定合理的分配要素，建立科学的分配模式，实现学院财力资源在学院与二级学院之间以及不同二级学院之间的合理配置。在分配要素的确定上，其指标体系应包括学生人数（注册学生数、当量学生数）、教职工人数（教职工职称结构）、学科特点等；在预算分配模式的构建上，按照"保障基础、兼顾绩效、集中核算、分级管理"的原则，根据二级学院的办学规模、学科特点、事业发展、绩效管理等因素核定二级学院年度预算经费，包括绩效工资经费、公用经费、教学经费、科研管理经费、学生管理经费、后勤与安全保障经费、思政工作经费等。

2013年，按照经费下拨机制对学院各系部及行政部门经费预算管理，加强预算控制。为了帮助各系部、部门更科学、合理地编制本部门支出预算，财务处在预算编制前期、中期均多次组织相关讲座，就预算编制中可能出现的所有问题进行详细讲解。财务处本着"量入为出、统筹兼顾、保证重点、收支平衡"的原则,在严控开支范围和开支标准的指导思想下,对每个部门所报经费支出预算都落实了支出的合理性和变化范围,既减少了不必要的开支,又提高了经费使用效率。对部门各项经费使用情况及时进行跟踪检查,每月及时公布各系部、部门预算执行情况,在预算年度中期,财务处领导走访每个系部、部门,就预算执行中出现的问题深入调查研究、听取意见,及时调整预算方案,确保预算的执行。

系部经费下拨机制研究是财务处省级课题"高职院校财务资源优化配置研究"的子课题,高职院校的财务资源是指以货币形态存在的教育资源,在入口处具体表现为以各类货币形式体现出来的教育投入,在出口处表现为学校内部人力资源、物力资源消耗的货币形态。作为一般等价物的形式存在,其可以供给高等学校的各种日常活动开支,也可以转化为其他资源形式,是高等学校正常活动、谋求发展必不可少的基础资源之一。目前高等教育财力资源来源因资源配置方式调整出现多元化,具体表现为:国家(地方)对高等教育的财政拨款及其对高等学校教育的税收支持、社会方面(企业、社会团体等)的集资捐款和直接投资、受教育者个人(家庭)投资、高等学校自身投资(其主要来源是科研、教学成果转让、转化及其相关销售服务收入,学校产业及其他经营劳动收入,主要表现为高等学校自身置办的产业的上缴部分、高等学校后勤实体市场化后对其上缴部分)等。

财务资源配置是指资本在不同形成方式上的组合和在不同经济用途之间的分配。它涉及财务活动的两个基本方面:一是对资本的形成进行组合,即融资中的资源配置,这里,资源的配置表现为资本在不同时期之间和不同性质之间的安排,从而形成了融资的核心问题——融资结构的合理安排,包括长期资本和短期资本的安排、债务资本和权益资本的安排;二是对资本的使用进行分配,即投资中的资源配置,这里,资源的配置主要表现为资本的合理分配,从而形成了投资的核心问题——资源流向和流量的调整。财务资源配置是针对资本而言的,它不是单纯的融资或投资概念,而是一个投融资概念;不是单纯的资本量问题,而是资本内在结构的组合和安排问题。

财务资源配置的合理性是指单位财务资源的投入使新的资源配置比原有资源配置更合理。微观经济理论认为,在完全的竞争条件下,当每个单位生产要素的利用满足边际收益等于其价格的条件时,资源即达到最优配置状态。当所有用途中的生产要素的边际产量都相等时,社会产出就达到最大。这一理论被称为资源配置的边际定律。资源配置的边际定律以资源配置价格作为资源配置的合理性的衡量标准。在这里,资源配置价格就是在其他资源不变的条件下,每增加一个单位的财务资源投入所带来的收益总量和边际效益。投入效益差,资源配置的价格低;反之,投入效益好,资源配置的价格高;投入无效益或负效益,资源配置的价格为零或为负。资源配置价格是变化的,因为资源投入后在生产和流通过程中的效益是变化的。资源配置价格不同于市场价格,市场价格反映的是市场供求对价格的影响,不直接涉及投入的效益问题。而资源配置价格反映的是单位资源投入的边际收益,用于考察资源配置的合理性。

高职院校财务资源优化配置的实质是要通过合理配置财力,使一定的财务资源能够使学校的教育产出达到最大值。边际效用理论及其数学模型可用于指导对高职院校

财务资源的优化配置。

高职院校财务资源的最优化配置是使教育经费在高校办学各个方面的最后一个"单位投入"所形成的边际效用相等，因此，在财务资源比较充足时高职教育经费的分配应使需要经费投入的各个方面的边际效用相等以取得最优化配置；当教育经费不足时，经费的分配应保证重点、兼顾一般的原则，首先解决办学中的主要矛盾，因为在重点问题之处边际效用较大，财力集中投向重点目的，也是为了使重点项目边际效用与一般项目边际效用趋于一致，以尽可能优化财务资源配置。高职院校财务资源如何优化配置，在各系部最直接的体现就是如何正确制定系部经费下拨机制，即系部经费核定、核拨办法以及系部经费预算、决算和审计程序、系部经费考核等。

2013年年底，各系部预算执行情况良好，推进了系部各项事业的发展，推进了学院经费管理的科学化、精细化。

新常态下基于战略导向型全面预算管理的高职院校中长期预算编制改革研究[①]

一、课题背景研究

2014年8月,预算法修正案四审通过,《预算法》采用修改决定的形式。旧法共11章79条,新法共11章101条;旧法条款保留18条,减并7条,修改54条,新增29条。新预算法立法宗旨更加积极,"为了规范政府收支行为,强化预算约束,加强对预算的管理和监督,建立健全全面规范、公开透明的预算制度,保障经济社会的健康发展,根据宪法,制定本法";预算体系更加健全,李克强总理在国务院第一次廉政工作会议上说"建立公开、透明、规范、完整的预算体制,把政府所有的收入和支出都纳入预算,形成强有力的约束机制"。

中共十八届三中全会《关于全面深化改革若干重大问题的决定》,要求建立现代财政制度,改进预算管理制度,改进年度预算控制方式,建立跨年度平衡机制,实施全面规范的预算公开。《国务院关于印发推进财政资金统筹使用方案的通知》(国发〔2015〕35号),要求推进跨年度预算统筹协调——三年滚动财政规划,重点领域规划、部门规划。

《江苏省省级部门收入预算管理办法》(苏财规〔2011〕31号)、《江苏省省属高校预算执行和决算审计实施办法》(苏教审〔2011〕6号)等一系列新制度的实施,对规范高校预算管理提出了更高要求。预算是高校经济命脉的中枢神经,因此要重视预算,提高预算编制的科学性和执行的时效性,建立预算编制、预算执行、绩效评价和监督检查"四位一体"的预算管理模式。

预算管理是高职院校财务管理的核心,加强预算管理水平就显得尤为重要。由此可见,高职教育发展形势要求高职院校必须编制以学校战略为导向的中长期预算。以学校章程为标志的自主发展阶段,也迫使学校编制以学校战略为导向的中长期预算。

二、核心概念界定

(一) 新常态

党的十八大以来,"新常态"已成为以习近平同志为核心的党中央团结和带领全党全国各族人民实现中华民族伟大复兴"中国梦"的执政新理念。"新常态"要有新

[①] 本文为江苏省高校哲学社会科学研究基金项目,编号:2015SJA009。

思维,"新常态"要有新作为。高职院校作为我国高等教育的重要组成部分,担负着为全面建成小康社会与早日实现中华民族伟大复兴"中国梦"培养数以万计的高端技术技能型人才的神圣使命与历史重任。

"新常态"是党的十八大以来党中央对新时期我国经济社会发展形势做出的新判断、得出的新结论。所谓新常态,主要指新时期"我国经济社会发展要更加注重高效率、低成本与可持续性",增长速度强调"由高速转中速",结构调整强调"不断优化升级",动力资源强调由"重要素投资"转向"重创新驱动"。与之相适应,我国高等教育正日益进入"新常态",集中体现在:以质量提升为核心的内涵式发展成为新常态,在改革创新中释放办学活力成为新常态,以法治思维推进大学治理现代化成为新常态,政府宏观管理与社会参与办学成为新常态,大学深度开放与教育科技引领成为新常态。对于普通高校而言,我国高等教育新常态既是严峻的挑战,更是良好的机遇。作为我国普通高校重要组成部分的高职院校,要实质进入"新常态",就必须由加快"外延发展"适时转向注重"内涵发展",更加注重依法治教与依法治校,注重理论创新与制度创新,注重深化改革与公平正义最终实现高职院校人才培养的规模、质量、层次、素质、结构与"新常态"对高素质人力资源相匹配、相适应、相协调,从而以高职院校创新发展的"新常态"推进我国新时期经济社会和谐发展的"新常态"。

(二) 战略导向型全面预算

战略导向是指行动在战略指导下进行,战略就是"组织未来定位目标是什么,应该做什么,具体行动方案是什么,从而制定出一整套资源方案、价值愿望及财务运行机制"。

预算是将高校有限资源进行分配,是战略实现支撑平台,是高校战略与绩效之间联系的桥梁。预算目标是将战略长远目标分解落实,战略目标贯穿预算管理全过程,预算目标、分配方式、指标选择必须体现高校长远发展战略。目前,高校财务预算管理"重决算,轻预算""重核算,轻管理""重预算编制,轻执行、监督与控制",对预算执行缺乏有效评价与激励机制,造成了有限教育资源的浪费。因此,改变高校目前基数加增长的预算编制模式,建立以战略为导向的经费绩效预算管理是目前高校预算管理的关键。

1. 战略对全面预算管理的导向作用

战略是在对内外环境影响因素进行分析的基础上提出的,为组织的长期发展提供了一个更为明确的方向。组织通过战略规划来做出最优资源分配决策。预算是涉及资源的分配的具体方式,是面向未来的,它的目标不仅仅是该预算期结束时所要达到的目标,进行预算管理更是为了最终实现企业的战略目标。因此,这种分配方式应当符合组织长期发展战略目标的要求,以利于战略目标的实现,并有效避免短期行为的出现。

2. 全面预算管理对战略的反馈与调整

全面预算管理不只是被动地贯彻既定战略，通过预算管理可以改进组织、协调资源的能力，构成组织新的核心竞争力，进而促进组织战略的更新。因此，预算管理不仅是战略管理某个阶段的实施工具，而且是一个包括战略形成、细化、实施、控制、评价及更新的机制。

（三）中长期预算

当前高校预算编制缺乏科学的标准，高校预算的编制方法大多采用增量预算的方法。虽然增量预算法具有简单方便、易于操作的优点，但是这种预算编制方法既不科学也不规范，更不符合公平效率原则。高校对学校事业计划缺乏长期规划，导致在预算时缺乏长远性，没有按照学校事业发展的战略目标和任务编制，仅凭上年的实际数加预计的增加数来确定；而基数是多年形成的，其中包含有不科学和不合理的因素，随着时间的推移，致使各部门盲目扩张预算规模，巧立名目地增加预算而不注意预算的落实执行，造成资金供给紧张，使用效率低下。

三、研究意义与研究价值

（一）研究意义

（1）通过本项目的研究，有助于建立健全新常态下高职院校中长期预算编制的实施办法和管理模式，保障高职院校中长期发展战略的实现。

（2）通过本项目的研究，总结高职院校在进行全面预算管理中涉及的影响因素，有助于为高职院校建立全面预算管理体系奠定基础。

（3）研究在企业成功运作的平衡计分卡，借用其框架改变其设计内容后为高职院校全面预算管理方案做绩效考核的可行性分析，设计出一套可行的绩效考核模式。

（二）研究价值

对高等学校预算管理进行新的探讨是适应高职院校自身发展的需要，是适应财政改革的需要，是适应教育改革的需要，是适应教育市场国际化的需要。如何建立适应我国新时期高校内外环境变化的预算管理模式，如何有效聚合学校内部的各项资源，并使之形成一种强大的秩序性的聚合力，以内部高度的有序化应对复杂多变的外部环境，是当前高职院校预算管理的重要课题。

我国高职院校长期受计划经济的影响，预算管理理论的研究起步较晚，水平较低，并且预算与战略缺乏联系。而预算管理在企业中的应用，经过多次变革，已经逐渐完善，形成了较为成熟的理论体系，在发达的资本主义国家被广泛应用，并取得了较好的经济效益。高职院校可以借鉴企业预算管理的先进理论，对现阶段高职院校在预算目标、预算编制、预算执行、预算调控、预算考评等方面存在的问题加以改进，探讨和构建高职院校战略导向的全面预算管理体系。

四、国内外研究现状

（一）国内外研究现状

西方发达国家从 20 世纪 50 年代开始对高校预算绩效改革问题进行研究。1991—1996 年，Carl R. Borgia 和 Randolph S. Cooer 在《高等教育机构预算系统的提升和成功》一文中详细论述 1972—1996 年间美国综合性高校预算管理改革效果，在指出其绩效预算存在缺点的同时，更加肯定了美国大学从传统增量预算到绩效预算总体上的成功。1986 年，英国《泰晤士报》刊登英国大学高校预算绩效排名。到 20 世纪 90 年代，在美国、新西兰、英国、法国、德国等已经建立了比较完善的高校预算绩效评价管理体系。

我国高职院校大多是国有事业单位，基本都是根据相应财政部门的要求进行中长期预算的编制。根据 2015 年最新修订的《高等学校财务制度》，高等学校预算是高等学校根据事业发展目标和计划编制的年度财务收支计划，主要由收入预算和支出预算组成。国家对高等学校实行核定收支、定额或者定项补助、超支不补、结转和结余按照规定使用的预算管理办法。此外，对高校预算编制，要求按照"量入为出、收支平衡"的原则进行，收入预算编制保证积极稳妥；支出预算编制则要"统筹兼顾、保障重点、勤俭节约"。从我国高校财务制度的要求可以看出：一方面，高职院校预算编制主要包括收入预算编制和支出预算编制两部分，收入预算编制主要是对相关财政拨款进行有效管控，而支出预算编制主要是对科研经费、行政经费等的一种分配和管理工作；另一方面，高职院校中长期预算编制不仅要体现中长期发展方向，还要以高职院校未来发来发展目标和年度计划为基础，将预算编制与中长期战略目标相结合。

目前，我国高职院校中长期预算编制主要以统一编制、集中管理的原则进行，预算编制以高职院校整体为主。当高职院校规模较大时，中长期预算编制也会按照分级情况进行管理，也就是说高职院校中长期预算编制的管理和制定没有统一的原则。同时由于预算编制要求"量入为出，收支平衡"，高职院校在进行实际预算编制时，为了保证不出现赤字预算，难以统筹兼顾高职院校本身实际发展需求和财务水平。因此，高职院校中长期预算编制主要体现了学校整体的发展目标，相关资金的投入也存在一定的偏颇。总之，由于我国高职院校大多为教育事业单位，预算编制要遵守《高等学校财务制度》的规定，因此，高职院校预算编制的限制性较大，对自身战略性目标的考虑有一定的懈怠性。

五、研究目标、研究内容

（一）研究目标

（1）调研目前战略导向型全面预算管理模式在国内外高职院校预算编制中的实施情况和高职院校中长期预算编制现状，发现高职院校中长期预算编制存在的问题，明确引入战略导向型全面预算管理模式实施高职院校中长期预算编制的必要性和可行性。

（2）构建符合高职院校现状和新常态特色的战略导向型全面预算管理模式，最终制定新常态下引入战略导向型全面预算管理模式的高职院校中长期预算编制改革实施方案。

（3）根据前面的研究成果，在 H 学院预算编制工作中运行中长期预算编制改革实施方案并进行效果评估，进而发现高职院校中长期预算编制改革实施方案存在的问题并提出改进的方向。

（二）研究内容

本课题的研究分五部分内容。

1. 基本理论与概念研究

（1）战略导向型全面预算管理的概念、内涵和特色。
（2）战略导向型全面预算管理的适用范围和开展条件。
（3）战略导向型全面预算管理模式的构建。
（4）战略导向型全面预算管理模式对高职院校中长期预算编制的促进作用和积极意义。

2. 战略导向型全面预算管理模式在国内外高职院校预算编制中的实施情况对比分析

（1）战略导向型全面预算管理模式在国内外高职院校预算编制中的实施情况对比与分析。
（2）启示与总结。

3. 高职院校中长期预算编制的现状研究

（1）高职院校中长期预算编制的现状调查与分析。
（2）高职院校中长期预算编制存在的问题研究。
（3）引入战略导向型全面预算管理模式实施高职院校中长期预算编制的必要性和可行性分析。

4. 新常态下引入战略导向型全面预算管理模式改革高职院校中长期预算编制的研究

（1）引入战略导向型全面预算管理模式改革高职院校中长期预算编制的目标、

形式、内容和实施办法的研究。

（2）符合高职院校现状和新常态特色的战略导向型全面预算管理模式的构建。

（3）新常态下引入战略导向型全面预算管理模式改革高职院校中长期预算编制的实施办法、管理办法和规章制度的制定。

（4）新常态下引入战略导向型全面预算管理模式的高职院校中长期预算编制改革实施方案的制定。

（5）引入战略导向型全面预算管理模式的高职院校中长期预算编制改革实施方案在一般性高职院校中推广的可行性和途径研究。

5. 实证研究 改革方案在江苏海事职业技术学院中长期预算编制工作中的实践研究

（1）高职院校中长期预算编制改革实施方案在江苏海事职业技术学院预算编制工作中的运行与效果评估。

（2）高职院校中长期预算编制改革实施方案存在的问题和改进的方向。

六、课题研究依据

《国家中长期教育改革和发展规划纲要（2010—2020年）》

《高等职业教育创新发展行动计划（2015—2018）》

H学院"十三五"事业发展规划

《国务院关于进一步加大教育投入的意见》

2014—2017年H学院年度重点工作

H学院党代会报告

H学院教代会报告

《中共H学院第二次党员代表大会决定的十项工程实施方案（2016—2018年）》

《关于H学院新一轮专业建设项目"分融结合"立项管理的原则意见》

《江苏高职院校人才竞争力30强报告（2015—2016）》

2017年高校财务工作会议讲话精神（朱卫国副厅长）

倪道潜副厅长在2016年高等教育财务工作会议上的讲话

七、研究方法

（1）文献资料法。用数字图书馆和学术期刊网络出版库搜集战略导向型全面预算管理和高职院校中长期预算编制的文献资料。

（2）调查问卷法。通过对国内有代表性的高职院校和教育主管机构和预算编制研究专家发放调查问卷，采集数据并汇总分析高职院校中长期预算编制存在的问题和局限性，为后续研究的开展提供理论依据和支撑材料。

（3）调研分析法。面向在预算编制中实施战略导向型全面预算管理的高职院校进行调研，掌握和分析高职院校实施战略导向型全面预算管理的现状以及存在的问题。

（4）访谈法。与在预算编制中实施战略导向型全面预算管理的高职院校管理层座谈，学习在预算编制中的宝贵经验和了解存在的实际困难。

八、研究思路及研究框架

（一）研究思路

首先，本课题运用文献研究法进行资料的收集和梳理，找出高职院校中长期预算编制改革的研究思路与脉络，运用调研分析法对国内高职院校中长期预算编制和战略导向型全面预算管理的现状进行调研，了解战略导向型全面预算管理模式在国内外高职院校预算编制中实施的成功经验，为本课题研究的开展奠定理论基础。

其次，运用调查问卷法和调研分析法针对战略导向型全面预算管理在国内高职院校中长期预算编制中的发展现状进行资料和数据的收集和分析，为本课题研究的开展提供理论依据和支撑材料。

再次，采用定量和定性分析结合的方法综合分析高职院校中长期预算编制实施存在的问题和局限性，总结出构建战略导向型全面预算管理模式，实施高职院校中长期预算编制的必要性和可行性。通过调研分析法和访谈法，结合新常态背景和国内高职院校预算编制的特色，逐步研究和确定引入战略导向型全面预算管理模式改革高职院校中长期预算编制的目标、形式、内容和实施办法，创新性地构建符合高职院校特色和现状的战略导向型全面预算管理模式，制定切实可行的引入战略导向型全面预算管理模式改革高职院校中长期预算编制的实施办法、管理办法和规章制度。最终制订出引入战略导向型全面预算管理模式的高职院校中长期预算编制改革实施方案。同时结合我国高职院校的发展要求和实际情况，总结归纳高职院校中长期预算编制改革实施方案在一般性高职院校中推广的可行性和途径。

最后，将研究成果汇总形成课题研究总报告。

（二）研究框架

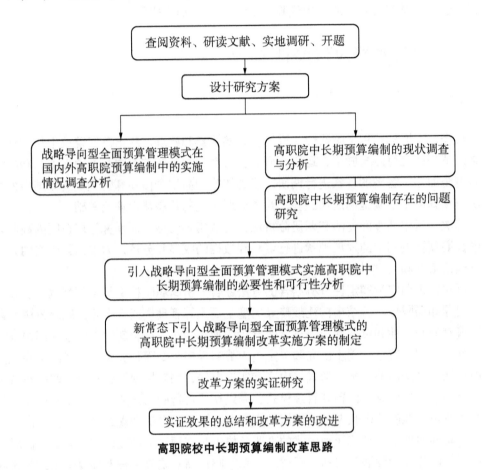

高职院校中长期预算编制改革思路

九、研究进程或阶段说明

略。

十、研究取得的成果

（1）新常态下引入战略导向型全面预算管理模式的高职院校中长期预算编制改革的研究报告1份。

（2）基于对该课题的研究产生2～3篇有价值的研究论文，对高职院校在新常态下引入战略导向型全面预算管理模式改革中长期预算编制产生指导作用。

十一、创新之处

（1）研究理念的创新。创新性地提出了新常态下引入战略导向型全面预算管理模式改革高职院校中长期预算的理念。

(2) 模式的创新。创新性地构建了符合高职院校特色和现状的战略导向型全面预算管理模式。

(3) 研究角度的创新。创新性地从新常态的角度和高职院校战略管理的角度研究中长期预算编制的实施办法并制定改革实施方案。

十二、研究基础条件及保障

(一) 前期研究基础

略。

(二) 课题组主要成员科研能力

略。

(三) 课题研究的时间保障、资料设备条件

(1) 战略导向型全面预算管理模式和高职院校中长期预算编制资料的搜集，主要借助校内中国知网数据库资源以及图书馆相关专业文献。

(2) 课题研究需要购买相关研究报告和经济年鉴。

(3) H学院保证课题的参与者有足够的科研时间，给予充分的课题经费支持。

十三、结束语

本课题研究是以目前经济发展、教育经费投入的新常态为背景，"新常态"要有新思维，"新常态"要有新作为。伴随着我国高职院校日益进入新常态，客观上要求高职院校对新常态进行科学认识、主动适应、积极引领，从而不断创新办学理念、明确办学定位、凝练办学特色、深化教学改革、注重内涵发展、提升服务社会能力。为适应新常态下高职院校发展，本课题从学校战略目标的角度出发，编制学校中长期全面预算，以确保学校战略目标的实现。

本课题对目前新常态进行分析，分析领新常态下高职院校发展形势，以及学校战略与预算编制相互关系，并分析了目前高校预算管理中存在的问题。本课题以H学院为例，新常态下H学院战略目标的制定，进而研究新常态下H学院基于战略导向的全面预算管理的中长期预算编制管理，从H学院的"十三五"事业发展规划的战略为出发点，编制2014—2016年预算，并对预算执行情况以及战略目标的实现情况进行分析，进而编制了2017—2020年中长期预算，以保障学校长期战略目标的实现。

基于战略导向的高等学校全面预算管理的研究是一个复杂的系统工程，笔者理论

水平和经验、精力的限制，对一些问题的研究深度还不够，对问题的实质把握还不透彻，有待进一步的深入研究。笔者提出基于战略导向的高等学校全面预算管理还需要进一步进行理论研究，并在实践中进行跟踪和优化。

十四、致谢

时光荏苒，本课题从申报到结题已过近两年，自申请立项，到课题的前期准备，中期调查研究和工作实践运用，到结题报告的撰写，回想课题研究的整个过程，充满着研究工作的艰辛和获得成果的喜悦。

首先，感谢学院领导同事的关心和支持，感谢学院宋雅兵主任和黄锦鹏主任的支持，是他们的多方协调支持，才能使课题研究一路前进至此，取得具有实践价值的研究成果。其次，感谢项目组成员的共同努力，才保证课题的顺利结题。

我们深知，我们的研究探索还有一些没有触及的地方，我们需要不断地学习研究，共同为高职院校中长期预算管理贡献一份力量，共同推进行政事业单位的预算管理工作。

参考文献

[1] 周凌云. 浅析行政事业单位财务预算管理 [J]. 商业会计, 2006（2）: 43-44.

[2] 应益华. 战略预算管理在高校中的运用 [J]. 财会通信（理财版）, 2006（9）: 30-31.

[3] 司徒达贤. 战略管理新论——观念架构与分析方法 [M]. 上海：复旦大学出版社, 2003.

[4] 汤谷良, 杜菲. 基于公司战略预算目标体系模型的构建 [J]. 财会通信（综合版）, 2004（2）: 13-15.

[5] 皮可慰, 苏少坡, 谭淑坚. 预算编制改革的理论与实践 [J]. 广西社会科学, 2002（1）: 85-88.

[6] 谢月玲. 从战略导向视角探讨高校全面预算管理的体系构建 [J]. 投资理财, 2013（21）: 58, 60.

[7] 肖矗. 高校推行战略导向的全面预算管理体系初探——以 YL 大学为例 [J]. 榆林学院学报, 2014, 24（4）: 126-129.

[8] 赵燕玲. 基于战略导向的高校财务预算管理探究 [J]. 金融经济, 2017（4）: 25-26.

基于廉政风险点防控机制的高职院校内部控制制度建设的研究[①]

一、引言

本课题于 2015 年 3 月由课题组提出申请，同年 12 月获得江苏省教育系统党建研究会课题立项，课题登记号为 2015JYDJ – YB0059，2016 年 4 月开题。在各位领导和专家的悉心指导下，在全体课题组研究人员的共同努力下，本课题历时两年，经过课题的申报、立项、相关文献学习研究、开题分工、实施研究、调研分析、撰写论文和研究报告等不同阶段，圆满完成研究任务，达到预期的研究目标，取得较多的研究成果，现申请结题。

二、课题背景研究

近年来，风险管理理论成为我国各地政府部门预防腐败纷纷引入的对象，掀起了开展廉政风险管理的热潮，并在此基础上形成了一条反腐倡廉的有效新路径。

21 世纪以来，我国高等教育进入快速发展时期，高校数量大幅增加，规模不断扩大，为经济和社会发展培养了大量的人才。在此过程中，高校呈现出办学主体多元化、经费来源多样化、体制结构复杂化、竞争日趋激烈化等特点，从而使管理监督机制滞后性问题凸显，导致职务犯罪易发多发。近年来，仅中央纪委国家监察委员会网站公布的涉高校违纪违法案件就达 36 起，至少 52 名高校领导被通报，其中，25 人位居高校党政"一把手"，10 人被"双开"。如今，高校腐败现象呈现出主体趋多、领域趋广、性质趋重等高发多发态势。纵观高校腐败案例，高校领导不收手、不收敛，纪委书记不尽职、不监管，校风校纪不严肃、不正气的现象大量存在，甚至有些高校出现了群体式腐败，漠视党纪国法，忽视廉洁自律，无视为人师表。可见，狠刹高校不正之风刻不容缓，必须让高校腐败"树倒根灭"。造成上述问题的原因，既有党员领导干部世界观、人生观、价值观和权力观、利益观、地位观等方面的主观问题，也有体制机制方面的客观缺失。

本课题在立项之前，已对高职院校内部会计控制体系进行了研究，梳理了学院财务各项规章制度，建立了内部会计控制体系。本课题加入了基于廉政风险防控机制视角的进一步研究。

[①] 本文为江苏省教育系统党建研究会课题，编号：2015JYDJ – YB0059。

三、核心概念界定

（一）廉政风险

廉政风险是近年来随着反腐败工作和党风廉政建设工作的深入，在廉政建设理论创新过程中出现的一个新概念。有人认为"廉政风险是指在廉政上出现问题、困境和损失的可能性"；也有人认为"廉政风险是指党员干部在执行公务和日常生活中发生腐败行为的可能性"；还有人认为"廉政风险是指实施公共权力的主体在履行职责过程中以权谋私的可能性，也就是党员干部在行使职权中可能出现的不正当履行职责的危险"。这些人从不同的角度来分析和界定廉政风险的概念，为研究廉政建设过程中的理论问题和推进惩防体系建设的实践奠定了基础。

综合上述观点和我们对廉政问题的认识和理解，本文认为，廉政风险是指国家公职人员在执行国家公务和日常生活中，由于不正确履行廉洁奉公职责，利用其权力和影响力谋取私利，从而出现的各种腐败行为的可能性。廉政风险的表现形式，是各种形式的违法乱纪、贪赃枉法和腐败犯罪行为发生的可能性。

（二）廉政风险点防控机制

廉政风险点防控机制，是指借鉴金融和保险业比较成熟的现代管理科学理念，将现代管理科学中的风险管理理论和质量管理方法应用于反腐倡廉工作实际中而形成的预防腐败工作新机制。该机制以积极防范为目标，以强化管理为手段，在公共权力行使的重点领域、重要岗位和关键环节，排查廉政风险，健全内控机制，加强风险预警防控。

（三）内部控制

内部控制是指一个单位的各级管理层为了保护其经济资源的安全、完整，确保经济和会计信息的正确可靠，协调经济行为，控制经济活动，利用单位内部分工而产生的相互制约、相互联系的关系，形成一系列具有控制职能的方法、措施、程序，并予以规范化、系统化，使之成为一个严密的、较为完整的体系。

内部控制是为确保实现企业目标而实施的程序和政策，它包括两个因素，分别是控制环境和控制政策与程序。控制环境是指企业内对内部控制的态度及内部控制意识，代表整个企业对内部控制的价值观。控制政策及程序是指嵌入企业运营中的具体的内部控制。

四、研究意义与研究价值

（一）研究的理论意义

（1）根据我国高职院校的实际情况，建立了有效的高职院校廉政风险防控机制。通过本课题的研究，根据我国高职院校的实际情况和管理模式，有针对性地查找廉政风险点、评估风险指数、界定风险等级、建立预警系统、完善相关规章制度，帮助高职院校建立有效的廉政风险防控机制，集教育、制度、监督等机制于一体，扩大了从源头上预防腐败的工作范围，进一步推动廉洁风险预警与防控积累经验。

（2）将现代内部控制管理理论融入高职院校党风廉政工作的创新发展。通过本课题的研究，将现代管理学中的内部控制理论、全面风险管理理论应用于反腐倡廉工作实际，针对因教育、制度、监督不到位和党员干部不能廉洁自律而可能产生的廉政风险点，建设和完善高职院校现有内部控制制度。完善后的内部控制制度可以说是现代管理理论融入党风廉政工作的创新发展，是将现代管理理论在党风廉政工作中的创新应用。

（二）研究的实践意义

进一步深化和完善高职院校的内部控制制度建设，有针对性地发现高职院校内部控制的关键风险点，变被动防范为主动发现，提升内部控制制度实施的成效和工作效率

通过本课题的研究，扭转高职院校内部控制制度传统的被动防范的工作模式，通过主动发现高职院校内部管理的关键风险点，评估风险等级，建立预警机制和防范措施，建立健全内部控制制度，有重点和有针对性地实施内部控制制度，根据风险点的等级和防控难度分配内部控制资源，主动控制风险点的产生和发展，将廉政风险扼杀在摇篮中，从而降低内部控制成本，节省资源，提高工作效率，同时又能保证内部控制制度实施的效果逐步提升。

（三）研究的价值

通过本课题的研究，将廉政风险防控机制引入高职院校内部控制制度建设，及时发现苗头性、倾向性、普遍性的廉政问题，使反腐倡廉决策机关和纪检、监察部门做出最符合实际的决策，采取更加有效的措施，做到防范在先，关口前移，增强党风廉政建设和反腐败工作的前瞻性、针对性和主动性，从而牢牢把握党风廉政建设和反腐败工作的主动权。另外，引入廉政风险防控机制的内部控制制度作为廉政建设的指导性框架，纪检、监察部门可以开展针对性的廉政内控建设，把那些处于犯罪边缘的人挽救过来，有利于爱护和保护干部，维护高职院校的形象。此外，随着高职院校招生

范围的扩大，业务量的上升，和社会外界的交互日益频繁，一旦在某些方面管理不严格，控制不到位，更容易出现一些对社会影响不好的重大问题。引入廉政风险防控机制的内部控制制度建设可以有效支撑高职院校的长远发展。

五、国内研究现状

概括而言，国内学者对廉政风险防控体制的研究主要体现在三个方面。一是关于廉政风险防范性质的界定。多数学者认为廉政风险防范主要是在查找和公开廉政风险点的基础上，通过对风险等级的定性，给出对应的风险预警措施，在明确廉政风险目标与责任的基础上，创建对应的防范机制。在此过程中要对风险进行科学测评，依据不同的风险等级给出不同的风险预警。二是廉政风险防控体制提出的重要性及意义。新时期预防腐败工作机制的一条重要探索就是开展廉政风险防范管理工作，这项工作是通过拓展源头治理腐败的工作领域，进一步强化对权力的监督和约束，以有效减少腐败行为的出现。三是推进廉政风险防范机制建设的对策与建议。由于目前存在廉政风险相关理论基础不够、对风险管理的理论的吸纳不够、廉政风险预警的方法过于单一等问题，因此需要借用廉政风险的相关理论和方法来推动廉政风险防范的科学化程度。通过廉政风险预警，建立健全廉政风险防范的制度体系，提高廉政风险预防范的科学性的有效性。

（1）廉政风险防范机制性质的界定。国内学者对于廉政风险防范机制的性质定义不尽相同。北京教育学院霍一炽从风险管理的角度出发，认为廉政风险防范管理机制的核心内容是防范廉政风险，防范的目标是廉政风险，查找风险点则是工作的前提和基础。通过运用风险管理理论和质量管理理论，实施计划、执行、考核、修正等环节的质量管理方法，进而提高防范管理的质量。通过完善岗位工作流程—明确职责任务—查找风险点、界定风险等级—提出改进措施，揭示廉政风险出现的可能性并进行防范。中南大学李满春认为，在行政审批或管理事项的工作岗位和重点工作环节中，廉政风险防范管理机制是通过运用风险管理理论、全面质量管理等科学理论和方法，对于可能出现的廉政风险点，科学评定其风险等级，制定出与之相应的防范对策，是一种全新的预防腐败行为发生的有效机制。

（2）廉政风险防范的重要性及意义。在建立廉政风险预警体制构建的重要性方面，过勇认为抓好对现有制度体系的有效性和腐败风险进行评价，并从制度评价中查找腐败风险点和漏洞，建立健全一套新的适应经济发展的制度体系和预警机制，在当前经济社会转型时期尤为重要。陈桐认为构建廉政风险防范机制是落实反腐倡廉"三个更加注重"的基本要求，是加强党风廉政建设的客观需要，提高反腐倡廉建设科学化水平的实践探索。

（3）推进廉政风险防控机制的路径选择。对于推进廉政风险防控机制的路径选择方面，国内学者意见不一，但是最主要的切入点是从制度建设这一角度进行分析。国内学者霍一炽认为构建廉政风险防范机制应从加强组织领导、提高监督效果、建立廉政风险预警机制分析指标体系及实现监督工作制度化等方面入手；黄明哲则主张从建立教育引导机制、建立和完善利益导向机制、创新权力监督约束机制、建立党风廉政预报机制和督查警示机制、建立协调联动机制等方面推进廉政风险防控机制的建设。

六、高职院校廉政风险点防控机制建设和内部控制制度建设方面存在的问题

（一）高校廉政风险防控机制建设存在的问题

（1）思想认识不正确，廉洁自律意识淡薄。目前，高校廉政风险防控工作尚处在探索阶段，有的领导对廉政风险防控机制建设重视不够，认为现有制度已不少，各项规定也很健全，没有必要再制定，加上业务繁忙，把排查廉政风险视为额外工作；有的干部认为自己是普通员工，没有权力，不存在廉政风险；有的部门尤其是重点领域的部门，担心将风险点"晒"出来，会对部门及个人产生不良影响；有的认为廉政风险防控是走过场，随意应付即可。因此，在廉政风险防控工作的推进中不时暴露出"无用论""无关论""抵触论"和"形式论"等思想，导致查找风险点不认真、不准确，制定的防控措施缺乏针对性。高校掌握权力的各级领导干部均受过良好的教育，普遍具有高职称、高学历，担任领导职务后，由于没有树立正确的权力观、价值观，将公权视为私有物，把利益关系当朋友关系，把职务影响当个人魅力，他们在行使职权时不能正确把握违纪、违法和犯罪界限，形成"拒腐疲劳"。

（2）权力监督不到位。由于高校行政权力配置不合理，没有推行不相容权力相互分离的工作机制，因此权力过于集中，个人权力过大；在权力运行过程中不够公开透明，缺乏有效的事前监督、过程监督；上级对下级情况不了解，无法监督，下级因上级权力的束缚而不敢监督；权力执行者往往因滥用权力而不愿意被监督，导致廉政风险在权力运行中大增。

（3）制度体系不完善，监督防控机构待加强。近年来，随着高等教育事业蓬勃发展，各高校的人、财、物等调配权力增大，然而管理制度不健全、执行力不尽如人意，权力运行有较大的空间和自由度，极易造成权力游离于制度，给权力寻租者留下巨大的活动空间。当前，高校普遍成立有招投标工作机构、招生工作机构、职称评审工作领导小组、学术委员会、教学工作委员会等校内临时性组织机构，对其涉及的人、财、物、事等重点领域工作拥有决定权，但是，由于没有制定具体的管理制度对其权力、责任进行明确规定，因此无章可循便成了廉政风险的重要原因。

（二）廉政风险点视角下内部会计控制存在的问题

内部会计控制方面存在的问题主要体现在以下六个方面。

（1）预算管理方面。目前高校存在的预算廉政风险问题，主要集中在以下三点：一是预算编制不完整；二是预算执行过程中约束严重弱化，高校在实际中重发展、轻

风险，超过财力巨额负债，赤字运行，执行时频繁变更；三是高校中普遍重预算执行，轻预算评价，甚至没有制定规范的预算评价体系，对预算执行没有进行跟踪、分析，因此无法对各个部门、单位的经费使用情况作出准确的评价，导致一些部门、单位出现乱使用经费现象。

（2）收入支出方面。在收入支出管理方面，学校所有收入未及时、全额上缴学校财务处，未严格执行国家"收支两条线"管理规定，存在截留、挪用、坐支，公款私存或私设"小金库"问题，以上问题都会滋生学校的腐败风气。

（3）物资采购方面。在物资采购方面，高校涉及大量的教材等物资采购，采购过程中容易产生腐败的现象，也诱使部分人员贪图利益，违反高校采购管理办法。物资采购腐败问题主要存在于申报、招投标和验收阶段。在申报时，存在高校领导或负责人暗自确定供货商现象；在招投标时，信息公开和专家选取存在不规范现象，相关负责人违规操作；在验收时，验收人员收取供应商好处，对不符合采购要求的物资不能严格把关。

（4）资产管理方面。少数学校现金余额较大，解缴不及时，缺乏对公务卡的监管，仍然存在不相容岗位没有分离的现象，有可能利用职务之便滋生腐败。固定资产管理方面，存在未能及时定期盘点，账账、账实不符，闲置、待报废资产清理不及时；有的房产转让未进行评估，也未履行报批手续。多数高校资产出租多部门管理，出租房屋未公开招标，也未经主管部门审批，少数学校房租收入未入财务大账等问题，导致工作人员在此过程中以一己之利违反相关规定进行操作。

（5）基本建设项目管理方面。由于近年高校扩招，以及国家对其教育投入增加，高校也加大了基本建设项目规模。在工程立项上，存在高校领导利用职务之便谋取个人利益的形象工程；在招投标上，一些高校负责人公然违反招标规定，利用职权收受贿赂，把工程承包给行贿人。在中央纪委公布的高校违法乱纪的案件中，基建工程领域腐败案件无论是涉案人数还是涉案金额都已成为高校腐败的"重灾区"。多数学校已完工且投入使用的基建工程项目尚未进行财务竣工决算，也未及时办理资产提交手续。部分高校基建材料管理薄弱，账实不符，存在基建项目超预算未审批、工程款未按合同规定支付，出现超付等现象。部分高校基建财务管理薄弱，有的账账、账表不符。

（6）科研经费管理方面。由于目前高校对于科研经费的管理方面只是重视经费的报销审核，但是却忽视在立项、审查监管等流程的规范和约束，因此部分经费被"贪""吞""挪""骗"，大到发放工资和福利、建经济适用房、购买汽车，小到饭卡充值、交电话费，甚至重复报销车票，导致科研经费被变相使用。

（三）研究目标

（1）综合分析国内高职院校廉政风险防控机制建设和内部控制制度建设的重要性和存在的局限性，分析国内高职院校廉政风险点防控机制建设和内部控制制度建设的不对应情况，总结出引入廉政风险防控机制建设内部控制制度的必要性和可行性。

（2）从廉政风险点防控机制建设的角度创新性地设计出切实可行的、结合廉政风险点防控机制的高职院校内部控制体系。

(3) 制订符合我国高职教育特色和发展趋势的、具有高度科学性、实用性和前瞻性的引入廉政风险点的防控机制建设高职院校内部控制制度的实施方案。

(六) 4 研究内容

本课题的研究分四个部分。

1. 基本理论与概念研究
(1) 廉政风险点防控机制、内部控制和内部控制制度的概念和内涵。
(2) 国内高职院校引入廉政风险防控机制内部控制制度建设的研究成果。

2. 国内高职院校廉政风险点防控机制建设和内部控制制度建设研究现状
(1) 国内高职院校内部控制和内部控制制度建设的特色和现状。
(2) 国内高职院校廉政建设和廉政风险点防控机制建设的特色和现状。
(3) 国内高职院校内部控制制度建设与廉政风险点防控机制建设之间的衔接情况分析。

3. 国内高职院校廉政风险点防控机制建设和内部控制制度建设方面存在的问题研究
(1) 国内高职院校建设内部控制制度的重要性和局限性分析。
(2) 国内高职院校廉政风险点防控机制建设的重要性和局限性分析。
(3) 国内高职院校廉政风险点防控机制建设和内部控制制度建设的不对应情况分析。
(4) 引入廉政风险点防控机制建设高职院校内部控制制度的必要性和可行性分析。

4. 制订高职院校引入廉政风险防控机制建设内部控制制度的实施方案
(1) 引入廉政风险点防控机制建设高职院校内部控制制度的主要途径。
(2) 结合廉政风险点防控机制的高职院校内部控制体系的设计。
(3) 引入廉政风险点防控机制,建设高职院校内部控制制度的实施方案制订。
(4) 扶植发展高职院校廉政风险点防控机制的政策和思路探讨。

七、课题研究依据

(1) 高校财务管理和会计规范相关法律法规。
2000 年颁布的《中华人民共和国会计法》
1997 年颁布的《行政事业单位会计制度》
2013 年颁布的《高等学校会计制度》
2012 年颁布的《高等学校财务制度》
2012 年颁布的《事业单位财务规则》
1996 年颁布的《会计基础工作规范》
2006 年颁布的《江苏省高等学校收费管理暂行办法》
2006 年颁布的《江苏省行政事业性收费管理暂行办法》

2007 年颁布的《江苏省高等学校服务性收费和代收费管理暂行办法》
2011 年颁布的《中华人民共和国发票管理办法》
2013 年颁布的《江苏省财政票据管理暂行办法》
2010 年颁布的《江苏省行政事业单位资金往来结算票据使用管理实施细则（暂行）》

（2）预算相关法律法规。
2014 年颁布的《中华人民共和国预算法》
2008 年颁布的《江苏省省属院校预算管理办法（试行）》
2011 年颁布的《江苏省省级部门收入预算管理办法》
1995 年颁布的《中华人民共和国预算法实施条例》
2013 年颁布的《部门决算管理制度》
2011 年颁布的《江苏省省级部门收入预算管理办法》
2013 年颁布的《江苏省省属高校预算执行和决算审计实施办法》
2002 年颁布的《行政事业单位会计决算报告制度》
1997 年颁布的《财政总预算会计制度》

（3）内部控制相关法律法规。
行政事业单位内部控制规范
2001 年颁布的《内部会计控制规范——货币资金（试行）》

（4）其他。
1986 年颁布的《会计专业职务试行条例》
2016 年颁布的《中华人民共和国高等教育法》
2012 年颁布的《江苏省价格管理监督条例》
2014 年颁布的《普通高等学校招生违规行为处理暂行办法》
2007 年颁布的《教育收费公示制度》
2006 年颁布的《江苏省高等学校重点学科建设专项资金管理办法》
2006 年颁布的《江苏省省属高校重点实验室建设专项资金管理办法》
2009 年颁布的《中国共产党纪律处分条例》
2012 年颁布的《事业单位工作人员处分暂行规定》
2011 年颁布的《财政违法行为处罚处分条例》

八、研究方法和研究思路

（一）研究方法

（1）文献研究法。
（2）定量与定性相结合的方法。
（3）调研分析法。
（4）访谈法。

（二）研究思路

第一，本课题运用文献研究法进行资料的收集和梳理，找出高职院校引入廉政风险防控机制建设内部控制制度的研究思路与脉络，对国内高职院校廉政风险防控机制建设和内部控制制度建设的研究现状、内外部环境资源与能力、实际运行的模式和取得成果等进行研究，了解国内高职院校引入廉政风险防控机制建设内部控制制度的成功经验，为本课题研究的开展奠定理论基础。

第二，运用调查问卷法和调研分析法针对国内高职院校引入廉政风险防控机制建设内部控制制度的特色和发展现状进行资料和数据的收集和分析，为本课题研究的开展提供理论依据和支撑材料。

第三，采用定量和定性分析结合的方法综合分析国内高职院校廉政风险防控机制建设和内部控制制度建设的重要性和存在的局限性，分析国内高职院校廉政风险点防控机制建设和内部控制制度建设的不对应情况，总结出引入廉政风险防控机制建设内部控制制度的必要性和可行性。

第四，进行结合廉政风险点防控机制的高职院校内部控制体系的设计。通过对比分析法，从廉政风险点防控机制建设的角度创新性地设计出切实可行的结合廉政风险点防控机制的我院内部控制体系，并制订符合我国高职教育特色和发展趋势的具有高度科学性、实用性和前瞻性的引入廉政风险点防控机制建设高职院校内部控制制度的实施方案。此外，结合江苏省"十二五"规划的执行情况和"十三五"规划的发展要求，并结合我省实际情况，总结归纳和探讨我国扶植发展高职院校廉政风险点防控机制的政策和思路。

第五，将研究成果汇总形成课题研究总报告。

九、研究方案设计及分工情况

略。

十、研究取得成果

（一）加强我院财务管理，完善财务内控体系

（1）加强我院财务管理体系建设，全面落实财务管理领导责任。为了加强我院财务管理，建立健全财务管理体制。学校财务处在校（院）长领导下统一管理学校财务工作。加强对附属单位和独立核算单位财务工作的监管，对其实行会计委派制度，委派财务负责人。建立和完善重大问题集体决策制度、专家论证咨询制度和决策责任追究制度，健全议事规则。进一步明晰资金投入的前期论证、执行过程的审核监督、事后的绩效评价等环节的责任边界，形成决策权、执行权、监督权既相互制约又

相互协调的运行机制。加强内部审计工作，拓展内部审计范围，开展重要政策跟踪审计、适时开展专项审计调查。强化审计结果运用，加强审计整改、责任追究和审计结果公开。审计发现的问题，必须严肃查处。

（2）完善内部会计控制体系建设，进一步加强内部控制。建立与完善内部控制制度体系，按照《行政事业单位内部控制规范（试行）》要求，成立由学校的内部控制委员会，加快推进内部控制制度体系建设。制定学校各类经济活动的业务流程，明确各项业务控制环节与相关责任。按照权责一致、有效制衡的原则，定期评估风险、检查漏洞，发现问题与缺陷，及时加以改进，有效防范风险。

我院内部会计控制制度体系的建立详见下表。

我院内部会计控制制度体系建立表

序号	制度分类	我院制度
1	基本财务制度	①江苏海事职业技术学院财务管理办法 ②江苏海事职业技术学院会计管理办法 ③江苏海事职业技术学院货币资金管理办法 ④江苏海事职业技术学院公务卡管理办法
2	经济业务方面财务制度	①江苏海事职业技术学院预算管理办法 ②江苏海事职业技术学院专项经费管理办法 ③江苏海事职业技术学院基建财务管理办法 ④江苏海事职业技术学院缴款、借款、报销规定 ⑤江苏海事职业技术学院科研经费财务管理办法 ⑥江苏海事职业技术学院收费管理规定 ⑦江苏海事职业技术学院学生收费管理规定
6	辅助财务管理制度	①票据管理办法 ②江苏海事职业技术学院会计档案管理办法 ③江苏海事职业技术学院财务信息公开管理办法

（3）建立学院预算管理委员会，出台学院预算管理办法。经过近一年的准备工作，学院成立了财务预算工作委员会。财务预算委员会下设办公室，挂靠财务处。同时，制定了《江苏海事职业技术学院预算管理办法》，使"用预算来控制支出"得到了保障。建立经费使用绩效考评制度。大力推进"预算编制有目标、预算执行有监控、预算完成有评价、评价结果有运用"的经费管理模式。建立经费使用绩效考评机制，开展绩效管理积极构建以绩效为导向的资源配置机制。

（二）规范招标工作程序，保障手续完备

招标办制定《江苏海事职业技术学院招标管理规定》，为进一步贯彻执行管理规定，规范开展招投标工作，制定了《江苏海事职业技术学院招投标工作实施细则》。

我院保障在招投标过程中具备合理的组织结构、求实的工作态度、严密的招标程序、充分的过程监督、及时的信息披露。

在我院招投标实施细则中严格规定了招投标的流程，在接到使用部门招标申请时，招标方式优先选用公开招标方式。招标公告校园网挂5个工作日，项目金额在20万元以上由招标办工作人员会同监察室一道进行资格审核。评委评标时院纪委监察全程监督评标过程，每周一在招标办网站公示上周的中标结果，每学期向招标工作领导小组汇报招投标工作情况。

我院严格执行《政府采购法》《政府采购法实施条例》的各项规定。科学编制政府采购计划和采购预算，严格执行经费支出和资产配置标准，不得无预算超预算采购。按规定确定采购方式，执行采购程序，对达到公开招标限额标准的项目，必须实行公开招标，严禁拆分项目规避公开招标。严格按照招投标管理办法和招投标实施细则执行程序，招标流程、招标细则、中标结果都进行网上公示，坚持公开、透明的原则。

（三）建立人事廉政风险防控体系

高校人事工作是高校管理的核心工作，涉及人事调动、人员招聘、师资培训、职称评聘、工资薪酬、岗位聘任、干部竞聘和绩效工资发放等方面，不仅与教职工切身利益密切相关，而且关系到学校管理、教育教学及科研等工作的开展，关系到人才的培养，是高校教职工关注的热点。近年来，高校干部人事部门认真按照中央关于反腐倡廉的重要部署，在贯彻党的路线、方针、政策，深化人事制度改革的同时，大力加强人事部门党风廉政建设，取得明显成效。随着干部人事制度改革的不断深入，高校人事部门党风廉政建设又面临着新的挑战，必须坚持标本兼治，加强规章制度建设，完善监督管理机制。目前，为加强我院人事制度的管理，我院经过分析→实践→修改→再实践→修改→建立的过程，从理论到实践，结合理论通过实践的检验，已建立了较完善的人事管理制度体系，具体见下表。

我院人事挂历制度体系建立表

序号	制度分类	我院制度
1	事业单位人员招聘	①江苏海事职业技术学院关于深入实施"千帆计划"的意见 ②江苏海事职业技术学院机构定责顶岗定编方案 ③江苏海事职业技术学院职工分类管理暂行规定 ④江苏海事职业技术学院聘请学院发展顾问的暂行规定 ⑤江苏海事职业技术学院聘用退休人员的暂行规定 ⑥江苏海事职业技术学院客座教授、兼职教授（副教授）选聘办法 ⑦江苏海事职业技术学院兼职教师聘用及管理办法

续表

序号	制度分类	我院制度
2	教职工进修培训工作	①江苏海事职业技术学院新教师上岗培训管理办法 ②江苏海事职业技术学院教师出国（境）研修与培训管理办法 ③江苏海事职业技术学院教师企业实践锻炼管理办法 ④江苏海事职业技术学院双语教学管理办法 ⑤江苏海事职业技术学院双师素质教师培养与认定管理办法 ⑥江苏海事职业技术学院教师校外培养基地建设和管理办法 ⑦江苏海事职业技术学院青年骨干教师遴选与管理办法
3	劳动工资管理	江苏海事职业技术学院院内人事调配管理办法
4	职称评审	①江苏海事职业技术学院职务评审与推荐暂行规定 ②江苏海事职业技术学院中级职务任职资格评审条件
5	职工考核	①江苏海事职业技术学院教职工年度考核实施办法 ②江苏海事职业技术学院二级学院、职能部门、直属单位年度绩效考核办法 ③江苏海事职业技术学院优秀教师、优秀辅导员、优秀教育工作者评选表彰办法 ④江苏海事职业技术学院名师评选与管理办法

职称评审是高等院校每年的日常人事工作，是全校教职工关注的焦点，也是高等院校人事管理工作的一项重要工作。职称评审对个人来说，除了对其专业水平的肯定外，还涉及其切身利益，许多高校在岗位聘任与干部提拔等方面，对竞岗人员的职称都提出明确要求。职称评审的政策导向作用更加明确，职称评审要求的改变，会对教师的专业发展方向产生很大的影响。因此职称评审是否科学、公正、公开、规范、合理，关系到能否调动广大教师的工作积极性和创造性、高校师资队伍的建设与发展，以及学科和科研团队的调整。由此可见，加强职称评审制度建设尤为重要，做好职称评审过程中的风险防控，找出风险点，提出相应措施，规范评审流程。本次课题研究结合我院基本情况，梳理了职称评审工作廉政风险点及防控措施。

职称评聘对高校教师举足轻重，是高校教师学术水平、工作能力、工作业绩的综合反映。规范、公平、公正的职称评审机制，是建设高水平高校教师队伍的重要保障，建立一套科学合理的职称评聘制度，可以激发广大教师的工作热情，有效预防腐败风险，推动高校师资的可持续发展。

（四）取得理论研究成果

（1）基于廉政风险防控机制建设内部控制研究调研报告1篇。
（2）基于廉政风险防控机制建设内部控制制度建设的研究报告1篇。
（3）研究论文2篇：
①袁昌富经、董瑶：《浅析基于廉政风险点防控的高校内部会计控制》。
②董瑶：《基于财务信息化的高校内部控制体系建设》。

职称评审工作廉政风险点及防控措施表

权力运行名称	政策依据	风险源点	风险等级	防控措施	风险责任管理		
					岗位责任人	负责人	管理人
职称评审	1.《关于印发〈江苏省本科院校艺术学科教师专业技术资格条件〉等4个文件的通知》(苏职称〔2009〕15号); 2. 学校相关文件	1. 资格审查是否严格、公正; 2. 评审过程是否规范、有序; 3. 严防论文送审院校名单和评委名单泄露; 4. 评审结果是否客观、公平、公正	Ⅰ	1. 公布政策、文件、申报人报送材料、签诚信承诺书,所在单位初审,并签署意见; 2. 人事处牵头由院内相关部门人员组成的资格审查小组按有关规定,对申报人进行资格审查; 3. 本人对资格审查结果确认并签字; 4. 召开学院职称工作领导小组会议,汇报资格审查情况,讨论有关问题; 5. 成立学科组对符合申报条件人员进行面试答辩; 6. 公示申报人员材料; 7. 对各专业技术本系列同类申报人员积分排队,公示提交学院职务评审委员会评审名单; 8. 学院成立专业技术职务评审委员会对申报人员进行评审; 9. 公示评审结果,报教育厅统一评审	师资管理科员	人事处处长	院长

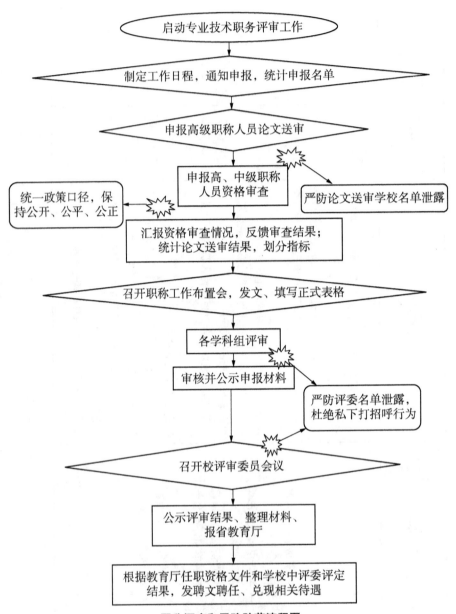

职称评审和风险防范流程图

十一、本课题创新之处

（1）基于廉政风险防控机制的内部控制建设方案的创新。目前国内同类研究多是单方面研究高职院校内部控制制度建设或者廉政风险点防控机制建设，经课题组的调查和数据的收集分析，单一的内部控制制度建设或廉政风险防控机制建设的效果在江苏省地区不甚明显。本课题将研究重点集中在内部控制制度和廉政风险点防控机制建设的结合上，从高职院校廉政建设和日常管理的需要来研究高职院校内部控制制度建设存在的问题，同时引入廉政风险点防控机制建设高职院校内部控制制度的模式和实施方案，构建了基于廉政风险防控机制建设的内部控制制度体系。本课题从实际出发，突出了我国高职教育的特色，符合职业教育的发展方向，对国家扶植发展高职院校内部管理和廉政建设具有较大的现实意义。

（2）高校管理制度的创新。本课题从廉政风险防控的角度出发，根据《行政事业单位内部控制规范》要求，研究完善了我院的制度体系。同时，也进一步完善了我院财务管理办法和预算管理办法，推动学院成立了预算管理委员会，使"用预算来控制支出"得到了保障；修订了招投标管理办法，制定了招投标实施细则，保障在招投标过程中具备合理的组织结构、求实的工作态度、严密的招标程序、充分的过程监督和及时的信息披露；建立了较完善的覆盖教职工招聘、进修培训工作、收入分配、职称评审和考核制度等人事管理制度体系。

十二、结束语

我国进行廉政风险防控机制建设，是为了抵制在经济体制过渡时期腐败现象的滋生，也是中国特色社会主义道路的必然选择与要求，其最终目的是构建新时代下我国的和谐社会。随着我国高校内腐败案件的频频高发，廉政风险防控机制的研究也逐渐被引入高等教育领域的建设发展中，这不仅完善了我国廉政风险防控机制建设领域，也净化了高校中腐败现象滋生的不良之风，保证了高等教育事业的健康发展。但是目前高校廉政风险机制建设和执行过程中还存在一定问题，在以后的研究中要重点关注以下三点。

（1）我国高校目前在廉政风险防控机制的建设方面已经取得了一定的成效，但是在高校的不断发展与运用中也发现了一些问题，包括高校重点领域内权力运行的不规范、工作机制的落实不到位以及高校内各个部门之间的协调力不够充足等问题。

（2）高职院校重点领域内廉政风险防控的机制建设可以从以下方面入手：①强化高校廉政思想，把廉洁教育作为高校文化教育的重要组成部分；②完善体制，强化制度的执行力，从源头上推进廉政风险防控工作的进行；③优化传统的沟通方式，加大部门的协调力，建立起有效的监督合力；④探索信息化平台，加强机制透明化建设，将现代化信息技术与高校廉政风险防控机制建设相结合，提高工作效率与透明程度；⑤加强法律建设，加大我国高校廉政风险防控工作的法律保证；⑥建立高校内廉

政风险防控的长效机制，保证其长久运行，实现高校内的廉政风险防控建设。

（3）本课题的研究不足。由于时间有限，本课题只研究关键岗位的内部控制建设，梳理了关键岗位的风险点，且由于能力有限，在业务流程方面有待进一步研究。

十三、致谢

时光荏苒，本课题从申报到结题已将近两年时间，自申请立项，再到课题的前期准备，中期调查研究和工作实践运用，再到结题报告的撰写，回想课题研究的整个过程，充满着工作的艰辛和研究成果获得的喜悦。

首先，感谢学院领导同事的关心和支持。感谢学院科技处毛老师对课题研究过程的指导，以及学院人事处吕处长的支持，是他们的多方协调支持，才能使课题研究一路前进至此，取得具有实践价值的研究成果。

其次，要感谢课题组成员纪委办和监察办王国正书记和海事学院后勤服务公司总经理邵凯，王书记在繁忙的工作之中抽出时间深入兄弟院校开展广泛调研，为本次课题的研究提供了强有力的资料借鉴和实践支持。

最后，要特别感谢兄弟院校江苏信息职业技术学院和苏州工业职业技术学院的各位同仁对廉政风险防控机制的研究以及提出的有效防范措施，特别是在招生环节设立的防控风险点，为我院加强招生环节的防控机制建立提供参考依据。同时特别感谢南京信息职业技术学院的周孝名处长，为本次课题研究进行深入探讨，共同为高职院校廉政风险防控机制的建设提供有力支持。

我们深知，我们的研究探索还有一些没有触及的地方，我们需要不断地学习研究，共同为高职院校廉洁风险防控贡献一份力量，共同推进行政事业单位的内部控制建立与实施工作。

参考文献

[1] 李金华，娄本刚. 如何构建会计的内部控制体系 [J]. 中小企业管理与科技，2008（29）：42.

[2] 沈淑红. 试论高校会计内部控制体系的建立 [J]. 事业财会，2007（4）：27-29.

[3] 王瑞玲. 建立并实施有效的会计内部控制体系的基本途径 [J]. 消费导刊，2008（11）：122.

[4] 翟志华. 试论高校会计内部控制体系的建立 [J]. 武汉航海职业技术学院学报，2007，2（2）：12-16，35.

[5] 财政部会计司. 内部会计控制规范 [M]. 北京：经济科学出版社，2001.

[6] 李凤鸣. 财务内部控制学 [M]. 北京：北京大学出版社，2002.

江苏高校内部控制体系建设与财务风险防范的协同创新研究[①]

一、课题研究的理论和实践价值

本课题的研究，正值行政事业单位内部控制规范开始实施，在江苏省教育厅部署和推进省内高校内部控制建设工作之际，其针对性、实用性、前瞻性和服务高校管理的作用十分明显。它有利于推动江苏高校内部控制制度建设和财务风险防范的协同创新，对提高江苏高校的财务风险防控能力和内部管理安全具有较强的现实意义。通过对江苏高校的财务风险现状进行较全面的调查，了解其财务风险现状，分析现实成因，并结合内部控制理论框架，针对高等学校财务风险实际，归纳总结内部控制和财务管理风险的种类和特征，找出风险规律，进而提出一系列的防范措施。建立健全内部控制和风险防范新机制，对于新时代高校安全、健康、可持续发展，办人民满意的教育，具有十分鲜明的理论指导价值和实践推广意义。

二、课题研究内容、研究重点和难点

本课题的研究内容有：

（1）基本理论与概念研究，包括：①高校内部控制体系建设与财务风险防范的概念和内涵；②国内外高校内部控制体系建设与财务风险防范协同创新的成功经验和案例。有关概念和内涵，如果理论界已形成较成熟的定义和解释，那么本课题仅对其进行归纳或引用，而不重新定义和诠释。

（2）江苏高校内部控制制度建设和财务风险防范现状的调研分析，包括：①江苏高校内部控制制度建设及财务风险防范的特色和现状；②江苏高校内部控制制度建设和财务风险防范的关联情况分析。总结出高校内部控制和财务管理存在风险种类、形式、作用方式和危害等。

（3）江苏高校内部控制体系建设与财务风险防范存在的问题成因分析，包括：①江苏高校内部控制制度建设存在的问题分析；②江苏省高校内部控制体系建设与财务风险防范协同创新的必要性和可行性。

（4）提出江苏高校内部控制体系建设与财务风险防范协同创新的机制，包括：①江苏高校内部控制体系建设和财务风险防范机制建设的对策和建议；②江苏高校内

[①] 本文为江苏高校哲学社会科学研究项目（2017SJB0690），排序第二。

部控制体系建设和财务风险防范协同创新机制的实施研究；③江苏高校内部控制体系建设与财务风险防范协同创新机制的发展方向。

　　研究的重点和难点是：江苏省高校财务风险管理存在风险的种类归纳，以及论述它与内部控制存在的关联性，进而论述这些风险的成因。构建完善科学管理、实施有效风险预警的内部控制与财务管理的联动机制，以及机制的具体内容、内部结构和实施办法等。因为这些重点和难点在理论界没有现成的答案，可资借鉴的参考文献也较少，是课题更多的组根据江苏高校和所有院校的实际，通过调查研究得出课题研究的结论。

三、研究的框架

　　略。

江苏高校财政拨款制度中长期改革研究[①]

一、引言

本项目研究结合了高校财政拨款制度沿革,分析了江苏高校现行财政拨款制度的积极作用与不足之处,参考了国内外相关文献资料和成果,在广泛调研、全面搜集信息、反复讨论的基础上,进行了细心的综合和科学的分析。采取边研究、边实践、边总结的做法,尝试构建多因素影响的江苏高校财政拨款中长期改革模型,以利于更加科学公正地配置资源,从整体上促进江苏高校教育质量的提升,取得了一定的成果,完成了预定的研究任务。

二、课题研究的背景

(一)国家背景

《国家中长期教育改革和发展规划纲要(2010—2020年)》中提出,把促进公平作为国家基本教育政策,把提高质量作为教育改革发展的核心任务,要大力发展职业教育,职业教育要面向人人,政府要加大职业教育投入,把提高质量作为重点。

财政部、教育部《关于改革完善中央高校预算拨款制度的通知》中提出,高等教育总体目标:服务国家战略、提高教育质量、树立公平正义观念、绩效观念。

教育部等五部门《关于深化高等教育领域简政放权放管结合优化服务改革的若干意见》中提出,完善高校预算拨款制度,优化高等教育拨款结构,加大基本支出保障力度,进一步扩大高校项目资金统筹使用权。

国务院办公厅印发《关于进一步调整优化结构提高教育经费使用效益的意见》(以下简称《意见》),聚焦如何用好管好教育经费,对进一步优化结构、提高效益提出了明确要求。《意见》主要对教育经费使用的结构提出了要求:一是政府财政支出结构,要优先保障教育。保证国家财政性教育经费支出占国内生产总值比例一般不低于4%,确保一般公共预算教育支出逐年只增不减,确保按在校学生人数平均的一般公共预算教育支出逐年只增不减。二是教育经费来源结构,要完善投入机制。要巩固完善以政府投入为主、多渠道筹集教育经费的体制,完善教育经费投入机制,在继续保持财政教育投入强度的同时,不断扩大社会投入,逐步提高教育经费总投入中社会投入所占比重。结合教育事业发展需求和财力状况,《意见》强调要更多地通过政策

[①] 本文为江苏省社科应用研究精品工程财经发展专项课题,编号:17SCB-12。

设计、制度设计、标准设计带动投入,坚持"两条腿"走路。要建立健全国家教育标准体系,科学核定基本办学成本,全面建立生均拨款制度。到 2020 年,各地要制定区域内各级学校生均经费基本标准和生均财政拨款基本标准并建立健全动态调整机制。

教育部职业教育与成人教育司在《职业教育与继续教育 2018 年工作要点》中明确提出,要进一步巩固完善职业教育生均拨款制度,配合完善职业教育国家资助政策,加强学生资助管理工作。

(二)地方背景

2018 年 8 月 27 日,江苏省委书记娄勤俭在全省高校领导干部暑期学习培训班上讲话时强调,大学是引领促进人类文明的重要力量,是高端人才、前沿科技、先进文化的重要发源地。江苏高等教育规模位居全国第一,全省高校要发挥优势、主动融入、积极作为,在全省发展大局中扛起应有的使命担当。希望全省高校发挥好培养优秀人才的主阵地作用,努力为我省高质量发展提供源源不断的人才保证;发挥好推动科技创新的生力军作用,使高校真正成为解决重大科技问题、实现科技转移和成果转化的重要源头;发挥好服务决策咨询的智囊团作用,真正以先进的理念、科学的思路为全省发展提供有效支撑。

2018 年 5 月,江苏省教育厅厅长葛道凯在会议上明确提出"推动教育高质量发展走在全国前列必须以教育现代化为工作主线"。葛道凯强调,围绕教育现代化这条主线,江苏省将着力做好五方面工作,其中之一就是加大教育资源建设力度。加强教育资源盈缺状况预警,合理规划学校布局,保障基本资源供给。积极拓展优质资源,促进基础教育优质发展,加强农村学校、薄弱学校内涵建设,实施教师教育创新行动计划,利用信息化手段扩大优质教育资源覆盖面,积极引进国际国内优质教育资源。不断丰富终身学习资源,推动各级各类学校、社区教育机构、行业企业和各类培训机构为终身学习提供服务。

三、核心概念的界定

本课题的核心概念:高校财政拨款。

财政拨款费是指财政部门根据年度支出计划和季度支出计划,按照计划规定的用途、数额和方向,通过既定的拨款程序,正确地将财政资金拨付给各用款单位,以保证生产和各项事业计划的完成。财政拨款具有无偿性的特征,是我国财政支出的主要形式。

在中华人民共和国成立初期,由于政治、经济、文化、教育等各方面还不完善,社会各项机能也未实现有效统一,因此,国家整个预算体制也不健全,高等学校预算的核定方法和高等教育财政拨款方式、标准都还比较粗放,没有形成正式的方法。从 1955 年起,政府对高等教育管理的认识有了提高,加强了对高等教育财政拨款的管理。一直到1985年，我国高校财政拨款模式以定额定员的方法进行，其间并没有发生太大变化。

定额定员是"基数加发展"拨款模式的基础。各种人员编制、房屋建设、设备标准、行政和各项业务费用开支额度主要是根据事业机构规模的大小或工作量的多少来确定，在此基础上，高校在拨款后续核定时主要以"基数加发展"的方式来拨付。在这种拨款模式下，各高校当年的经费拨付额以其前一年度所得的拨款额为基础，再考虑当年事业发展与变化的情况加以确定。如果这一年度高校学生人数、教师人数以及其他各方面经费没有较大增加，那么高校将继续得到与前一年度相同的拨款额度。这种拨款模式简单、易行，具有较强的可操作性，并能简化决策程序。在我国高等教育事业起步期，因为高等学校数量较少，结构也较为单一，所以"基数加发展"的拨款模式具有一定的适用性，对完善高校财政拨款有一定的积极意义，也促进了我国高等教育的发展。

随着高等教育事业的快速发展，高校不管是从数量上还是从规模上都有了巨大改变，而"基数加发展"的拨款模式的弊端也越来越突显。1986年10月，经财政部、国家教委联合调查考核，颁布了《高等学校财务管理改革实施办法》。该办法规定："高校年度教育事业费预算，由主管部门按照不同层次、不同科类学生的需要和学校所在地区的不同情况，结合国家财力，按综合定额加专项补助的办法进行核定。"因此，从1986年开始，我国高校教育财政拨款实行了"综合定额加专项补助"的模式，并坚持"包干使用，超支不补，节余留用，自求平衡"的原则，这实际上是一种简单公式和估算相结合的拨款模式。在这种拨款模式下，高校财政拨款分成综合定额和专项补助两部分。其中，综合定额是基于定员定额的管理思想，通过在校生数乘以生均拨款额得出，根据学生层次、学科和专业类型，区分不同的定额；专项补助是对综合定额的补充，实施过程中由教育主管部门和财政部门根据国家对高校的政策导向和一些高校的特殊需要单独核定拨付，比如创建世界一流大学和一流学科工程的中央拨款。

四、研究意义

（一）课题研究的理论意义

（1）探索了江苏省高校中长期财政拨款制度存在的问题，提出了对江苏省高校中长期财政拨款制度进行改革的必要性和可行性。通过本课题的研究，发现了江苏省高校中长期财政拨款制度存在的问题并提出了解决的办法，完善了高校财政拨款的内涵、实施办法和发展方向，明确提出和阐明了具有江苏省地方教育特色的高校中长期财政拨款制度改革方向。

（2）进行了江苏高校经费投入机制的分析和研究，为江苏省进一步优化高校经费投入模式和结构提供了理论基础。通过本课题的研究，深入分析了江苏高校现有经费投入机制的现状，发现了江苏高校现有经费投入机制存在的问题并提出了合理化建议，为江苏省进一步优化高校经费投入模式和结构提供了理论基础。

（3）为江苏高校中长期财政拨款制度的改革建立了模型。通过本课题的研究，针对江苏高校中长期财政拨款建立了新的财政拨款模型并进行了实证研究，为江苏高校中长期财政拨款改革提供了切实可行的实施方案和理论基础。

（二）课题研究的实践意义

（1）通过本课题的研究，针对江苏高校中长期财政拨款建立了新的财政拨款模型，提出了"服务国家战略、提高教育质量、树立公平正义观念和绩效观念，以利于更加科学公正地配置资源，加快高职教育内涵发展"的总体目标，为江苏高校中长期财政拨款制度的改革提供了成熟可行的改革路径和改革目标。

（2）通过本课题的研究，根据专业设定，鼓励江苏高校围绕地方经济发展培养人才，优化资源配置，帮助江苏高校结合自身优势，设置专业，改革课程设置提高就业岗位专业对口率。尽量避免高校之间的同质化发展，使培养人才在数量、质量、结构上紧紧契合江苏地方经济建设的需要。

五、国内外研究现状

最近十多年有关高校财政拨款制度的研究可以大体上以高等教育大众化阶段的来临为分水岭：之前主要集中在对高校财政拨款体制的研究，之后主要集中在对高校财政拨款机制与模式的研究。

（一）高校财政拨款制度研究

对这一问题研究的基本结论为：实行高教拨款基金制，改革高等教育预算体制，实行高等教育预算单列。

高教拨款实行基金制的集中研究始于《中国教育改革和发展纲要》提出的"改革按学生人数拨款的办法，逐步实行基金制"。20世纪90年代中期前后，部分学者在考察国际高等教育拨款体制经验的基础上，分析了我国高等教育财政拨款体制的不足和缺陷，提出了建立我国高等教育基金制的设想，并且主张和预算拨款体制改革相结合。

（二）产出型拨款机制

现今的"综合定额"拨款是以高校的教学成本为依据、采用定员定额核定平均成本的投入拨款机制。相对于投入型拨款机制，产出型拨款机制是指政府以毕业生而非注册生的平均培养成本基础向高校分配经费。产出型拨款公式是实现产出型拨款的关键，其计算指标实际上是高校对社会的综合贡献，但是不像教育成本那样容易用货币进行计量。值得注意的是，目前学界讨论较多的教育券模型可以看作产出型拨款机制的特例，在教育券拨款机制下，高等院校为获得足够的教育券、从而取得政府的办学经费而竞争，为此不得不提高教育服务质量，实现资源配置效率的最大化。

（三）绩效拨款模式研究

除协议拨款模式外，各国都力图在其他各种拨款模式中引入激励机制，重视多政策参数在拨款制度中的应用，通过拨款行为实现多政策目标。建立科学有效的多政策参数拨款机制，已成为世界各国高等教育拨款制度改革的大趋势。不少学者认为，应该把保证基本经费需求（如教学等）的常规拨款与提高水平的专项拨款（如科研拨款）分开拨付。李文利、魏新提出"普通基金加专项基金"拨款公式，把教学、行政管理、后勤服务、学生服务、建筑维修和其他等六大类费用纳入公式，反映高校的综合成本，不单以"学生人数"作为成本考量。闵维方等人根据对高校各项活动所形成的教学、行政管理、后勤服务、学生服务、建筑维修和其他等六个成本中心的分析，提出了"普通基金加专项基金"的拨款方式，指出高教拨款和学校绩效挂钩是改进政府对高等教育财政拨款的努力方向。

（四）科研查新

在中国知网上检索近5年国内外同类研究情况，以"财政拨款改革"为关键词进行搜索，模糊查询检索出166个条目，精确查询检索出18个条目。以"高校财政拨款改革"为关键词进行搜索，模糊查询检索出64个条目，精确查询检索出21个条目。

检索结果表明：国内同行们在这个方面进行的研究还很少，有若干研究此类问题的文章或论文，但绝大多数仅仅停留在对高校财政拨款制度改革的思考和建设思路层面，涉及高校财政拨款制度改革具体模式和途径的研究和论述很少，系统的研究课题尚未发现。国内外研究主要集中在以下5个方面：

（1）从宏观经济角度看，国家经济发展进入新常态，财政投入增长趋缓，对高等教育支出增长有较大影响。

（2）从国家治理角度看，简政放权，进一步扩大大学办学自主权已经成趋势且不断落地。

（3）从高等教育发展规律看，立德树人是根本任务，要注重内涵式发展，不断优化结构，提高人才培养质量，奠定好学生终身发展的基础。

（4）从江苏省高等教育发展角度看，第十三次省党代会提出的"两聚一高"奋斗目标及率先实现教育现代化的宏伟蓝图，对教育质量提出了更高要求。

（5）从江苏省高校实际情况角度看，经费投入与发展需求相匹配还有差距。教育支出中用于内涵建设方面的投入比例偏低。

六、课题研究所完成的研究目标、研究内容、研究重点和难点

（一）课题研究所完成的研究目标

课题组通过深入研究，完成了以下研究目标：

（1）调查与探索了江苏高校中长期财政拨款制度和经费投入机制的现状和存在的问题。

（2）深入研究了江苏高校中长期财政拨款制度改革目标、内容、模式和实施办法，构建了多因素影响的江苏高校财政拨款中长期改革模型，并在江苏海事职业技术学院进行了实践验证。

（二）课题研究所完成的研究内容

1. 前期性研究内容：基本理论与概念研究

（1）高校中长期财政拨款的概念、内涵、特色。
（2）江苏高校中长期财政拨款的历史沿革。
（3）江苏高校中长期财政拨款的现有模式和公式。
（4）江苏高校中长期财政拨款制度对于江苏高校和地方经济发展的重要性。

2. 中期性研究内容：江苏高校中长期财政拨款制度的现状研究

（1）江苏高校中长期财政拨款制度的实施现状。
（2）江苏高校中长期财政拨款制度的积极性和存在的问题研究。
（3）江苏高校中长期财政拨款制度改革的方向。

3. 后期性研究内容：江苏高校中长期财政拨款制度改革的研究

（1）构建多因素影响的江苏高校财政拨款中长期改革模型和公式并作出解释。
（2）以改革模型为依据进一步提出江苏高校中长期财政拨款制度改革的建议。
（3）江苏高校财政拨款中长期改革模型在全省高校的实证研究和效果反馈。

（三）课题研究的重点和难点

1. 研究重点

（1）通过调研分析发现目前江苏高校在财政拨款制度方面存在的弊端和不利因素，找出产生的原因。

（2）在前期研究的基础上分析汇总江苏高校财政拨款中长期改革模型包含的影响因素和权重，为模型的构建奠定基础。

（3）根据江苏高校的地方特色和办学特点构建多因素影响的江苏高校财政拨款中长期改革模型，并提出具体可操作的实施方案，为江苏高校财政拨款制度改革提供

思路。

2. 研究难点

（1）如何通过构建多因素影响的江苏高校财政拨款中长期改革模型来实现资源合理配置，促进高校教育质量。

（2）如何兼顾江苏不同类型和专业特色高校的发展需求构建高校财政拨款中长期改革模型，使其促进江苏高校的多元化发展。

（3）如何确定江苏高校财政拨款中长期改革模型包含的影响因素和权重。

（4）如何针对江苏高校战略发展需求设计政府采购专项。

七、课题研究的理论（实践）依据

2018年9月10日，全国教育大会在北京召开。中共中央总书记、国家主席、中央军委主席习近平出席会议并发表重要讲话。他强调，在党的坚强领导下，全面贯彻党的教育方针，坚持马克思主义指导地位，坚持中国特色社会主义教育发展道路，坚持社会主义办学方向，立足基本国情，遵循教育规律，坚持改革创新，以凝聚人心、完善人格、开发人力、培育人才、造福人民为工作目标，培养德智体美劳全面发展的社会主义建设者和接班人，加快推进教育现代化、建设教育强国、办好人民满意的教育。

习近平在讲话中指出，党的十九大从新时代坚持和发展中国特色社会主义的战略高度，作出了优先发展教育事业、加快教育现代化、建设教育强国的重大部署。教育是民族振兴、社会进步的重要基石，是功在当代、利在千秋的德政工程，对提高人民综合素质、促进人的全面发展、增强中华民族创新创造活力、实现中华民族伟大复兴具有决定性意义。教育是国之大计、党之大计。

李克强在讲话中指出，要认真学习领会和贯彻落实习近平总书记重要讲话精神，以习近平新时代中国特色社会主义思想为指导，准确把握教育事业发展面临的新形势新任务，全面落实教育优先发展战略，在经济社会发展规划上优先安排教育、财政资金投入上优先保障教育、公共资源配置上优先满足教育和人力资源开发需要。坚持改革创新，坚持教育公平，推动教育从规模增长向质量提升转变，促进区域、城乡和各级各类教育均衡发展，以教育现代化支撑国家现代化。

李克强要求，要深化教育领域"放管服"改革，充分释放教育事业发展生机活力。尊重教育发展规律，充分发挥学校办学主体作用，大幅减少各类检查、评估、评价，加强对办学方向、标准、质量的规范引导，为学校潜心治校办学创造良好环境。

《中共中央、国务院关于全面实施预算绩效管理的意见》（以下简称《意见》）中明确指出，全面实施预算绩效管理是推进国家治理体系和治理能力现代化的内在要求，是深化财税体制改革、建立现代财政制度的重要内容，是优化财政资源配置、提升公共服务质量的关键举措。

《意见》中还明确提出要构建全方位预算绩效管理格局。一是要实施部门和单位预算绩效管理。将部门和单位预算收支全面纳入绩效管理，赋予部门和资金使用单位更多的管理自主权,围绕部门和单位职责、行业发展规划,以预算资金管理为主线,统筹考虑资产和业务活动,从运行成本、管理效率、履职效能、社会效应、可持续发展能力和服务对象满意度等方面,衡量部门和单位整体及核心业务实施效果,推动提高部门和单位整体绩效水平。二是要实施政策和项目预算绩效管理。将政策和项目全面纳入绩效管理,从数量、质量、时效、成本、效益等方面,综合衡量政策和项目预算资金使用效果。对实施期超过一年的重大政策和项目实行全周期跟踪问效,建立动态评价调整机制,政策到期、绩效低下的政策和项目要及时清理退出。

八、课题研究中应用的研究方法及措施

(1) 文献资料法。用数字图书馆和学术期刊网络出版库搜集财政拨款制度相关的文献资料,了解江苏省高校财政拨款制度沿革。

(2) 调研分析法。对江苏高校进行调研,分析江苏高校现行中长期财政拨款制度的积极作用与不足之处。

(3) 访谈法。与江苏高校财务负责人进行座谈,倾听他们对课题研究的建议和对高校中长期拨款制度的看法。

(4) 对比分析法。对各种数据进行对比分析,评价江苏高校现行中长期财政拨款制度的效果。

(5) 系统总结法。系统总结、分析多因素影响下的江苏高校财政拨款中长期改革模型和公式的实施效果,形成最终的研究成果。

九、研究进程或阶段说明

1. 准备工作阶段(2017年1—6月)

进行课题研究的前期准备及研究队伍的配置;收集研究资料,为课题开题下一步进行做好理论上的准备。

2. 查阅相关文件、资料,撰写开题报告(2017年7月)

对课题涉及的各种内容进行调查准备,编写访谈提纲、编制调查问卷,并进行问卷信度、结构效度、内容效度的检验。

从申请课题始,就开始利用多种途径搜集高校中长期财政拨款制度改革的各类研究成果,尤其是利用学院图书馆提供的各种书籍和电子资源文献、光盘等,并逐一仔细研读,广泛收集信息,积累各种素材,向有关专家请教,拓展思路,与课题组其他成员共同商量,拟出初稿,反复琢磨,多次调整,认真地撰写、修订开题报告。

3. 课题开题、子课题分工、完成任务分解(2017年8月)

略。

4. 走访、座谈,广泛收集资料,全面分析综合(2017年9月—2017年10月)

密切联系有关院校,进行走访和座谈。

课题组成员走访了南京医科大学、南京工程学院、江苏海事职业技术学院等部属

高校、省属本科院校和省属高职院校。召开座谈会1次，收集了10余所江苏省高校相关领导和专家的意见和建议。

5. 课题研究实施和文件编写阶段（2017年11月—2018年3月）

对收集的资料进行收集、整理、处理分析，发表论文，初步完成课题研究报告。

6. 进一步深入调查，制定"游学制"校际有效衔接实施方案（2018年4—7月）

课题组部分成员进一步深入调查，听取专家意见，吸取相关高校的有益经验，构建了多因素影响的江苏高校财政拨款中长期改革模型和公式，全面展开本课题的研究工作。

7. 科学分析总结，完成结题报告、学术论文的撰写（2018年8—9月）

通过对相关理论的反复研究、对江苏高校中长期财政拨款制度存在的问题进行科学分析，认真归纳经验，对多因素影响下的江苏高校财政拨款中长期改革模型和公式进行了实证和完善，完成了研究报告的写作；撰写和发表了两篇高质量的学术研究论文。

十、课题访谈和座谈情况、座谈内容等

（一）课题座谈情况

2018年7月11日，为了进一步提升课题研究的理论高度和现实意义，广泛征求教育主管机构和江苏省不同层次高校在财政拨款制度改革方面的意见和建议，修正研究方向，完善研究成果，促进课题研究成果得到更加广泛的实际运用，课题组邀请了江苏省教育厅财政主管领导、南京医科大学、南京工程学院、江苏海事职业技术学院等部署高校、省属本科院校和省属高职院校的财务管理专家和领导在江宁区御冠酒店召开了课题座谈研讨会。参加会议的有：中国药科大学原财务处处长施建平，金陵科技学院原财务处处长陶锦莉，南京医科大学陆原财务处处长陆美娟、现财务处处长王春晖，教育厅财务处调研员张健，南京工业大学原财务处处长陆莹，南京工业职业技术学院财务处处长毛成银，南京工程学院财务处处长刘敏，南京林业大学原财务处副处处长张甫香。

（二）课题座谈内容

课题负责人袁昌富同志简要介绍课题申请、立项、开展情况，课题组主要成员以及在当前国家大力建设双一流大学、高水平高职院校的形势下开展本课题的重要性。课题组成员刘红明院长感谢各位财务处长冒着高温来参加此次座谈会，期待课题座谈会能碰撞出研讨火花。参加座谈的专家对课题研究的实际价值和取得的成果给予了高度评价，并提出了中肯的建议。

冯茂岩提出：①课题的研究要与国家高等教育改革的大方向和趋势相呼应；②构建的江苏高校中长期财政拨款模型应可验证；③要突出该模型对高校人才培养质量提

高的积极意义。

张健提出：①课题提出的问题比较切合实际；②要注意债务问题已不是江苏高校的普遍性问题；③2016年安徽省出台了完善高校财政拨款制度的文件，课题研究可以在省份之间进行比较（如广东、浙江、山东），参考几个省份提出合理建议；④2017年，财政部、教育部出台了《关于加强动态监控确保如期完成高职院校生均财政拨款水平目标的通知》，课题组可以学习这个文件精神；⑤关于拨款模型，可以在现行财政拨款计算公式基础上进行修补，短期公式可加入特色拨款。

毛成银提出：①课题非常有想法，可结合全国高校指标数据开展研究；②描述时应注意避免口语化，文章图表应当重新做。

王春晖提出：①论文中是否可以用表格取代图片；②高职院校在争取财政拨款方面要明确自身努力方向，如创新创业、收入增长点；③课题研究可借鉴江苏省财政厅、教育厅关于进一步改革完善高校预算拨款制度的意见（征求意见稿）。

张甫香提出：①师资系数实行了很多年，在课题研究中加入了高校产出指标，建议选取毕业生人数进行拨款（授予学位人数）；②建议取消非竞争性拨款，加入专项拨款指标。

陆莹提出：①课题立项研究很有意义；②应当学习课题组对宏观形势的把握，有理有据、用数据说话；③要通过社会评价代表学校办学质量、认可度（录取分数）；④省委常委关于江苏教育问题的建议采纳。

陆美娟提出：①课题研究应包括对特殊行业生均拨款政策如何倾斜的问题；②研究报告中的建议所提出的不足之处应有依据，并且针对不足之处要有对策；③建议批评性语言应慎重；④课题研究用的制度材料比较早期，公式比较复杂，应用数据进行检验。

刘敏提出：①拨款模型应能解决高校存在问题，参数应具体化；②生均标准办学成本要体现公平。

课题组对以上专家的发言进行了详细的记录，并根据他们的意见对研究报告内容进行了修正和调整。

十一、研究取得成果

课题组提出的关于江苏省高校财政拨款制度中长期改革的意见和建议，一部分已经在江苏省2018年财政拨款方案中得到吸纳和应用（详见附件二）。

课题组共撰写研究报告一份，分析了江苏高校中长期财政拨款制度的现状，探索了江苏高校中长期财政拨款制度存在的问题，构建了多因素影响的江苏高校财政拨款中长期改革模型和公式，并进行了实证研究。

十二、主要观点及其创新之处

（一）江苏高校生均拨款制度不断优化

"十二五"期间，我省不断改革完善"以政府投入为主、受教育者合理分担、其他多渠道筹措"的高等教育经费投入机制，构建政府财政和社会资源共同推进的双轮驱动机制。2015年我省高等教育总投入为489.5亿元，2016年我省高等教育总投入为539.03亿元，增幅为10.13%；在高等教育总投入中，财政性经费占55%左右，省属高校生均财政拨款基准定额从2010年的4800元提高到2017年的12000元，体现了我省高度重视教育，坚持教育优先发展的战略。

"十二五"期间，我省高校预算拨款制度不断完善，增强了高校自我发展能力，提升了高校办学质量，但现行预算拨款制度也存在着项目设置交叉重复、内涵式发展激励引导作用尚需加强等问题。

2002年以前，江苏省对高等学校财政拨款方式经历了"基数加发展"到"综合定额加专项补助"的变革过程。2002年至今，江苏高校财政拨款方式可以概括为两个阶段：人员定额拨款＋专项拨款；生均定额拨款＋离退休人均定额拨款＋专项拨款。其中，生均定额拨款又分为不考虑学科折算系数、考虑学科折算系数、考虑高职院校办学层次、考虑师资系数四个阶段。

2002—2016年财政拨款内容为人员定额拨款、离退休定额拨款、生均拨款、其他专项、追加专项。

（1）人员定额拨款。

2002—2004年有人员定额拨款，2005年至今取消人员定额拨款。

（2）离退休定额拨款。

2002—2008年全额离退休拨款。

2009—2013年全额离休拨款加财政核定退休人员费用。

2014年至今离休人员全额财政拨款，退休人员部分财政拨款，离退休人员总费用结合高校上一年度绩效工资实际支出情况进行考核调整。

（3）生均拨款。

2002—2005年不考虑学科折算系数。

2006—2008年考虑学科折算系数。

2009—2011年考虑学科折算系数、高职院校办学层次系数。

2012—2014年考虑学科折算系数、高职院校办学层次系数、师资系数。

2015年考虑学科折算系数、高职院校办学层次系数、师资系数、绩效系数。

2016—2017年考虑学科折算系数、高职院校办学层次系数、师资系数。

（4）其他专项。

2005年有一次性专项，2006年至今取消一次性专项。

(5) 追加专项。

追加专项主要为住房公积金和提租补贴、年初省控专项二次分配用于高校补助经费、年度财力追加预算经费、学生医疗费、奖助学金、省部院校共建经费、中央专项补助经费等。

(二) 江苏高校生均拨款制度积极作用与存在的问题

1. 积极作用

(1) 根据学生数量进行拨款的生均拨款制度可以充分利用现有资源，调动学校的招生积极性，满足学生接受高职教育的愿望，服务于地方经济；既是落实国家中长期教育与改革规划纲要的有力体现，也是江苏省政府打造"教育强省、经济强省"、落实省政府建立教育强省、促进学生全面发展的有力体现。

(2) 生均拨款逐年提高（2014年江苏省属院校生均拨款基准定额标准提高至10000元，2015年生均拨款基准定额标准提高至10800元，2016年生均拨款基准定额标准提高至11600元，2017年生均拨款基准定额标准提高至12000元），增加了高校财政拨款，推进了高校加强内涵建设，提高了教学质量并促进了学生的全面发展。

(3) 区分国家示范高职院校、国家骨干高职院校和省示范高职院校的层次系数，促进学院争先创优，通过示范引领全面提升江苏省高职教育质量。

(4) 生均拨款制度体现相对公平性原则，增加学校办学自主权，促进高等教育适应未来经济和社会发展的需要。

(5) 我省生均拨款制度的实施逐年增加了高校财政拨款。我校财政拨款占预算总收入比例为：2012年46.97%，2013年54.65%，2014年59.71%，2015年59.71%，2016年62.41%。财政拨款逐年增加，为高校全面开展教学工作提供了有力的资金保障。

(6) 我省生均拨款制度的实施促进了高校预算编制质量的提高及经费支出绩效的提升。

2. 存在问题

(1) 工科系数偏低，特别是投入较大的船舶类、机械类等专业，办学成本高而投入偏小对保证教学培养质量有一定的负面影响。而学校为了达到规模效应往往会选择办学成本较低的专业，容易造成高校办学的同质化，并造成资源浪费和就业难。

(2) 某些高校办学历史较长，办学积累较多，会产生一些与生均办学质量没有直接联系的相关费用，影响学生培养成本的公平性。如学校承担离退休人员生活补贴、医药费等支出。

(3) 一段时间以来，与生均培养成本无关的专项拨款仍维持不小的规模。少量的专项拨款可以发挥政府的导向作用，但是规模过大则影响了生均培养成本的公平性。

(4) 绩效考核范围有限，现行的生均拨款制度在绩效考核方面只考虑了师资系数这一个指标，没有考虑社会满意度、教学成果等指标。

（5）根据《省教育厅省财政厅关于2016年1—10月财政教育支出预算执行情况的通报》（苏教财〔2016〕16号），发现各高校预算执行中，高职院校普通预算执行进度排名靠前，高职院校预算规模偏小，经费拮据是主要原因。在苏教财〔2017〕4号文有关2016年高校基建债务化解情况的通报中，显示高职院校债务负担较重。

（6）生均拨款与学生数挂钩会造成高职招生生源的乱象，这也是生均拨款制度最重要的缺点。生均拨款机制是院校片面追求办学规模，引发招生乱象的最根本成因。少一个学生就少一份拨款，人才培养的质量和就业质量的高低对拨款没有任何影响，控制规模、高师生比、小班化教学、提高教学质量，最后的经费保障，还是不如多招一个班。因此，各个学校都最大限度地追求办学规模，甚至为了追求规模，宁愿牺牲学生培养质量、就业出口的实际需求。每一个学校都不愿意主动减少规模，最终形成生源争夺、培养质量下降的恶性循环。这是高职院校生源乱象最根本的原因。

招生乱象主要包括三个方面。

一是生源计划倒挂。近年来，江苏省高考生源数量大幅下滑，从最高峰2010年接近60万，到2017年仅为33万，接近腰斩，但计划量连年攀升，到2016年基本维持在40万出头，其中近22万为本科计划（其中高招计划近21万），减去复读、弃考等流失的生源，留给高职的生源仅为8万，而招生计划却有近20万（其中高招计划16万多）。有人提出，鼓励高职要多找中职、中专毕业生，甚至要把主渠道放在中职中专，但是全省每年的对口单招报名人数也不足5万人。计划数大于生源数，此计划还有何价值？

2014—2018年江苏省招生计划和生源表 单位：万人

年份	本科招生计划	专科招生计划	高考人数
2014年	20.9	17	42.6
2015年	20.3	15.5	39.3
2016年	20.8	16.1	36
2017年	未知（预估与2016年持平）	未知（预估与2016年持平）	33
2018年	未知	未知	32.7

二是生源买卖猖獗，招生计划失去实际意义。计划和生源的严重倒挂，导致有些学校面临生存的危机，市场化招生手段层出不穷，即为买卖生源。利用学生信息的不对称，有偿引导学生志愿填报，乃至有中学或中职中专老师直接成为高职院校的招生代理。收费从几年前民办院校生均上千、个别公办上百，发展到现在民办数千、公办院校上千，甚至在招生宣讲会上出现有奖填报、报名直接兑现等明目张胆的现象。

三是虚假宣传盛行，有损高等教育形象。招生宣传从最初的招生咨询会形态发展到直接进入班级一对一辅导，或利用劳务外包公司的用人协议以莫须有的未来就业引诱学生报考。就业率往往吹嘘为100%，就业质量往往以高薪来忽悠。

3. 多因素影响下的江苏高校财政拨款中长期改革模型构建

课题组通过对江苏高校中长期财政拨款的历史沿革进行分析，结合调研和座谈的

内容，经过充分研究，提出江苏高校中长期财政拨款公式模型：

$$Y = \sum A(i) X \times \beta + B(n) + C + D + E + F$$

其中，Y 表示拨款总额，$A(i)$ 表示 (i) 的专业系数，参照国家系数，结合学科系数制定。

课题组认为，拨款模型应整体调高江苏省属高校学科折算系数，专业差别应建立在学科差别的基础上，比如工科内部各专业差异就很大，应以各专业标准办学成本为基础进行测算，建议政府探讨各专业标准办学成本，要能反映地方专业特色。

《国家中长期教育与改革规划纲要（2010—2020 年）》第 57 条中明确提出，各地根据国家办学条件基本标准和教育教学基本需要，制定并逐步提高区域内各级学校生均经费基本标准和生均财政拨款基本标准。江苏省目前的改革趋势也是整个教育行业探讨的热点，就是建立专业标准、测算标准办学成本。课题组建议 $A(i)$ 的设定要根据标准办学成本来定。

X 表示专业学生数。

β 表示标准办学成本调整系数，根据物价水平定期进行测试调整。

$B(n)$ 是生均拨款常量，用于解决学校基本维持费，比如水电气的日常开支等。$B(n)$ 的设定原则是体现整个社会的教育资源公平性，体现高职教育是普遍教育的特点，应该让人人都能享受接受职业教育的机会。建议给予 $B(n)$ 几个挡位，根据办学情况、招生规模、地域差异（例如徐州地区取暖费等）核定每个公办学校的生均拨款常量数，例如核定 3 个挡位：8000 以下；8000～10000；10000～12000。

C 是服务国家发展战略获得的政府采购（政府购买服务的方式）。

D 是非竞争性生均拨款和定向补助，非竞争性生均拨款包括离退休人员费用、养老保险等，定向补助包括奖助学金等。

E 是社会满意度奖励。满意度测评包括学生、家长、社会用人单位、举办者的满意度等，还应该体现学校对区域经济发展和社会进步所做的贡献奖励，用于补偿学校在社会服务中的成本开支。社会满意度奖励的设定有利于提高资金的使用效率。

F 是绩效考核奖励。建议政府履行考核职能，设定考核项目，根据各个学校的考核情况进行拨款，考核奖励不宜超过拨款额的 10%。目前大多数国家高校财政拨款以投入拨款为主，绩效拨款占教育经费的比例不高，但是绩效拨款的作用和发展趋势是值得肯定的。

补充说明：针对双一流学科的财政拨款不在本模型研究范围之内。

此拨款模型改革方向及需要解决的问题：

（1）根据专业设定 $A(i)$，可尽量避免各高校之间同质化发展，如会计、经贸、语言专业的过热化。鼓励学校扬长避短，努力做到专业设置与产业发展对接，课程设置与岗位标准对接，提高就业岗位专业对口率，从而真正提高财政投入的效率与效果，提高学生、家长、社会的满意度。

（2）鼓励高校围绕地方经济发展培养应用型人才。高职教育的人才培养，在数量、质量、结构上必须紧紧契合地方经济建设的需要。作为地方经济发展的内在需求，加大高职教育投资，提高高职教育办学质量，是加快人力资本积累，推进技术吸收与进步，加快产业结构调整与升级的基础性措施。

（3）加大经费投入的绩效性评价研究，绩效考核奖励导向要明确，要能够对学校优秀的办学质量和科技创新活动给予更大鼓励。建议政府设定绩效考核项目，如教学成果奖励、获得荣誉表彰奖励、管理奖励等，设定每个奖励项目的考核评价指标及权数，确定每个高校的绩效考核奖励额。

此拨款模型完全符合财政部、教育部《关于改革完善中央高校预算拨款制度的通知》（财教〔2015〕467号）总体目标：服务国家战略、提高教育质量、树立公平正义观念、绩效观念，有利于更加科学公正地配置资源，加快高职教育内涵发展。

（四）对江苏高校中长期财政拨款制度改革提出的建议

1. 根据近三年江苏高职院校招生乱象的现状，结合高职教育培养人才目标，实现高职教育公平的目的，建议2018—2020年暂停财政拨款与学生人数挂钩，各高职院校财政拨款总量保持基本稳定。

教育部副部长李晓红在2017年度全国职业教育与继续教育工作会议上的讲话中说到，各级教育行政部门对职业教育都要高看一眼、厚爱一分、多帮一点，切实作为推动教育领域综合改革的重要突破口，在发展规划、资源投入、改革政策上真正体现倾斜，确保在实现教育现代化进程中不掉队。

（1）取消高职院校办学层次差异造成的拨款差异。《国家中长期教育改革和发展规划纲要（2010—2020年)》中提出，把促进公平作为国家基本教育政策，把提高质量作为教育改革发展的核心任务。提高质量应该是提高整个高职教育的质量，因此专业系数应考虑所有高职教育不分层次，即不分国家示范、国家骨干、省示范高职院校。本科生均拨款不区分"985""211"院校而设定不同的系数标准，高职院校生均拨款应和本科院校生均拨款一样而不分层次。高职教育本身没有层次之分，国家示范、国家骨干、省示范高职院校的收入优势应通过服务国家发展战略获得政府采购及产学研成果丰硕获得更多的捐赠而增加，而非财政拨款的直接增加。

（2）一般高职院校应坚持招生质量标准。学生招生数量减少的学校，在达到发改委规定的在校生规模范围内，不减少财政拨款，政府可通过对高职院校人才培养质量评估来监督学校的办学质量；在发改委规定的在校生规模范围内，新增招生数量的可由财政增量资金进行拨款。

利用此时间窗口，各高职院校应加大师资投入、设备投入，以弥补高职院校历史投入不足的缺陷，为高职教育的全面发展奠定基础。

2. 根据财政部、教育部《关于完善中央高校预算拨款制度的通知》（财教〔2008〕232号）的规定，按照"人员经费基本持平、公用经费体现差异"的原则，细化生均综合定额拨款标准，完善高校基本支出拨款办法。按学科设置公用经费学科折算系数，即按高等教育本科教学12个大类学科设定不同档次的学科折算系数，对不同专业确定不同的公用经费定额标准，体现不同学科办学成本的差异。

2015年公用经费学科折算系数表

学科	公用经费学科折算系数
哲学、文学（文学类）、历史学（不含考古、民族学类）	1.00
经济学、法学（不含公安学类）、教育学（不含体育学类）、理学、管理学	1.25
工学（不含地矿油类、船舶与海洋工程类、航空航天类、公安技术类），同时拥有文学、历史学、哲学专业三个国家文科基础学科人才培养和科学研究基地的高校（北京大学、中国人民大学、南开大学、复旦大学、中山大学），哲学、文学（不含新闻传播类）、历史学（不含考古、民族学类）	1.33
法学（公安学类）、教育学（体育学类）、文学（新闻传播类）、历史学（考古、民族学类）	1.50
文学（新闻传播类）、历史学（考古、民族学类）	1.83
艺术类、工学（地矿油类）、工学（船舶与海洋工程类）、农学（不含动物医学）	2.00
工学（航空航天类）、工学（公安技术类）	2.50
农学（动物医学）、医学	3.50
文学（非通用语，即联合国通用语言英、德、法、日、西、阿六种语言以外的其他语言）	4.00
纯艺术类的高校（中央音乐学院、中央美术学院、中央戏剧学院）	5.25

（三）课题研究的创新之处

（1）创新性地提出了标准办学成本调整系数，根据高等教育与GDP占比、财政收入增长比率，结合物价水平定期进行了测试调整。

（2）创新性地提出了服务国家、江苏省发展战略获得的政府采购专项。

十三、研究的结果、结论与成效，研究基础条件及保障，获得的支持、关心等

（一）研究的结果、结论与成效

（1）通过课题的调查研究，课题组取得了一系列研究成果。撰写和发表了相关研究报告1份，实证报告1份。课题组分析了江苏高校中长期财政拨款制度的现状，

探索了江苏高校中长期财政拨款制度存在的问题,构建了多因素影响下的江苏高校财政拨款中长期改革模型和公式并进行了实证研究。

(2)推进了江苏高校中长期财政拨款制度改革的深入开展。本课题的研究结合高校财政拨款制度沿革,分析了现行财政拨款制度的积极作用与不足之处,构建了多因素影响下的高校财政拨款中长期改革模型,以利于更加科学公正地配置资源,从整体上促进了江苏高校教育质量的提升,推进了江苏高校中长期财政拨款制度改革的深入开展。该模型在南京医科大学、南京工程学院、江苏海事职业技术学院等部属高校、省属本科院校和省属高职院校的财政运行实施中得到了充分的运用和实证。

(二)研究基础条件及保障

(1)课题负责人和课题组成员都是从事高校财务管理工作多年的管理工作者,有丰富的政策把控能力和较高的科研水平,曾主持或主要参与过多项省部级的研究课题,在全国中文核心期刊上发表过多篇研究论文,平时也比较关注创业教育人才培养模式的问题,为本课题研究奠定了良好的基础。

(2)我院有现代化的图书馆和丰富的网上资源,课题负责人在中国知网上有个人数字图书馆,利于资料的查找和搜集,便于研究。

(3)江苏海事职业技术学院领导重视科研工作,科研管理部门提供有力的科研资金保障,每个立项课题都给予一定的配套经费,学术研究的氛围较浓,教师的积极性较高。

(4)研究人员除了教学工作、管理工作以外,有足够的时间和精力保证用于课题研究。

(5)本课题研究团队职称结构、年龄结构、学历结构、知识技能结构等均为合理,整体力量较强。

十四、结束语

课题组通过近两年时间的研究,收集课题相关资料,查阅国内外学术期刊中关于高校中长期财政拨款制度改革的文献资料,调研了江苏高校中长期财政拨款制度的现状,分析了江苏高校中长期财政拨款制度存在的问题,构建了多因素影响下的江苏高校财政拨款中长期改革模型和公式并进行了实证研究,以利于更加科学公正地配置资源,从整体上促进了江苏高校教育质量的提升,推进了江苏高校中长期财政拨款制度改革的深入开展。该模型在江苏海事职业技术学院、南京工程学院等高校的财政运行实施中得到了充分的运用和实证。

参考文献

[1]教育部.国家中长期教育改革和发展规划纲要(2010—2020年)[A]

(2010-7-29).

[2] 国务院. 国务院关于加快发展现代职业教育的决定：国发〔2014〕19号[A] (2014-5-2).

[3] 教育部. 关于深化高等教育领域简政放权放管结合优化服务改革的若干意见：教政法〔2017〕7号[A] (2017-3-31).

[4] 教育部. 教育部关于印发《高等职业教育创新发展行动计划（2015—2018）年》的通知[A] (2015-10-18).

[5] 教育部. 现代职业教育体系建设规划（2014—2020年）[A] (2014-6-16).

[6] 教育部. 教育部副部长李晓红在2017年度全国职业教育与继续教育工作会议上的讲话[A] (2017-4-18).

[7] 教育部. 关于改革完善中央高校预算拨款制度的通知：财教〔2015〕467号[A] (2015-11-17).

[8] 教育部. 教育部2016年工作要点[A] (2016-2-4).

[9] 江苏省教育厅. 江苏省教育厅副厅长倪道潜在2016年省属高校财务工作会议上的讲话[A] (2016-3-18).

[10] 袁昌富. 江苏高校生均拨款制度改革现状及对策[J]. 江苏开放大学学报，2014 (5)：99-101.

[11] 张甫香. 江苏高校生均拨款制度改革建议[J]. 会计之友，2012 (32)：80-83.

航海类学生生均拨款政策调整

——关于提高航海类学生预算生均定额标准的请示

江苏省教财政厅：

  我院为中国首批履行 STCW 国际公约的航海院校之一。发展航海教育对促进经济发展和社会进步具有重要的现实意义。海上运输承担着我国 90% 以上的国际贸易和 50% 以上的国内贸易运输任务，有力地支撑了国民经济的快速发展。随着经济全球化的深入发展，航运业在经济发展和社会进步中的地位和作用将会更加突出。航海教育承担着培养航海类专门人才的重要使命，在航运业的发展过程中发挥着基础性、全局性和先导性的重要作用。

  航海教育对我国开发和利用海洋、巩固海防、维护国家海洋权益具有重要的战略意义。航海教育具有岗位针对性、国际通用性、法律规定性和国防军事性等特性。航海教育各有关方面应从开发和利用海洋、维护国家海洋权益、促进海上运输业发展以及适应海上国防事业需要的战略高度，充分认识航海类专门人才培养的重要性和必要性。

  2012 中国航海日大会于 2012 年 7 月 11 日在江苏南京举行。本次航海日活动以"感知郑和，拥抱海洋"为主题，发布了《中国航海日南京宣言》，倡议弘扬郑和精神，再创航海辉煌；发展海洋经济，关爱蓝色家园；捍卫海洋权益，维护海洋和平；建设航海文化，倡导海洋文明。全国政协副主席李金华宣布大会开幕，江苏省委书记罗志军与交通运输部部长李盛霖出席大会并共同为南京"长江航运物流中心"揭牌，江苏省省长李学勇在大会上代表省委、省政府致辞。他说，这次航海日活动在江苏举办，对进一步提升我省对外开放水平，促进海洋事业和海洋经济加快发展，必将起到有力的推动作用。目前，我省已与世界上 220 多个国家和地区建立了贸易联系，去年外贸进出口总额 5389 亿美元，累计实际利用外资超过 2500 亿美元。江苏开放型经济的成就与航海事业的大发展密不可分。全省现有亿吨大港 7 个，万吨级以上泊位 390 个，港口年综合通过能力达到 14.7 亿吨，90% 以上的货物进出口通过海运实现。随着南京长江大桥以下 12.5 米深水航道的开工建设，江苏的对外开放优势和交通枢纽地位将更加凸现。

  为深入贯彻落实《国家中长期教育改革和发展规划纲要（2010—2020 年）》《国家中长期人才发展规划纲要（2010—2020 年）》，以及教育部关于全面提高高等教育质量的有关文件，切实履行国际海事组织《海员培训、发证和值班标准国际公约》，全面提高航海教育质量，培养适应国民经济和社会发展需要的、具有国际竞争力的高素质航海类专门人才，结合《教育部　交通运输部关于进一步提高航海教育质量的若干意见》（教高〔2012〕3 号文）精神，进一步加大航海教育办学经费投入，履行航海院校的举办者办学责任，特申请提高航海类学生预算生均定额标准。

　　我院航海类学生预算学科系数（包括航海技术、轮机工程和船舶电子电气工程等）为1.2，结合2013年标准生定额8600元（2012年为7600）和我院层次系数0.9计算为9286元，加学费4140元，合计13426元，与我院测算的满足合格航海类学生的最低培养成本差距较大。目前交通部属航海类学生生均定额标准为22000元，专项补助生均18000元，学费2500元，合计42500元。教育部"船舶与海洋"学科系数为2.3。结合我省逐步提高标准生定额和我院具体情况，申请分步提高航海类学生生均定额标准，2013年学科系数调整为1.9，专项补助生均8000元（以后每年随标准生定额的提高而逐年降低）。

　　妥否，请批示！

江苏海事职业技术学院债务偿还能力情况与新建项目分析

一、债务偿还能力分析

根据《关于进一步完善高等学校经济责任制加强银行贷款管理切实防范财务风险的意见》（教财〔2004〕18号）以及"江苏海事职业技术学院2012年度部门决算报表""江苏海事职业技术学院2013年部门预算"，我们建立江苏海事职业技术学院（以下简称"海事学院"或"学院"）银行贷款额度控制与风险评价模型，具体如下：

（一）非限定性收入

非限定性收入＝非专项教育经费拨款＋教育事业收入＋附属单位缴款＋其他经费拨款＋上级补助收入＋其他收入。

非限定性收入 单位：元

年份	非限定性收入	非专项教育经费拨款	教育事业收入	附属单位缴款	其他经费拨款	上级补助收入	其他收入
2012年	245961293.47	136161100.00	83000000.00	0.00	0.00	0.00	26800193.47
2013年	216084300.00	118084300.00	84000000.00	0.00	0.00	0.00	14000000.00

（二）必要刚性支出

必要刚性支出＝（基本支出－科研支出－已贷款利息支出）＋对附属单位补助支出。

必要刚性支出 单元：元

年份	必要刚性支出	基本支出	科研支出	已贷款利息支出	对附属单位补助支出
2012年	170029858.13	186029858.13	0.00	16000000.00	0.00
2013年	121127000.00	137127000.00	0.00	16000000.00	0.00

（三）非限定性净收入

非限定性净收入 = 非限定性收入 - 必要刚性支出。

非限定性净收入　　　　　　　　　　　　　　　　　单位：元

年份	非限定性净收入	非限定性收入	必要刚性支出
2012 年	75931435.34	245961293.47	170029858.13
2013 年	94957300.00	216084300.00	121127000.00
R_0	85444367.67	—	—

注：R_0 为年均非限定性净收入，2012 年、2013 年非限定性净收入平均值。

（四）年期 n

根据新建项目的开发建设周期和学院的要求，本次测算年期 n 取 5 年。

（五）折现率 i

以 n 年期同期银行平均贷款利率为折现率，则同期三至五年（含）银行贷款利率 6.40%，即 $i = 6.40\%$。

（六）非限定性净收入增长率 g

根据行业发展状况和海事学院自身特点以及审慎性原则，本次测算非限定性净收入增长率 g 取 10.00%。

（七）n 年期累计非限定性净收入

根据上述分析，我们选用以下公式进行测算：

$$V = \frac{R_0(1+g)}{g-i}\left[\left(\frac{1+g}{1+i}\right)^n - 1\right]$$

通过测算，最终确定 n 年期累计非限定性净收入为 47259.31 万元（取整）。

（八）一般基金中可用于偿债资金

根据《关于进一步完善高等学校经济责任制加强银行贷款管理切实防范财务风险的意见》（教财〔2004〕18 号），一般基金中可用于偿债资金可按一般基金的 20%～50% 测算，本次测算取 20%。取"2012 年度部门决算报表——资产负债表"

中一般基金年初数、年末数的平均值,即一般基金中可用于偿债资金为39.46万元(采用2011年与2012年报表列示的一般基金的平均数,取整)。

(九) n年期累计贷款控制额度

n年期累计贷款控制额度 = n年期累计非限定性净收入 + 一般基金中可用于偿债资金 = 47259.31 + 39.46 = 47298.77(万元)。

(十) 累计未偿还贷款余额

目前学院主要债务为欠负南京银行贷款,累计未偿还贷款余额为23300万元。

(十一) n年期累计新增贷款控制额度

n年期累计新增贷款控制额度 = n年期累计贷款控制额度 − 累计未偿还贷款余额 = 47298.77 − 23300 = 23998.77(万元)。

(十二) 现有贷款风险指数

现有贷款风险指数 = 累计未偿还贷款余额 ÷ n年期累计贷款控制额度
= 23300 ÷ 23998.77
= 0.49(保留小数点后两位)

因为0.4 < 现有贷款风险指数 < 0.6,所以为中等风险。

二、新建项目分析

(一) 项目概况

本次拟建项目为轮机楼、大学生活动中心、学生公寓、船舶工程各1栋,其中轮机楼30000平方米,大学生活动中心10000平方米,学生公寓15000平方米、船舶工程10000平方米,合计为65000平方米,详见下表。

项目规划指标表

序号	项目名称	建筑面积/平方米
1	轮机楼	30000
2	大学生活动中心	10000
3	学生公寓	15000

续表

序号	项目名称	建筑面积/平方米
4	船舶工程系楼	10000
—	合计	65000

(二) 项目开发成本

根据项目区域同类工程造价水平以及项目规划设计标准,综合确定项目各栋的综合平均造价和开发成本,详见下表。

成本估算表

序号	项目名称	建筑面积/平方米	综合平均造价/(元·米$^{-2}$)	总价/万元
1	轮机楼	30000	2800	8400.0
2	大学生活动中心	10000	3000	3000.0
3	学生公寓	15000	2500	3750.0
4	船舶工程系楼	10000	2800	2800.0
—	合计	65000	2762	17950.0

注:①综合平均造价包含前期工程费、建筑安装工程费、基础设施建设费、其他工程费、开发期间的税费(规费)、管理费用和不可预见费;不包含土地成本和财务费用。

②综合平均造价是设定项目建成后可直接使用的平均造价,包含设备、装修等费用。

(三) 项目资金情况

根据项目建设的需要,目前已为新建项目筹措可利用资金2000万元,其余为学院可支配利用收入。根据《省政府办公厅转发省财政厅等部门关于推进省属高校化解建设债务实施意见的通知》(苏政发〔2008〕119号),2008—2017年,高校每年要将一定比例的学费专项用于基本办学条件建设债务化解和再投入,本科院校不低于30%,专科院校不低于25%。2017年后如还有债务,高校要继续从学费收入中筹措化解债务资金。积极从老校区转换收入或利用老校区开展产学研合作和兴办科技园区收益中,筹措化解债务资金。每年从学生住宿费收入中筹措70%的资金,用于偿还学生宿舍建设债务。依据上述文件精神,学院可支配利用收入包括白下校区租金收入、收入再投入、学费再投入、住宿费再投入,详见下表。

资金筹措表 单位：万元

序号	项目	2014 年	2015 年	2016 年
1	准备资金	2000		
2	白下校区	800	800	800
3	收入再投入（建设）	3500	4000	4000
4	学费再投入（建设）	2200	2200	2200
5	住宿费再投入（建设）	770	770	770
—	小计	9270	7770	7770
6	偿还银行本金	1000	1000	1000
7	偿还银行利息	1600	1600	1600
—	小计	2600	2600	2600
—	净可支配利用收入	6670	5170	5170

（四）项目开发计划

根据学院项目开发的基本要求、项目特点以及项目的资金情况，我们安排项目的开发投资步骤为：

2014 年，轮机楼开发投入 70%；

2015 年，轮机楼继续开发投入 30%（完成）、大学生活动中心开发投入 70%；

2016 年，大学生活动中心继续开发投入 30%（完成）、船舶工程系楼开发投入 100%（完成）。

学生公寓的建设，可考虑引进社会资金，采用 BOT（兴建、运营、转移）的模式进行开发建设，即由社会资金投入兴建并经营一段时间，收回其投资及收益后，再由海事学院回收经营。学生公寓建设基本不需要学院投入资金，该楼建设时间可根据项目情况在 2014—2016 年间适时予以投资建设。

（五）资金筹措

根据项目的开发成本、资金情况和开发计划，本次项目总投资为 17950 万元，其中需要学院直接投资的总资金为 14200 万元，需投入资金包括准备资金和学院可支配利用收入。目前，已准备资金 2000 万元，学院可支配利用收入中尚需再投入 12200 万元。

（六）项目综合评价结论

项目建设后续资金有保证。通过准备资金和学院可支配利用收入再投入可以保证项目建设的后续资金,且有盈余,不需要其他借款。详见下表。

资金来源与运用表　　　　　　　　　　单位:万元

序号	项目	2014年	2015年	2016年	合计
1	资金来源	6670	5170	5170	17010
1.1	自有资金	2000	—	—	2000
1.2	银行贷款	—	—	—	—
1.3	净可支配利用收入	4670	5170	5170	15010
2	现金运用	5880	4620	3700	14200
2.1	开发成本	5880	8370	3700	17950
2.1.1	轮机楼	5880	2520	—	8400
2.1.2	大学生活动中心	—	2100	900	3000
2.1.3	学生公寓	—	3750	—	3750
2.1.4	船舶工程系楼	—	—	2800	2800
2.2	偿还借款本息	—	—	—	—
2.2.1	偿还本金	—	—	—	—
2.2.2	偿还利息	—	—	—	—
3	盈余资金	790	550	1470	2810
4	累计盈余资金	790	1340	2810	—

依据学院目前实际资金筹措能力情况,设定项目按上述进度进行开发建设,学院在保证偿还现有债务本金及利息的前提下,不需要增加新的贷款,能够实施学院新建项目(轮机楼、大学生活动中心、学生公寓、船舶工程系楼)的建设工作。

大专工科学费应高于本科

——江苏省物价局高校学费调整听证会发言

2013年，我省毛入学率达到48.6%，普通本专科共招生43.95万人，我省普通高校数量、招生人数及在校生人数均居全国第一。这是省委、省政府大力发展高等教育的结果，是省教育厅、财政厅对高等教育投入大量辛勤劳动的结果。适时调整江苏省公办高等学校学费标准是适应国际中长期教育与发展改革规划纲要的有力体现。

本次公办高等学校学费标准调整也是我校盼望已久的，比原有的方案有很大的进步。这次调整考虑了学科结构性调整，主要体现在考虑了成本因素对学费标准的影响，符合《国家中长期教育改革和发展规划纲要（2010—2020)》的精神，整体方向值得肯定。但我校认为学费标准调整可以进行进一步的优化。

第一，可能因监测范围的影响，原有高职类成本监审数据偏低，这是由历史原因造成的。本科院校拨款来源多，办学成本高，高职院校负债比较重，办学成本也高，这是不公平的。我院根据符合办学质量最低要求对航海轮机专业进行了专业办学成本测算，航海类为2.41万元，轮机类为2.59万元。高职院校理工类对实验实训的投入要求特别高，特别是随着高职教育改革的深化，实行的是厂中校、校中厂、工学结合、工学交替，这种校企合作方式适合小班化教学，对师资、实训设备的投入远远超过本科院校的投入，在这种情况下考虑高职类学费比本科类学费低是不合理的，建议工科类收费标准不区分本专科。

第二，对高职类学费标准只有10%上浮空间操作性比较差。因为高职的专业从三类学科的划分来说专业偏少，建议按照整个招生规模上浮10%。按照调整前学费标准，我院2010—2013年学费收入占学院支出16.84%，按照调整后学费标准收学费我院学费收入占学院支出17.88%，即使全院在校生都按新收费标准收费，我院学费收入占学院支出20.75%，也远远低于受教育者合理分担25%的标准。

第三，根据2013年江苏招生简章的数据，我们比较7个省（直辖市）工科类学费标准，专科类学费标准比本科类学费标准高出很多，详见下表。

工科类学费标准

省（直辖市）	专科类学费标准/元	本科类学费标准/元	专科类比本科类高出比率/%
上海	7500	5000	50.0
浙江	6000	4400	36.4
天津	5500	5000	10.0
福建	7500	5460	37.4

续表

省（直辖市）	专科类学费标准/元	本科类学费标准/元	专科类比本科类高出比率/%
广东	6000	5160	16.3
山东	6600	3960~4730	约50.0
重庆	6500	4500	44.4

再以航海、轮机类专业为例，我们比较了几个省份专科和本科院校收费标准：

上海海事职业技术学院航海轮机类学费标准：7500元。

上海海事大学航海轮机类学费标准：5000元。

广州航海职业技术学院航海轮机类学费标准：5500元。

广州航海大学航海轮机类学费标准：4300元。

天津海运职业技术学院航海轮机类学费标准：5500元。

天津大学航海轮机类学费标准：4200元。

青岛远洋船员职业技术学院航海轮机类学费标准：5000元。

山东交通大学航海轮机类学费标准：3600元。

上海、广州、天津、山东的航海轮机专业都是专科类学费高于本科类学费，可见高职类学费标准比本科类学费标准低是没有道理的。

第四，用假单加权平均成本法测算办学成本是不合理的。

第五，建议建立学费标准的动态调整机制。

第二编

江苏海事职业技术学院"十三五"事业发展规划[①]

"十三五"时期（2016—2020 年）是学校全面建成行业领先、省内一流、全国有影响、航海特色鲜明优质高职院校的决胜阶段，也是学校向更高水平、更高层次目标跨越的关键时期。

三、指导思想与发展目标

（一）指导思想

略。

（二）发展目标

略。

（三）核心指标

到 2020 年底要实现的核心量化指标一览表

序号	类别		核心指标	2015 年	规划值	
					2018 年	2020 年
1	品牌效应和社会显示度	办学规模	全日制在校生学生/人	10707	11000	11000
2			专科学生/人	10707	10800	10640
3			本科层次学生/人	0	100	160
4			留学生/人	0	100	200
6		招生	新生报到率/%	90	91	92
7			第一志愿录取率/%	94.1	95	95.5
8			现代职教体系试点专业数 Δ^2/个	7	10	10
9			定向培养士官招生数	160	300	350

[①] 本文仅为参与部分的内容。

续表

序号	类别		核心指标	2015 年	规划值	
					2018 年	2020 年
10	品牌效应和社会显示度	质量工程	国家级教学成果奖 Δ/个	0	1	2
11			省级教学成果一等奖 Δ/个	3	3	5
12			省级以上专业建设项目 Δ/个	11	13	14
13			省级以上课程、教材数 Δ/个	25	30	35
14			省级以上实验室（实训基地）数 Δ/个	5	7	7
15	人才培养质量		毕业生年底就业率/%	95	98	98
16			毕业生毕业半年后薪酬排名[3]	前 3	前 3	前 3
17			毕业生社会竞争力全省排名[3]	前 6	前 5	前 4
18			毕业生对学校工作满意率[3]/%	85	88	90
19			用人单位对毕业生满意度[4]/%	—	90	95
20			国家级大学生技能竞赛一等奖 Δ/项	1	3	4
21			国家级大学生创新创业大赛一等奖 Δ/项	1	3	4
22	科研与社会服务		社会培训/人次	11000	12000	14300
23			纵向课题经费年递增/%	—	9	10
			横向课题经费年递增/%	—	9	10
24			社会培训到账资金年递增/%	—	9	10
25			技术服务转让经费年递增/%	—	9	10
26			省部级以上自然或社科基金数 Δ/个	0	3	7
27			省级以上科技成果奖 Δ/项	0	2	5
28			核心期刊论文数/篇	80	120	150
29			被 EI/SCI/ISTP 检索论文数/篇	10	20	30
30			省级以上协同创新平台数 Δ/个	0	0	1
31			省级以上技术服务平台数 Δ/个	1	1	2
32			申请 PCT 国际专利数 Δ/个	0	3	6
33			有效的发明专利数 Δ/个	7	30	50

续表

序号	类别	核心指标	2015 年	规划值	
				2018 年	2020 年
34	师资队伍	生师比[5]	18∶1	17∶1	16∶1
35		高级职称教师比例/%	30.21	32	35
36		正高职称教师比例/%	3.83	6	12
37		博士学位教师比例/%	2.98	10	20
38		省级以上人才工程人数[6]△/人	25	32	39
39		其中省级以上教学名师△/人	1	2	2
40		省级以上团队数[7]△/个	0	1	3
41	办学条件和资源	生均校舍建筑面积/(平方米/人)	25.9	28.5	30.5
42		生均图书/(册/人)	77	80	85
43		生均仪器设备值/(万元/人)	1.5	1.8	2.2
44		省级及以上教学资源库数/个	1	1	2

注：1. 加 △ 标记者指标值为累计值，其他为当年值，下同；
2. 数据来源于当年麦可思报告；
3. 数据来源于委托的第三方调研；
4. 按人才培养状态数据库中师生比计算方法计算；
5. 省级以上人才工程人数含省 333 人才培养对象、青蓝工程培养对象、有突出贡献专家、名师等；
6. 省级以上团队数含省级以上教学团队和科研团队

四、主要任务与建设举措

（一）强化专业内涵建设，提升专业建设整体水平

略。

（二）深化人才培养模式综合改革，全面服务学生成长成才

略。

（三）加大人才培养和引进力度，提高教师和管理队伍素质

略。

（四）创新科研激励机制，增强科研和社会服务能力

略。

（五）改善基础办学条件，完善服务保障体系

加强学校基础设施建设。加快推进学校二期基建工程，新增建筑面积 7 万平方米左右。完成智能化机舱建设后期工程。完成板桥校区教学实习船码头及其陆域的教学配套用房建设，完成停泊实习船置换。建成国际邮轮乘务专业实训基地、青年教师公共租赁房、大学生士官体能训练基地、大学生一站式服务中心，开工建设学生公寓一幢、轮机综合大楼、大学生活动中心。适时启动板桥校区二期建设工程。筹资建设大学科技园江宁园区大楼。到 2020 年，生均校舍建筑面积达到 30.5 平方米。

建立公共服务保障体系。深化后勤和安全保卫社会化改革，建立公共服务与保障标准体系。建成校园安全全覆盖监控系统，提高校园安全保卫与综合治理现代化管理水平，建成江苏省平安校园示范校。完成江宁校区全部楼宇消防验收。加强国有资产绩效管理，确保国有资产增值增效。

（六）深化管理体制机制改革，激发管理活力与效能

深化校院两级管理。全面修订完善《校院两级管理实施办法》及其配套细则，深化校院两级管理，明确学校和二级单位之间的人权、事权、财权等责权利关系，扩大落实二级单位办学自主权，深入推进二级单位以投入与产出为核心要素的绩效考核，激发基层单位办学活力。主动适应市场竞争和教育教学需求，按照"小机关、大院部"原则，调整优化机构设置，落实职能部门科学规划、宏观协调、管理服务、考核监督等职责。

（七）深化产教融合，加快推进国际化办学进程

略。

（八）加强党建和思政教育，保障学校持续健康发展

略。

五、保障措施与监控评价

学校要大力提倡开源节流，努力开辟创收渠道，主动争取国家、江苏省各级政府的经费支持。拓展继续教育和高端培训，为社会提供优质教育资源与教育服务的同时，为学校增加教育事业回报。进一步发挥教育发展基金会功能，以校友会为纽带争取广大校友对学校的捐赠，并在校友的支持下利用好社会资源。大力推进大学科技园建设，实施产学研一体化的运行机制，形成重要的收入增长点。通过贷款、自筹、融

资、争取企业和政府专项投入以及符合市场经济规则的其他手段来多渠道大力筹集建设资金，为学校有序推进规划项目建设提供强有力的经费保障。加强资金管理和绩效评价，科学编制发展计划和资金预算，构建符合学校管理特点的计划、预算体系。建立健全财务管理制度，完善计划预算和财务信息管理系统，加强经费管理、风险管控和绩效评估，努力降低运行成本，保证学校资金依法、高效、合理使用。

统筹兼顾　整体布局

——继续教育学院人才工作报告（2018—2022年计划）

一、继续教育专业发展人才需求综合分析

随着江苏省高水平院校建设和我校继续教育培训层次的提高，配合继续教育品牌计划，建立继续教育专兼职教师队伍，减少继续教育专任教师流动性，提升教学质量，加快继续教育专业学科建设，鼓励专任教师到企业实践，培养双师型人才。针对社会对人才的具体需求，可聘任一两名层次较高的教师，形成专任教师综合教研室；打造一支专业实践技能性强、职业稳定性高的兼职教师队伍，引导兼职教师参与教学改革研究，实现专任教师和兼职教师互补，为实现继续教育人才培养目标提供重要保证，从而提高继续教育培训的质量。

在当代教育的环境下，继续教育教师必须从单一的学科向多元化、多教育方式的方向转变，紧盯专业技术和国际发展的前沿，应具备丰富的教学知识、一定的专业素养和高度的知识视野，同时还应具有敏锐的职业素养、过硬的英语交流能力和全球化大局观。

各二级部门应该根据学院专业人才培养和技术技能培训需要，合理调配和有针对性地培养师资，建设一支专业技能过硬、专业特长各异、教师和培训师并举的师资队伍。打造高等职业教育继续教育品牌，满足国内、国际两个市场的需要，适应当前社会发展需要。

二、存在的主要问题

目前，继续教育学院/继续教育与培训管理处（几内亚学院）的主要工作分为：①学历继续教育，主要为函授、专接本、专转本培训管理、专升硕等，专升本正在业务洽谈中；②非学历继续教育，主要为船员培训及其他培训；③学校安排的其他工作，包括国际化办学的任务。其中存在的问题主要有：

（1）学历继续教育人才培养规模偏小。目前学历继续教育函授在校生为800人左右，专接本在校生为500人左右，与非学历继续教育规模相比明显偏小，与其他同类高职院校学历继续教育规模相比也明显偏小，说明二级学院在学历继续教育培养方面的师资数量还存在欠缺。

（2）非学历教育人才培训专业分布不平衡。目前非学历继续教育培训主要由小部分学院承担，其他二级学院和教学部承担的培训量较少，尤其在高端培训上这一现象更突出，说明在非学历教育培训方面，其他二级学院的师资数量和能力水平都需要进一步加强。

(3) 继续教育管理专业化人员数量不够。随着国家对继续教育和培训的日益重视，继续教育专业人才的作用日益显现。继续教育越来越规范，既需要懂国家学历教育政策，又要懂市场培训行情；既要懂专业行业主管机关的政策，又要懂国际交流事务；既要懂教育信息化建设，又要懂相关管理、科研、后勤、财务等方面的协调。而目前继续教育学院共有教职工14人（含劳务派遣3人），副高职称占28.6%，中级职称占28.6%；具有继续教育或教育管理专业背景人员较少，具备无障碍外语交流能力的人员基本没有。

三、拟采取的主要措施

(1) 优化继续教育相关工作机构设置，建设各项工作专业化团队。函授学历教育、自考教育、留学项目、常规培训、高端培训、国际培训等各项目要做到有序发展、质量保障、服务上乘，必须建立合理的机构设置，各个专业队伍有所侧重，才能使继续教育各类人才充分发挥能力，协调一致，产生合力。

(2) 加强对现有继续教育工作人员的业务能力提升。继续教育不同于单一专业或专业群的建设发展，需要对国家教育战略、继续教育政策、专业和行业发展动态、具体业务能力都要有所储备。因此，除了及时引进人才外，对现有在职人员的学习、培训也要有所规划。通过内部个人学习、集体学习、外出培训、参加会议、参与科研等，不断提升人员素质能力，将有助于提升继续教育工作的质量与效率。

(3) 合理引进专业化继续教育人才。对继续教育管理人才的引进需要合理规划，力求精简实用。就继续教育学院目前所承担的工作任务而言，在国际交流、市场开拓、项目研发方面还有所欠缺。

四、对学校的具体建议

(1) 把继续教育人才队伍建设纳入全校人才建设整体考虑，调动全校继续教育相关人员的积极性。随着国家对继续教育与培训的日益重视，继续教育将在学校发展建设考核验收等各项指标中占据越来越重要的位置。学校应对继续教育发展的方向、规模、与全日制教育的协调等方面有更长远、更清晰的规划。其中，将各二级学院、教学部的继续教育人才队伍建设、相应人员配备都纳入学校整体发展考虑，同时辅以良好的继续教育运行激励机制。尤其考虑到继续教育需求师资与全日制教育需求不一样，需要更强的实践指导性和更多的实践经验，且师资规模亦需完全符合上级主管机关的要求。

(2) 充分认识到对继续教育能提供多少专业指导才能体现专业水平。如果各二级学院专业教师通过企业实践、理论研究等形式使自身的专业能力得到提升，对更讲求实际运用能力的社会人员就业和在职进修培训起到实际的指导作用，那么既能加强继续教育质量，也能更好地促进全日制教育的专业建设。

（3）考虑到当前继续教育学院无自己的师资力量，基本依托各二级学院教学部，对培训业务开展有一定的制约。需要建立更灵活的聘用机制，继续教育学院聘用本校或校外的师资、租用场地，对培训任务的及时性会有所帮助。

面向战略，融入区域，服务全民学习型社会构建，担当"双高"[①] 新使命，"三并""三争"展风采

——继续教育学院事业发展规划（2020—2023）

2020—2023 年是学校"四三六"基本思路和"八三六"具体举措贯彻落实、高水平院校建设和"双高"计划建设的关键阶段，继续教育学院将以此为指引，落实学校部署，结合自身发展实际，经过科学谋划，制定继续教育学院事业发展规划（2020—2023）如下。

一、发展现状

略。

二、继续教育事业发展面临的机遇和挑战

略。

三、"双高"建设对标对表分析

略。

四、继续教育发展目标定位

学校章程明确指出对继续教育学院事业发展的定位是"学校发挥自身优势，利用教育教学资源，为行业企业员工提供技术技能培训和继续教育，为海洋强国和区域经济发展服务"。

为了高质量完成学校高水平院校建设和"双高"建设目标任务，继续教育学院以"科技创新与社会服务深蓝计划"和"国际合作品牌计划"为载体，确定继续教育学院2020—2023 年发展总目标为：站稳"双高"学校建设单位航海类第一、江苏

[①] "双高"计划：中国特色高水平高职学校和专业建设计划，是中共中央、国务院做出的重大决策，亦是推进中国教育现代化的重要决策；由教育部和财政部共同研究制定并联合实施。"双高计划"也被誉为职业教育领域的"双一流"，旨在集中力量建设一批引领改革、支撑发展、中国特色、世界水平的高职学校和专业群；引领职业教育服务国家战略、融入区域发展、促进产业升级。

省高职院校继续教育前五。

五、继续教育事业发展理念思路

（一）发展使命："为全民终身学习更便捷，让校友人人出彩更圆满"

"学习型社会"与"终身教育"理念在20世纪60年代由联合国教科文组织提出，在国际上受到广泛的推崇，许多国家、地区、社会团体将它视为推进和实施教育改革和发展的指导原则，成为社会发展和社会进步追求的一个重要目标。"学习型社会"与"终身教育"理念的提出来自政治、经济、社会发展对教育发展的迫切要求，同样，概念的提出和实践也有力地促进了教育的改革发展，促进了各国社会政治经济的发展。

我校继续教育将坚持面向全体校友提供"终身教育体系"更加贴心、便捷、高效和个性化的服务，结合学校第三次党代会提出的"学生培养出彩计划"，树立"为全民终身学习更便捷，让校友人人出彩更圆满"使命，为实现全民终身学习贡献力量。

（二）发展愿景：优质继续教育的提供者，校友终生发展的好平台

党的十九大报告明确提出，要优先发展教育事业。建设教育强国是中华民族伟大复兴的基础工程，必须把教育事业放在优先位置，加快教育现代化，办好人民满意的教育。对于职业院校和继续教育工作而言，也有明确的要求，即完善职业教育和培训体系，深化产教融合、校企合作，办好继续教育，加快建设学习型社会，大力提高国民素质。

综合服务对象、教育性质、工作状态、长期目标等多方面因素，我们提出学校继续教育事业发展的愿景是"优质继续教育的提供者，校友终生发展的好平台"。

（三）实施战略：学历技能并重、专本专硕并行、国内国外并拓的"三并"战略

1. 学历技能并重

教育部《关于加快发展继续教育的若干意见》明确提出"加快发展继续教育的主要任务，既有以加强人力资源能力建设为核心，大力发展职业导向的非学历继续教育，又强调以提高教育内容和教育方式的针对性为重点，稳步发展各级各类学历继续教育"。教育部《职业教育与继续教育2018年工作要点》也提出"既要完善职业教育和培训体系，以做大培训为重点搭建人才成长'立交桥'，坚持学历教育和培训并举，为劳动者转岗择业和持续发展提供支撑，也要办好中国特色继续教育，稳步发展高等学历继续教育"。教育部《面向行业企业开展职工继续教育的意见》、江苏省教

育厅等六部门《关于加快发展继续教育，推进学习型江苏建设的意见》等文件也提出要稳步发展学历教育。因此，坚持学历与技能并重必然是继续教育与培训工作未来的发展趋势与努力方向。

2. 专本专硕并行

教育部《关于加快发展继续教育的若干意见》提出"以提高教育内容和教育方式的针对性为重点，稳步发展各级各类学历继续教育。改革发展成人中等学历继续教育，加强技能型人才培养；稳步发展高等学历继续教育，加强应用型、复合型和创新型高层次人才培养"。因此，继续教育学历教育提升工作既包括自考专接本、函授专升本等高等教育项目，也包括专转本培训服务的全日制统招项目，更有专升硕国外留学、专科毕业同等学力考取国内硕士等项目，目的是为有意愿进修更高学历、冲刺高层次人才水平的学生提供渠道，这是继续教育工作的题中应有之义，也是学校高水平院校建设方案中"构建技术技能人才成长'立交桥'，促进学校培训与成人学历教育的综合发展，为在校生和在职人员的学历提升提供便捷通道，大力提升成人学历教育层次和规模，打造以本科成人学历教育为主体，大专、MBA项目、专升硕等为补充的成人学历教育体系"的要求。

3. 国内国外并拓

通过长期以来的积累、传承和创新，中国已经从传统的农业社会向现代工业社会转变。特别是"中国制造2025""中国教育现代化2030"等理念的提出，使得职业技术教育逐步成为破解人民日益增长的美好生活需要和不平衡不充分的发展之间矛盾的重要切入点，成为"双创"的基础平台，必将推动全球工业转型。

"一带一路"倡议的深入推进，亟须高职院校提升国际化办学水平，融入世界职教话语体系，不仅仅局限于服务国内经济发展，更要努力向全球经济领域辐射。"中国经验"的深化和推广，同样亟须高职教育建立国际化人才培养标准，积极参与职业教育国际标准与规则的研究制定，开发与国际准则相对应的专业标准和课程体系，扩大中国职教的国际话语权，彰显职教软实力，与各国一道更加深入地推进职业教育交流合作与发展。

六、规划实施的方法举措

（一）规划实施的"八项计划"

为了切实贯彻我校继续教育发展理念思路，高质量完成既定的发展目标，结合继续教育学院实际情况，拟通过"八项计划"的形式具体落实继续教育发展建设举措，"八项计划"即学历教育规模倍增计划、培训项目品牌培育计划、职业技能领域拓展计划、国际培训办学深入计划、杰出校友助力孵化计划、管理制度优化创新计划、人才团队合理构架计划、继教文化内涵建设计划。

1. 学历教育规模倍增

根据继续教育学院承担学校"十三五"期间的目标任务，将拓展本科层次继续教育

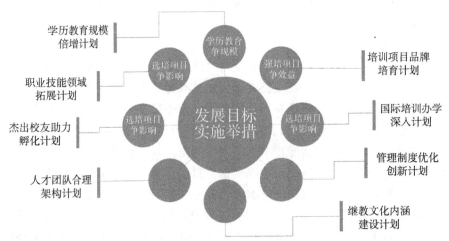

继续教育学院事业发展规划实施的"八项计划"和"三争"路径图

专业方向,重点发展"专升本""专接本""远程教育"等本科以上的成人学历教育。

到 2023 年,继续教育学院力争实现各类学历教育在籍学生达到 8000 人。

2. 培训项目品牌培育

继续教育学院将持续着力拓展社会培训项目,不断提高培训质量,积极开展面向前沿的高端研修培训,发挥智能化机舱、国家海事调查实验室等国内科技领先设施设备对产业结构优化升级的驱动作用,与行业企业深度合作,协同开展高端人才研修项目。

继续教育学院将启动培训项目品牌培育计划,为各二级学院提升培训尤其是高端培训的品质,为检验社会服务的真实能力提供实质性帮助,从而达到全校培训数量提升、质量保障、分布均衡的目标。

培训项目品牌培育计划主要从三个层面开展。

一是擦亮现有成熟品牌,继续发挥规模效应。继续坚持以航海类培训为基础和支柱,发挥现有成熟培训品牌的规模效应,在现有基础上精益求精,通过推进高级船员培训"N9"计划①,有效提高高级船员培训的教学质量和精准度,把现有品牌继续做大做强,形成我校继续教育的核心竞争力。

二是逐步培养社区教育科普品牌,扩大继续教育社会影响。进一步加强与学校所在淳化街道各社区的联系,根据当地各社区及文化教育中心的实际需求,依托学校现有专业优势,以实践与讲座为主要形式,面向当地企业及社区居民开发各类科技文化教育培训课程。在现有社区服务的基础上,围绕老年教育及青少年教育,进一步开发和优化航海类科普、水上安全、船舶模型制作、信息技术、茶艺、非遗文化等课程项

---

① "N9"计划:高级船员培训"N9"计划(简称南京九套),该计划是实现管理级高级船员培训通过率在全国影响力方位居前列的计划。具体是由继续教育学院统筹组建以航海、机电等二级学院为主的专业教师攻关团队,进行高级船员培训模拟卷题库的设计和制作,最终形成包含有 9 套试题的题库,并将题库广泛运用到学校高级船员培训中。

目，稳定社区服务规模，提升课程质量，打造江苏省社区教育品牌，扩大社会影响力和知名度，服务学习型社会建设。

三是持续开发服务地方发展新项目，培育继续教育新的增长点。培育符合江苏省区域经济发展和企业需要的新培训项目，面向地方中小型企业，在重点合作企业设立教育培训服务中心，送教上门，依托"学分银行"实施学分积累和转换。面向新型职业农民、退伍军人、务工人员、转岗员工等重点就业人群，大力开发焊接、电工、物流、会计、旅游等培训课程包，从而把培训项目拓展到我校各主要专业群，形成齐头并进、百舸争流的多元发展态势，寻求继续教育新的增长点。

3. 职业技能领域拓展

目前，我校职业技能培训主要集中在两年制航海职业教育"技能＋学历"项目，虽然已尝试开设计算机、科技等专业，但主体仍集中在航海类水上专业。"双高"计划建设期间，我们要在保持原有航海职业教育技能加学历的基础上，力争把职业技能培训项目覆盖学校主体专业群。结合高水平院校建设和"双高"建设方案，跨界整合航海技术、轮机工程技术、船舶电气工程技术、船舶工程技术、港口与航运管理、移动互联应用技术等重点专业（群），形成专业（群）联盟；统筹专业（群）联盟中师资、课程、实验室等优质资源，形成优质公共服务平台，一方面可以服务于学生的综合素质培养，另一方面可以进行企业学员短期培训，还可以配合形成成人专科、专升本、专接本等一系列成人学历教育职业培训，全面提升专业技术能级与创新能力。同时，继续保持为区域经济社会与水运交通行业企业员工开展职业技能鉴定服务。

4. 国际合作办学深入

根据"双高"计划建设要求，继续教育学院将全面引进国际船员培训课程体系，通过六项举措持续开展境外船员培训：一是建立与涉船涉海等方向相关国际组织、世界主要海事类院校和国际知名企业的联系与合作关系；二是依托航运企业，大力推进外籍船员培训等非学历生教育培训，推进国际化办学；三是完成巴拿马船员培训质量体系的前期建设，适时开展培训项目；四是根据我校与马士基集团签订的马士基（中国）培训中心战略框架协议，进一步落实培训项目的筹备和开班；五是在与上海泰华船舶管理有限公司合作开展外籍高级船员培训的基础上，进一步谋求与企业合作在境外开设培训点，扩大学校的国际知名度和影响力；六是引入国际职业标准、国际通用职业资格证书或课程、教材等优质资源。

通过以上六项举措，主动服务"一带一路"国家发展战略，加快国家化办学进程，培养具有国际竞争力的航海类人才，拓展与国外航海类高校合作的深度与广度，加强与"一带一路"沿线国家在船员教育与培训方面的合作，不断扩大海外文化交流，增强国际显示度，努力打造海事特色鲜明的国际化办学品牌，建成国家援外计划培训重要基地。

5. 杰出校友助力孵化

强调"专本和专硕并行"，建立帮助学生、校友获取本科甚至硕士学历学位的体系，为有意愿在学习进程中争取更高学历、学位和能力的杰出校友提供孵化助力。

未来三年，我们要积极探索在校学生"专转本"培训管理工作，进一步深化校

企合作，充分利用社会资源完成学生专转本考前培训等工作的规范化、高效化、规模化，为进入本科全日制学习的学生提供帮助和指导。

目前，我校与南京恩之正教育公司合作的澳大利亚南十字星大学专升硕项目已输送 14 名学生赴澳攻读硕士研究生，继续教育学院将在此基础上进一步加强宣传和培养力度，争取输送更多优质学生到国外就读，帮助优秀学生提升学历和综合素质，增强语言能力、专业技能和就业竞争力。

另一方面，继续教育学院将对毕业校友、行业内具有一定工作经验的中高层技术管理人才等杰出人才实行个性化支持，根据校友需要适时选择高校开展 MEM 培训项目。

6. 管理制度优化创新

在未来三年，我们要以继续教育制度建设与创新为抓手，推进继续教育改革适应终身教育发展。具体举措有四个方面：

一是要时刻紧盯国家和各级教育主管部门对继续教育的立法和继续教育资源的调整、对教育事业统筹政策的最新动态。

二是要注重培训项目设置的科学化与培养方案的制度化建设，要注意了解行业最新动态，掌握国家政策调控。

三是构建激励机制体制，创新教学评价体系，激发各二级学院和教师开展继续教育的积极性，以制度建设鼓励和推进高校继续教育人性化、创新化。

四是将现代信息技术融入继续教育的可持续发展中。

7. 工作团队合理构架

为了适应现代化继续教育事业的发展，打造一支专业化高素质的继续教育工作团队，让继续教育工作人员有归属感、成就感、荣誉感，需从以下四个方面入手：

（1）鼓励干出实绩——按照合理配置人才资源、强化岗位管理原则，最大限度调动职工的积极性。

（2）优化人员结构——同时打造两支队伍，即有能力的专业人才队伍和懂管理的党员干部队伍。

（3）坚持阳光透明——坚持程序透明、过程公开、操作规范、全员参与。

（4）提升能力素质——强化竞争力，通过开展形式多样的业务素质培训与考察拓展活动，有序地组织干部职工参加各类培训和业务学习，全面提升队伍的综合素质。

8. 继教文化内涵建设

理念是文化之魂，抓住了灵魂就把握了方向。未来三年，我们要进一步树立"用文化管队伍""以文化兴继续教育"的理念。

一是要根据党的十九届四中全会公报提出的"构建服务全民终身学习的教育体系"，推动城乡义务教育一体化发展，健全学前教育、特殊教育和普及高中阶段教育保障机制，完善职业技术教育、高等教育、继续教育统筹协调发展机制"，形成学校人人重视继续教育的氛围。

二是要对内形成继续教育队伍的核心价值理念：

（1）有序。有序表现为规范教育服务行为和服务市场，增加自律和调整与受教育者的关系。我们要以标准化、规范化的操作为切入点，权责明确，统筹协调，不断提高继续教育工作的质量与水平，推动继续教育工作的健康发展。

（2）质量。目前我校继续教育的教学质量仍需进一步提高，尤其是在教学内容、方法和手段上还需要进一步改革，质量保障体系也有待健全。因此我们要着力建立健全继续教育培训的质量保障体系，创新人才培养模式，不断提高继续教育教育教学质量。同时，要坚持科学的质量观，着力加强质量标准和评价体系建设，促进规模、结构、质量、效益协调发展，各类教育形式和层次有效衔接，协调发展。

（3）服务。在践行继续教育与社会服务深蓝计划的过程中，必须坚守"为学员服务，让企业满意"的理念，实现"五个要"的服务标准：一是要具备服务能力，通过师资队伍建设和管理队伍建设不断锤炼继续教育团队的专业素养和服务能力，使之与办学层次的高端化、生源规模不断扩大和培训需求的不断提升相匹配；二是要强调服务意识，继续教育团队要时刻把学员的学习成效、培训效果、生活状况和就业前景放在心上，想方设法为学员排忧解难，争取权益，做好服务，不推诿，不敷衍，切实维护好学员的合法权益；三是要端正服务态度，塑造良好的服务育人形象，通过对企业和学员的贴心服务和真心关爱获得他们的认可和满意，维系继续教育和企业学员之间的感情纽带，扩大学校的知名度，吸引更多生源和合作单位；四是要达到服务效果，通过贴心服务和优质教学让学员切实获得提升和发展，要认真总结先进经验教训，反思整改存在的不足，服务效果提升永远在路上；五是要结合服务对象特点因材施教，继续教育面向的学员情况复杂，社会背景、职业背景、年龄学历等方面差异较大，我们要充分掌握和区分不同学员群体对培训的需求特点，有针对性地开发差异化培训项目，及时调整教学计划、方案和授课方式，确保不同层次学员取得满意的学习成效，学有所得。

（4）开拓。伴随社会上继续教育的地位日益提升和培训形式日益多样，我们要不断根据国家政策调整、教育发展形势、市场发展变化等情况，合理汲取有效信息，针对新的增长点及时开拓新的教育领域、教学专业、培训项目和合作形式，为继续教育的内涵与外延注入新的概念。要充分意识到在高速发展的新时代，继续教育事业不进则退，没有开拓和发展就是办学水平的停滞甚至后退。

（二）规划实施的"三争"路径

未来三年，我们将通过"三争"实施路径来实现既定的事业规划，"三争"路径即学历教育争规模，强培项目争效益，选培项目争影响。

1. 学历教育争规模

学历教育争规模就是要通过提升学历教育招生数量来扩大继续教育学院生源规模，争取生源规模的稳定性、长期性和逐年增长，同时为我校学生和校友的发展提供更高的平台，缓解就业压力。主要实施路径有：

（1）持续提升函授计划招生人数，在已经完成函授教育艰苦行业自主招生资格申报的基础上，着眼未来与已有的校外函授点和其他中职学校进一步加强紧密合作，

扩大专科层次招生数量。

(2) 保持专接本招生规模，提升教学质量。

(3) 加大专升本招生宣传，在已有专科学历人员进修本科学历、高中中职毕业专科本科函授形成一条龙两方面同时进行。

(4) 着手完成远程教育的项目申报与建设，力争实现本科远程教育的开展。

(5) 建设校外培训基地，实现成人本科及函授学历教育规模倍增。

2. 强培项目争效益

一方面通过推进高级船员培训"N9"计划，增强学校教育服务能力，有效提高高级船员培训的教学质量和精准度，打造行业权威、企业放心、学员满意的高级船员培训品牌。

另一方面充分利用学校现有资源配置，在确保教学质量的前提下通过拓展船员强制培训项目种类和扩大规模来争取更大的经济效益，支持继续教育的可持续发展和办学层次的不断提升。

3. 选培项目争影响

一是结合学校专业群发展和社会培训需求全面不断培育和推广各类非强制性继续教育项目品牌。

二是力争把职业技能培训项目覆盖学校主体专业群。通过进一步开发各类非水上可选培训项目扩大学校在社会、行业、合作企业层面的知名度和影响力，争取形成国内权威、行业认可、特色鲜明的继续教育品牌。

三是加强社区科技文化教育普及，服务学习型社会建设。面向街道和社区，开放全国科普教育基地、航海文化体验馆、船舶文化体验馆、图书馆等校园文化体验和学习场所；传播海洋文化，常态化隆重举办"中国航海日""世界海员日""中国海军建军日"等纪念活动，增强社区群众海洋意识；与淳化街道探索组建社区学院，通过成立讲师团、专家工作站、科技服务队等形式，助力乡村振兴。

(三) 组织保障

(1) 充分发挥学校继续教育与培训发展委员会的职责，宏观把控学校继续教育事业发展。

(2) 充分发挥继续教育与培训管理处对学校培训工作的全面管理协调能力。

(3) 依托各二级学院拓展学历教育和非学历教育领域和规模。

(4) 进一步建立健全内部激励机制和考核机制，调动职工的工作积极性和主观能动性，把一切积极因素都凝聚到继续教育发展上来。

七、年度绩效目标

继续教育学院2020—2023年绩效目标指标见下表。

2020—2023年继续教育学院年度绩效目标一览表

序号	总绩效目标或指标（2019—2023年）	2020年（含2019年）	2021年	2022年	2023年
1	协助航海学院建成马士基（中国）船员培训中心，培训项目涵盖海船船员、特种船舶船员和海洋工程人员；新增各类船员培训项目8项	协助航海学院完成马士基（中国）培训中心的体系建设并通过核验，开展马士基项目的培训；新增2项以上培训项目，每个专业群继续开展高端培训项目	完成2～3项培训项目的开发；承接马士基（中国）中心培训量达300人次	完成2～3培训项目的开发；承接马士基（中国）中心培训量达500人次	马士基（中国）中心培训项目涵盖海船船员、特种船和海工人员；马士基（中国）中心培训量达1000人次以上
2	建成具有行业特色的线上学习、线下培训的终身教育体系	搭建网络学习平台，与企业合作完成3个非航海类专业的专（本）科学历教育学习资源建设和线下培训的注册、报名、缴费系统	进一步完善学习平台，新增航海技术专业群3个专业专科学历教育线上学习资源库建设	校企合作新增2个非航海类专业专（本）科学历教育网络学习教学资源，完成航海技术专业群本科学历教育的资源建设	建成英语网站，进一步完善平台资源，建成满足线上学习、线下培训相结合涵盖我校主要专业群的终身教育平台
3	贯彻落实国家全民学习型社会建设要求，积极开展社区教育培训项目，至少1个社区教育培训项目成为江苏省内社区教育培训品牌项目，搭建人才培养"立交桥"	拓展社区教育培训项目1～2项；新增本科合作项目1项，在校生参与学历提升的人数占当年非航海类专业毕业生人数比例达到30%以上，成立成人学历教育管理中心，进一步完善成人学历教育体系	社区教育培育200人次以上；非航海类专业在校生参与学历提升的比例达当年非航海类专业毕业生40%以上	稳定社区教育培训规模，进一步完善已有项目课程体系，形成一定特色	在稳定规模基础上，进一步完善项目课程，建立社区教育师资队伍，申请江苏省社区教育品牌

续表

序号	总绩效目标或指标（2019—2023年）	2020年（含2019年）	2021年	2022年	2023年
4	建设周期内，开展社会培训总人次10万人次以上，培训收入超过1亿元	2019、2020全年开展各类培训分别20000人次以上，2019年开发军转海项目1项，2020年非航海类专业社会培训总人次达在校生数的80%；培训收入均达到2000万元	全年开展各类培训20000人次以上，非航海类专业社会培训总人次达在校生数的100%，培训收入超2100万元	全年开展各类培训20000人次以上，培训收入超2200万元	全年开展各类培训22000人次以上，培训收入超2400万元
5	国际船员培训、对口支援	建成巴拿马船员培训课程体系，26个项目通过巴拿马官方认证；完成"一带一路"沿线国家船员培训100人次以上；为西部船员教育开设2期培训	培训"一带一路"沿线国家船员300人次以上；为西部船员教育开设3期培训班	巴拿马培训体系下开展普通船员适任培训100人以上	全面完成"双高建设"任务并以优秀成绩通过验收巴拿马培训体系下开展普通船员适任培训150人以上，操作级船员培训50人以上

八、结束语

乘风破浪向远方，砥砺前行再起航！2020—2023年，继续教育学院将严格依照事业发展规划，全面践行发展定位思路，落实具体举措，高质量完成年度绩效目标，把握继续教育事业发展机遇，打造全方位继续教育与培训综合服务体系，立足服务区域与地方经济发展，立足服务船员与校友终身发展，立足服务国家战略的目标，努力站稳"双高"学校建设单位航海类第一、江苏省高职继续教育前五，为贯彻第三次党代会精神、建设高水平院校和"双高"计划建设目标任务的高质量完成贡献力量！

编制依据

党的十九届四中全会公报
《国家中长期教育改革和发展规划纲要（2010—2020）》
《国家教育事业发展"十三五"规划》
《国家职业教育改革实施方案》（简称职教20条）
《个人所得税专项附加扣除暂行办法》
《高等学历继续教育专业设置管理办法》
《职业院校全面开展职业培训，促进就业创业行动计划》
教育部2020年全国教育工作会议上工作报告
《教育部办公厅关于开展高等学校继续教育发展年度报告工作的通知》
教育部部长陈宝生在2018年全国教育工作会议上的讲话
《江苏省"十三五"教育发展规划》
《江苏省中长期教育改革和发展规划纲要2010—2020》
《江苏省教育厅2020年主要工作及目标》
《国务院关于加快发展现代职业教育的决定》
《江苏省"十三五"教育发展规划》
《关于加快发展继续教育推进学习型江苏建设的意见》
江苏海事职业技术学院第三次党代会工作报告
江苏海事职业技术学院《贯彻落实学校第三次党代会精神实施方案》
《江苏海事职业技术学院高水平院校建设任务书》
《江苏海事职业技术学院"双高"建设方案》
《中国共产党支部工作条例》
《中国共产党党员教育管理工作条例》
《新时代江苏高校党支部建设"提质增效"三年行动计划（2019—2021年）》
《江苏省普通高等学校院（系）党组织工作标准》

江苏海事职业技术学院后勤服务公司
筹建实施方案

为更好地落实我院"以人为本,学生为重"的服务理念,提高我院后勤服务的保障能力,紧跟国内高校后勤服务体系的改革步伐,结合我院实际情况,拟在我院原后勤服务中心的基础上,组建后勤服务公司。特制定筹建实施方案以供参考。

一、后勤服务公司基本体制

我院后勤服务公司是学院事业法人独立投资,以服务校内师生为目的,以"首要保障、稳健发展"为原则,以开源节流为前提的服务与经营相统一的具有独立法人资格的有限责任经济实体。

后勤服务公司实行总经理负责制,党务接受后勤党总支领导,财务接受院财务处指导,业务接受后勤处监管。暂时以原后勤中心的功能模块为基础,以职责分工管理,采取交叉绩效考核形式予以运营;成立之初采用高效运转、多职兼顾的扁平行四层组织架构予以具体实施。

公司不设董事会,设执行董事1名,法定代表人由执行董事担任,建议由分管后勤工作院领导(即田乃清同志)担任;公司设总经理1名,建议由现筹建办主任(即黄平同志)担任。以学院资产经营公司确认的原后勤中心资产资金为注册资金(暂定50万元)——当前公司注册资金以固定资产为主,根据学院资产经营公司核算及相关服务行业数据参考而定,向工商局进行注册登记。根据工商部门规定,公司名称的组成为行政区名+字号+行业特征+组织形式,经工商局核定名称可以为以下四个:①南京海苑后勤服务有限公司;②南京海涵后勤服务有限公司;③南京海韵后勤服务有限公司;④南京水韵后勤服务有限公司。建议命名为南京海苑后勤服务有限公司(考虑到以江苏为行政区名,目前规定需要注册资金500万元,建议行政区命名为南京)。

因众多经营资质需经相关部门许可,时间较长(如宾馆需要公共卫生许可证、消防安全许可证、特种行业许可证等),所以拟先注册服务公司,营运范围暂时为当前不需要许可证或办理难度较小的相关许可的项目,之后取得的许可再在公司经营范围中进行添加。

二、后勤服务公司发展目标

(1)紧跟学院的改革和发展步伐,坚持为师生的教学、科研、生活服务,努力提供优质高效的后勤保障和服务,保证公司和学院的稳步发展。

(2) 立足校内打基础，面向社会求发展，促进后勤服务公司的稳健发展，逐步为公司和学院发展做贡献。

(3) 建立以现代化企业管理制度，遵循市场驱动机制自主经营、有偿服务，自负盈亏，承包管理，有序竞争，建立新型后勤服务保障体系，实现后勤服务中心的稳健经营和持续发展。

(4) 以原后勤中心经营范围为基础，逐步建立健全师生全方位的后勤保障体系。

三、后勤服务公司人事及人力成本

(1) 后勤服务公司原则上不接收事业编制人员（除总经理、副总经理及财务主管外）。原后勤中心事业编制人员，如申请加入公司，按照"双向选择、择优录用"的原则，实行全员聘任合同制。合同期内，按照公司人事制度管理，薪酬按公司规定发放。

(2) 车队事业编制人员为学院托管人员，托管期间按照公司人事制度管理，学院划拨的资金按公司规定二次分配。

(3) 后勤服务公司其他用工原则上采用派遣用工形式。原后勤中心聘用人员，按专业用工标准重新聘任，择优上岗；后勤服务公司进行必要的岗位培训或打破岗位安排使用；经培训不合格的人员或不服从分配者，按相关法律法规规定解聘。

(4) 专业技术职称评定和工人等级考试与学院和国家有关政策接轨，享受其同等待遇。

(5) 实施过程中发生偏离计划的情况，由公司提出建议报学院批准后执行。

(6) 事业编制职工在后勤公司工作时，其档案工资由学院财政拨付，效益工资由公司发放。公司聘用其他员工均实行企业工资制，采取"岗位工资"+"效益工资"的结构模式，特殊岗位可采取劳动合同书中约定的定额工资。

四、后勤服务公司资产投资

(1) 学院将原后勤中心占据的土地、建筑物以无偿形式提供给后勤服务公司。

(2) 学院将原后勤中心的动产作为对后勤公司的投入，在年限内享有经营收入、服务收费等自主权，承担除土地、建筑物外的资产维护维修。

(3) 学院将原后勤中心账户上的流动资金作为对后勤公司的流动资金投入，在年限内收取除正常的费用缴交外的管理费用。

(4) 学院资产经营公司对后勤服务公司投资补齐注册资金，后勤服务公司以所投资产及经营管理所得营业收入按比例逐年返还学院资产经营公司。

五、后勤服务公司经营范围

(1) 公共服务类：包含车辆管理、楼宇管理、校园绿化、环境卫生等。此类服

务是为学院公共资源服务，满足全院工作、生活的保障需求，不独立产生经济效益。后勤服务公司向学院按各项服务收费标准收取管理费或单项计费。

（2）经营服务类：包括餐饮、公寓、住宿、商业网点等。这类服务由学院提供土地及建筑物，并提供相对稳定的服务市场；后勤服务按需求及院方的要求保障一定的质量标准和要求，同时参照市场随不同的顾客需要而变化、调整。

六、后勤服务公司财务收支

（1）公共服务类采取"以支定收"（相关人员工资、福利、服装、物料费用等）原则的收费形式，提供优质服务。

（2）经营服务类采取"以收节支"原则稳健运营，为学院加快资金回笼提供平台。

七、后勤服务公司监督体系

（1）学院后勤公司与其他社会化单位一样，都是为学院师生提供后勤服务保障工作的，因此，业务上接受学院职能部门后勤处的监管。

（2）公司财务接受学院财务处监管。

（3）公司不设监事会，设监事一名。运行接受学院审计监察监管。

他山之石，可以攻玉

——徐州之行杂谈

5月10日至11日，笔者随同学院党委书记马长世，副院长王卫兵、田乃清及学院9个单位、部门负责人一行13人，就"十三五"规划编制情况、校企合作与二级管理、党团建设、学生教育管理等事宜，依次到江苏建筑职业技术学院、中国矿业大学、徐州工业职业技术学院进行调研。时间短，冲击强，感慨多，认识浅。一番杂谈，权且交差。

一、走马观花的印记

（一）高职院校的标杆

江苏建筑职业技术学院秉承"厚生尚能"校训，弘扬"求实创新"校风，着力培养基础厚、技能强、后劲足、能吃苦的高素质技术应用型人才；坚持以"为每一位学生提供最适合的教育，让每一位学生得到充分发展"为宗旨，全面实施"分类培养、分层教学"。学校现有教职员工740余人，其中教授48人，副教授235人，硕士以上学位教师370人；拥有4个国家级、省级优秀教学团队，5名国家级、省级教学名师；2个省"青蓝工程"科技创新团队、3个省"六大人才高峰"高层次人才培养学术团队学校；拥有4个国家示范建设专业，10个省级品牌、特色专业。

通过对科技·智慧城市馆、图书馆和建筑技术馆的参观，对该院办学实力、办学成果、教学改革留下了深刻印象，特别是其师资队伍、取得的成就。

（二）源深流自远的向往

在中国矿业大学，校党委副书记蔡世华与党政办、党委组织部、发展规划处、人事处、学生工作处、校团委、科学技术研究院、财务资产部等相关单位负责人参加座谈。与会人员进行了对口交流。

中国矿业大学将学校综合改革方案与"十三五"规划相结合，志存高远，目标与路径有机结合。针对全校共识的发展障碍——资源配置的碎片化、重复化，采取的对策是：存量盘活、增量激励、减量压缩，绩效导向，完全符合认识论、矛盾论、辩证法的要求。

学校注重顶层设计，管理精细，发展强劲。突出印象有两点：①高度重视，从党委副书记蔡世华到参会负责人，严肃认真，不吝赐教；业务精湛，注重研究，如数家珍；务实高效，问题导向，措施得当，成果卓著。②管理层次已从他律走向自律。如

年末在校园网公布全体教师的工作量,上一年工作量不足的教师会在第二年主动增加工作量。

(三)特色明显的工科类高职名校

徐州工业职业技术学院秉承"质量立校、特色强校"的办学思想,努力培养生产、建设、管理、服务一线的,能力强、素质高、懂技术、会管理的高端技能型专门人才;创新了理事会办学体制,围绕地方产业办学校,围绕行业企业建专业,围绕职业岗位培养学生,形成了"德技并重、产教融合、实境育人"的办学特色。学校有一支素质精良、结构合理的专兼结合的师资队伍,有教授、副教授250余人,博士20余人;学校构建了"四层递进、产学互动"的实践教学体系,加强"产教学研"融合的实训基地建设,学校建有省内一流的六大实训基地,有2个国家级实训基地、5个省级实训基地、6个省级研发中心和27个市级研发中心(实验室),以及省级大学科技园、省级区域开放共享实训基地、省级技术转移中心、省级大学生创业示范基地。

通过交流与参观,突出印象如下:①机构精简,工作效率高;②实境育人。

二、安排布置的关注点

根据分工,主要关注二级管理及收入分配。

(一)江苏建筑职业技术学院的特点

(1)学院主要承担建设和发展任务,二级学院主要承担人才培养、科研、专业建设和学生思想教育等任务。在确保学院稳定和发展的前提下,学院经费多渠道分配到各二级学院及职能部门。

(2)科学核定指标,实行部门负责,严格项目管理,实施财务公开。学院对二级学院实行目标责任制,二级学院的办学经费与其工作目标及责任相一致,根据事权下放财权。二级学院经费预算与办学规模、经济效益直接挂钩。

(3)日常(定额)经费与专项经费相结合。学院预算划拨的二级学院经费实行定额管理,超支不补、结余留用。学校教学、科研、专业、实验室建设等经费,由职能部门负责,实行项目管理,由各二级学院申报,经学校财经委员会审核、学校批准后,专款专用。

(二)中国矿业大学的特点

(1)学校实行大部制管理,成立财务资产部。

(2)学校设立财经工作领导小组、国有资产管理委员会等机构,指导和协调学校的财务与资产管理工作。实行"统一领导、分级管理、集中核算"的财务管理体制和"统一领导、归口管理、分级负责、责任到人"的资产管理机制。

（3）学校依法所得的各类收入，全部纳入学校统一管理，根据有关规定和决定进行二次分配，学校和二级单位严格执行"收支两条线"制度。

（4）学校充分运用经济杠杆对学院的发展进行资源调配。专项经费与基本运行保障经费相结合。根据学校关键绩效指标，适时下放与回收相关费用分配权。

（三）徐州工业职业技术学院的特点

（1）人事权由学校管理，部分财权切块包干，经费切块按照师生数和工作绩效考核分配。

（2）费用切块——日常运行费用切至二级学院。

（3）激励措施——设立教职工年度贡献奖。

①年度贡献奖总额年初由学校预算核定（教育教学类和科研成果类工作量）。

②教育教学类贡献奖按照教学单位和党政管理人员两大序列切块，向教学单位倾斜5%（管理人员平均与教师平均差10%）。

③科研成果类贡献奖全校依照绩点计算办法，由学校考核发放。

④教学单位分配贡献奖的权力包括，依据本单位的人均超工作量及考核质量从学校总盘子中获得的部分，以及允许从单位创收中提取本单位年度贡献奖的10%进行自主分配。

⑤党政管理人员完成每年度2个基础绩点的年度贡献工作量，即可按岗位系数和部门考核系数分配基本（教育教学类）年度贡献奖。

三、有待严密的路线

（1）进一步理顺学校与二级学院（部）的关系，规范二级管理体制和运行机制，切实做到依法治校。

（2）基本运行保障经费与专项经费相结合。基本运行保障经费的定额要不断适应学院发展状况，制定与学院预算管理相配套的专项经费管理办法，专项经费可实行三年滚动预算管理。协调平衡学院的各类事业目标的全面完成，保障与促进学院又好又快发展。

（3）亟待加强的绩效管理的推进。无论是存量的资产绩效管理，还是增量的资产配置，相关绩效指标的制定、考核、评价、监督与结果运用，急需规范。

四、充满期待的人事分配制度改革

（一）绩效工资实施后的现状

实施绩效工资改革后，因人员经费发放实行额度管控，经费发放已没有原先的自

由裁量权，收入下降成为各个高校热门话题之一。绩效工资改革后，部分省属高校职工福利水平"明升暗降"，收入逐步倾向于扁平化，出现队伍不稳、人才外流现象，人才引进吸引力进一步下降。面对国家的绩效工资改革政策，部分教职工调侃改革后"被绩效"了。在实际工作中，教师疲于应付挣课时费，不愿做科研，甚至不愿提升学历职称、外派学习培训、学术交流或出差；部分行政后勤人员思想涣散，得过且过，不思进取，工作效率和质量堪忧。人力资本的特征是资本与其载体的不可分离性，由于实行绩效工资政策后受影响对象主要集中于"多劳"与高水平的教师群体，在既得利益受到影响的情况下，发生"慵懒散浮拖"等应付差事或另觅捷径寻找价值实现等状况，仅靠教育监管力所不及，"管得住人，收不了心"，不仅不利于高等教育事业的健康发展，更是对国家教育资源的浪费。

（二）我院收入分配面临的矛盾与困难

（1）学院"一流的福利待遇"目标与上级批准的工资总额限制的矛盾。
（2）学院预算收入增长限制与职工期望收入增长幅度的矛盾。
（3）学院各类人员收入比例难以合理确定。
（4）学院事业目标在各年度的不均衡与学院预算收入的相对均衡的矛盾。
（5）绩效工资中基本绩效与奖励绩效所包含的范围与各类人员实际工作的匹配度的矛盾。
（6）考核标准的科学性及合理性与考核对象的认同度的矛盾。

（三）合理构建收入分配框架的路径

（1）科学预算年度实际可供分配的收入总额，刚性增长与柔性控制相结合。
（2）鼓励与提倡社会服务，明确职工收入增长的渠道。加强校企合作；高度重视基金会的运行，切实取得捐资助学的成效。
（3）在定岗定编基础上，合理确定各类人员收入比例，并形成共识。
（4）建立收入基金，正确配置各年度工作目标与年度收入的匹配度，形成合理的收入增长预期。
（5）基本工资、绩效工资对应的岗位工作与成效要清晰，学院事业目标要完成的所有工作都要对应到基本工资、绩效工资（基本绩效），即发展目标、额外工作通过奖励绩效分配，或通过收入基金安排。
（6）各类人员岗位工作明确，预期成效清晰，考核标准公开透明，广泛接受监督。

校企合作精彩纷呈
"十三五"规划曲径通幽

——苏州地区高校调研报告

5月30日至6月3日，笔者随同学院党委书记马长世，副书记、纪委书记刘志洲，副院长王卫兵、田乃清及学院9个单位、部门负责人一行14人，就"十三五"规划编制情况、校企合作与二级管理、党建思政教育、学生教育管理等，依次到苏州工业职业技术学院、苏州市职业大学、苏州工艺美术职业技术学院、苏州经贸职业技术学院、苏州农业职业技术学院、苏州工业园区职业技术学院、苏州百年职业学院、常熟理工学院、登云职业技术学院开展学习调研。所见所闻，感慨颇多。盖因认识肤浅、水平有限，加之交稿急切，一孔之见，权当贻笑。

一、校企合作精彩纷呈

（1）校企合作体系完善，机制灵活。常熟理工学院校企合作搭建平台，与苏州市、常熟市地方政府合作，共建2个学院与2个中心；与行业协会合作，构建7个行业学院，编写170本合作教材，完善应用型人才培养的课程体系。登云职业技术学院成立了"产学合作推广委员会"，统领校企合作。

（2）高度重视校企合作。苏州工业职业技术学院院领导每人联系一个龙头企业，苏州职业大学院领导牵头成立企业学院，苏州经贸职业技术学院将"校企'合作'"作为省示范性验收汇报材料3个关键词之首。

（3）校企合作成为办学模式中的亮点。苏州工业职业技术学院积极推进校企协同育人，学院、系、专业三级企业学院模式不断完善，为专业建设、人才培养搭建起了具有学院特色的企业学院校企合作平台学院和苏州固锝电子股份有限公司共同牵头成立苏州市现代电子信息职教集团；参与苏州市现代装备制造职教集团建设。开展校企合作开发教材、管理干部互聘互挂、教师下企业实践、企业劳模和工程技术专家走进校园、博士团队走进企业等校企合作形式，密切校企间的沟通、交流。登云职业技术学院每届学生中办有43个"工学结合专班"。

（4）产教深度融合的探索与实践。苏州经贸职业技术学院与苏州市高新区管委会共建苏州现代服务业产教园，苏州经院大学科技园校企合作新平台，全面提升学院人才培养的质量和社会服务能力。

（5）从校企合作到多方混合。苏州市职业大学已建立2所混合所有制学院，苏州工业园区职业技术学院已从最初的"订单班"发展到形式各异的多方混合。

二、"十三五"规划曲径通幽

(1) 圆满收官与卓越开启。苏州工业职业技术学院坚持"一张蓝图绘到底","十二五"规划圆满收官。坚持以人才培养为根本,政行校联袂、师生企联合、教研用联动、学做创连贯。把学院建设成为"在企业有满意度、在行业有美誉度、在政府有信誉度"和"教师有尊严感、学生有自豪感、员工有成就感"专业特色鲜明的示范性高职院校。"十三五"期间,将以卓越成效为标准,形成具有"规范、价值和愿景"的校园文化新氛围,具有"现代化、国际化、信息化和特色化"的专业建设新格局,具有"理念先进、思路清晰、方法科学、成果丰硕"的师生队伍建设新局面和"三严三实"党员干部队伍建设新常态,力争尽快步入全省乃至全国知名高职院校行列。突出印象:在发展战略上,首选"文化引领":以"社会主义核心价值观"为统领,着力打造"我在乎你"的校园文化品牌,实现以文化人、以文育人、育文化人的价值追求。在任务安排上首选"文化建设":以现代职教理念为引领,加强物质文化建设,建成具有专业特征、职业特点、地域文化特色的现代人文环境。"我在乎你"(学院精神)融于全员。

(2) 不惧风雨与精致典雅。苏州市职业大学在"十二五"期间的"升本"努力,多种因素导致未能实现,但其扎实的工作成就,给人留下的印象是:这就是一所本科院校。"十三五"期间,学院定位为"品牌型"学校:成就学生,成就教师;提升内涵发展水平、创新发展活力、产教融合程度。其突出印象有以下四点:①学校的发展规划与地方经济发展规划黏合度高。②文化传承在规划中地位高。③规划安排中,事业目标的推进有序,每年一主题。④吴文化影响深刻,融合、创新、精致、典雅的吴文化精髓对学院办学的印象随处可见。

(3) 连续延续与"听话""走路"。苏州工艺美术职业技术学院"十三五"规划目标延续"办百姓满意、社会认可的学校",连续争创高职人才培养高地、工艺美术研究基地、国际教育窗口。为创建"国家优质高职院校",规划制定要听政府的话,要努力从实际出发,寻找适合自身发展的路径。其突出印象:①非物质文化遗产的保护欲传承使命感强;②师资培养目标高——出名师,措施实———师一方案;③切实从学生的切身利益出发,培养职业规范、思维和行为习惯(学生的实训教室24小时开放),注重学生可持续发展能力的培养。

(4) 合作创新与高本相济。苏州经贸职业技术学院"十二五"期间,以"育厚德之人,炼强技之才"为校训,紧紧围绕"人才培养高质量、职业素养高品位、教育管理高标准、校企合作高平台"的办学目标,为社会发展和经济建设培养生产、建设、管理、服务第一线的专科层次的高素质技能型专门人才,围绕服务地方经济建设开展教学、科研及成果转化,立足苏州,面向江苏,辐射全国,重点面向现代服务业、现代制造业和新兴产业,多层次、全方位为地方经济与社会发展提供优质服务,在区域经济社会发展中发挥着重要作用。学校以产教融合、校企合作为灵魂,全面推进办学体制机制创新学校,建成4.2万平方米的"二园",即苏州现代服务业产教园、苏州经院大学科技园，包含教学区、产业区、技术服务区和大学生创业区，集人才培养、创业孵化、技术研发、社会服务等功能于一体。"十三五"规划在发展战略上实施办学与层次提升，强化特色与品牌。其突出印象：①规划分析客观，如宏观经济发展的新常态、区域经济转型升级新要求、高职教育发展新趋势等；②发展的内容丰富，如科学发展、内涵发展、特色发展、创新发展、开发发展、和谐发展等各自的内容丰富，实施路径明确；③专业定位有特点，有做大做强的，有做宽做实的，有做特做精的；④智慧校园行动计划投资大，每年800万元，五年计4000万元，效果值得期待；⑤"办学体制机制创新的先行区，产教融合校企合作的试验区，人才培养模式改革的示范区，技术服务创业孵化的集聚区"，评价颇高。

（5）百年梦想与闪亮名片。一个多世纪以来，苏州农业职业技术学院秉承"励志耕耘，树木树人"的校训，弘扬"勤勉崇农，实干创新"的苏农精神，培养了近6万名高素质农业技术与管理人才，为促进"三农"发展与城乡一体化建设，服务地方经济社会发展做出了积极贡献。"十二五"以来，坚持"立足苏州，服务三农，紧扣特色，争创一流"的办学思路，全面深化教育教学改革，坚定不移地走"质量立校、人才强校、特色兴校、文化厚校"之路，全力打造"五张名片"——江南农耕文化弘扬者、园艺职业教育开拓者、苏州园林技艺传承者、智慧农业建设领跑者、国际农业人才输出探路者，在人才培养、专业课程建设、科研服务、师资队伍等内涵建设上取得一批重大成果，学院的综合实力与核心竞争力不断增强，发展态势良好。其"十三五"的愿景是：支撑现代农业发展，成就精彩人生。其突出印象：①发展思路清晰，跟跑、陪跑、领跑定位准确，努力方向明确，超越意识强烈；②发展措施精准，如文化育人与技术育人同步推进，课程体系与资源共享库同步建设，人才培养与职教能量同步提升等；③发展底蕴深厚，仅以师资队伍为例，二级教授4人，三级教授3人；④科研成果丰硕，建立了平台+团队的科研体制，重点支持团队建设，注重科研的深度与广度，成果的应用与推广。

（6）需求导向与学生中心。苏州工业园区职业技术学院积极借鉴新加坡、德国等发达国家先进的职教经验，确立"用明天的技术，培训今天的学员，为未来服务"的办学宗旨，形成了以股份制办学、校企合作、国际交流为特色的办学风格。积极借鉴发达国家的职业教育理念，为外商投资企业培养"好学、敬业、德高、技强"的应用性人才，探索中国新型职业教育发展之路。其"十三五"的愿景为：让企业发展更好，让学生飞得更高。其突出印象：①办学理念，从自我中心到客户需求。②构建以客户需求为导向的人才培养模式。③办学模式，从校企合作到多方混合。④教学模式，从教师中心到学生中心。⑤学习模式，从做中学到玩中学。⑥教育模式，从就业导向到可持续发展。

（7）职业导向与开放办学。苏州百年职业学院（原苏州港大思培科技职业学院）是江苏省唯一中外合作办学高职院校。学院于2015年引进加拿大百年理工学院优质课程和办学模式，由苏州港大思培科技职业学院更名为苏州百年职业学院。该学院颁发教育部统一电子注册的大学专科毕业证书和加拿大安大略省统一注册的加拿大百年理工学院专科文凭。学院还面向韩国、印度、东南亚等国家和地区招收计划外学生，

颁发加拿大百年理工学院文凭。学院为学生提供国际和国内企业实习的机会，并为学生颁发国际通用的和国内的职业资格证书。其突出印象：①坚定不移地走开放办学的道路；②坚持办学质量标准，决不退让；③强调学校、教师、学生之间的和谐关系，重视教师对学生的态度、责任和服务；④重新定义"教育成功"，即人人可成功，人人感受到成功。

（8）本科新兵与骄人业绩。常熟理工学院形成的"立本求真、日新致远"的校训，培育了"反对平庸、追求卓越、负重奋进、敢于超越"的校园精神，确立了"质量立校、特色名校、人才强校、开放活校、文化兴校"的发展战略，凝练了"注重学理、亲近业界"的人才培养理念，走出了一条具有自身特色的发展道路。学校坚持校地互动发展、校企合作的办学思路，围绕地方经济社会发展，着力培养高素质应用型人才，不断提升科学研究和科技服务水平，形成了以理工为主、多学科协调发展的办学格局。学校还主动适应地方经济社会和行业企业发展需要，加强学科基础建设和科学研究工作；坚持服务地方，与区域经济和社会事业互动发展。其突出印象：①遵循教育规律，防止"欲速则不达"；②目标明确，路径清晰，埋头苦干，防止"骨质疏松症"；③管理水平高，尤其是信息化水平高。

（9）和谐校董与工学专班。登云职业技术学院是由台湾政行校企各界贤达人士共同投资兴建的一所全日制民办专科层次的普通高等学校，致力于打造成为海峡两岸文化教育交流的平台，运用特有的台湾人脉优势，积极开展两岸职业教育交流与合作。学院秉承"诚正、弘毅、奋进、创新"的校训，坚持"以生为本"，努力培养学生宽宏正直的德行、勤奋坚毅的品质和求实创新的精神；不断推进校企合作、工学结合的教育模式，在深化"顶岗实习""订单培养""工学交替"等方式的同时，引进台湾职业教育先进经验，开设了"校企双主体育人"的"工学结合专班"，深受学生、家长及企业的欢迎，在社会上形成了广泛的影响。其突出印象：①强调职业教育的存在价值，打造工匠精神，摒弃"以就业为导向"的理念；②积极营造和谐的校董关系；③始终以改革为发展生命线，坚持走工学结合、产学合作之路；④充分利用企业资源为人才培养服务。

对标航运巨头　培养"胜任"船员

——丹麦、德国出境考察国际化办学调研报告

经学院党委研究决定，报江苏省外事办批准，田乃清副院长任团长，带领财务处处长袁昌富、后勤处长处黄平、基建处副处长孙忠、航海技术学院仿真中心邓华老师及基础教学部喻康老师一行6人，在学院和外事办精心的安排下，于2017年2月26日至2017年3月5日，对丹麦和德国相关企业、学校进行了为期8天的公务访问和相关调研。

一、前期准备

（一）考察背景

略。

（二）考察目的

结合我院"四化"和"四个一流"建设目标。在本次出国考察前，考察团就定下了非常明确的考察目的，其重点是：探索和马士基培训中心合作的可行性，为我院智能自动化机舱大楼后续建设全任务模拟器建设可行性和建设方案进行调研；在德国航海类院校中寻找可利用的资源，为我院国际化办学寻求合作伙伴。

（三）明确考察对象

通过多方联系，明确了考察对象，分别为 A. P. 穆勒－马士基集团斯文堡培训中心和维斯马应用技术大学模拟器中心

二、调研过程

2017年2月25日下午，考察团从南京出发前往上海，26日上午从上海浦东国际机场搭乘SK998航班，经过约12小时的飞行，于当地时间2月26日晚上6：30到达丹麦首都哥本哈根国际机场。

考察团到达丹麦首都哥本哈根稍作休息，便于2月27日乘车前往马士基斯文堡培训中心所在地斯文堡。当晚，考察团进行了约3小时的会议，为第二天在马士基斯文堡培训中心进行商谈做准备，团员分工明确，希望在第一站就有很好的收获。

28 日，按照前期联系安排，乘车应约于 9 点整到达马士基斯文堡培训中心，马士基市场部负责人 Christian S. Michelsen，培训中心负责人 Michael Bang 和其他相关人员已在门口迎接，并一同前往会议室。

马士基斯文堡培训中心

首先，马士基斯文堡培训中心负责人对我们现在所在的位置和房间号进行了说明，告诉我们应急出口在哪里，同时介绍了模拟器创新中心 1 和 2 的模拟器布局，并介绍了此次参会人员和其中心的基本情况：该中心成立于 1978 年，拥有 10 套培训设施，7 类主培训项目产品，分别是海事培训、油气操作培训、风能设备安装、克令吊操作、安全培训、求生培训和个人技能培训；具有 30 多年的相关培训经验，开设 200 多门课程，现有教练员和相关人员超过 125 人。马士基在全球现有培训中心 13 个，主要集中在欧洲，亚洲只有印度和马来西亚设立了培训分中心。其培训中心宗旨使我们的客户能够提高安全性和操作性能，通过模拟器训练让个人的能力在团队中发挥更大的作用。最后，还对中心的建设历程及其合作伙伴进行了介绍。

考察团团长田乃清副院长也对我院的基本情况进行了介绍，特别对我院正在进行的"四个一流"的目标和"四化建设"进行了详细说明，对我院在中国航海教育中的影响力以及成绩进行了介绍，并将此番前来的想法进行了说明。

在马士基斯文堡培训中心主管的带领下，我们来到了每位来到马士基斯文堡培训中心的人都要去看的一个事故船舶的残骸前，它们告诉我们：事故是可以避免的，以及安全培训的重要性。步行前往马士基海工模拟器创新中心，那里有 360°全任务航海模拟器、260°全任务航海模拟器、DP 模拟器训练设备、六自由度平台 360°航海模拟器、教练站、危机管理实训室、石油钻井平台操作模拟器和轮机模拟器，值得注意的是每个模拟器都有各自的负责人在边上等候操作介绍，为我们的到来做了精心的安排。先进完善的培训设备给我们留下了深刻的印象。我们还参观了他们专门为培训人员提供后勤保障的公寓，公寓醒目位置的显示屏上详细显示着每天上课的安排，舒适的公寓环境为高级船员的培训提供了有利的后勤保障。

参观完成后，考察团合影并原路返回员工餐厅共进午餐，其后开始了有关可行性合作的会谈，会谈内容包括设备设施的引进、教师培训、双方的共赢之处等。马士基斯文堡培训中心表达了在我院设立中国培训中心的意向和可行性，具体情况见调研成果。双方就各自的五年规划进行了说明，认为其合作空间很大，同时马士基表示对中国后续市场有个较好的预期，后续细节问题由双方指定的联系人进行磋商跟进。会谈按照原计划时间推迟了近一个小时才结束。最后，田乃清副院长还代表我院邀请马士基斯文堡培训中心负责人来我院进行实地访问考察，并参加我院"一带一路"国际论坛。

3月1日清晨，考察团乘坐汽车和海上轮渡，从丹麦斯文堡到达德国最重要的海港和最大的外贸中心城市——汉堡。经过半天的休整，考察团第二天一早前往维斯马大学的海事培训中心。在维斯马大学的海事培训中心，Karsten Wehner 教授、Sven Herberg 教授和其他相关人员与我们进行了详细深度的交流，双方将各自学校的办学历史学校概况专业情况进行了介绍，我们就教师的交流和我院学生交流学习进行了交换意见，并达成了良好的合作意向（具体情况见调研成果）。交流结束后一起参观了中心的教学设施，包括360°全任务模拟器、VTS模拟器、轮机模拟器和轮机实验室。

当天下午，我们返回汉堡，在汉堡市区途中，我们意外地看到了中国远洋海运集团有限公司的徽标，通过田乃清副院长联系才得知，原来汉堡是中国远洋海运集团欧洲总部。3月3日上午10：00，中远海运（欧洲）有限公司副总裁郭京、副总经理杜海平在其会议室热情欢迎我们考察团的到访，向我们介绍了欧洲总部的管辖范围和所开展的业务情况，田乃清副院长则向对方介绍了我们学院和中远海运的渊源，以及最近几年学院发展成绩和后续的规划目标。郭京总裁充分肯定了学院近几年所取得的成绩，并主动提出尽力为我院国际化办学提供地域优势的协助。

3月4日清晨，考察团从德国汉堡机场出发，经丹麦哥本哈根转机回国，并于3月5日中午到达上海浦东国际机场，于傍晚平安到达南京。

三、调研成果

本次考察团通过对丹麦德国两国的考察访问，成果丰硕，主要表现在如下几个方面。

（一）思想认识上的收获

丹麦和德国都是高度发达的资本主义国家，重视港口建设和航运事业的发展。

通过对丹麦马士基斯文堡培训中心和德国维斯马大学海事培训中心的交流和深入了解，可以看出他们都有一个共识：通过在安全环境下提供的全任务模拟场景，模拟器训练可以充分拓展学员对各种典型和非典型场景中的体验，这是模拟器训练具有的无与伦比的优势所在。现代仿真技术日新月异，具有更高仿真度的 VR（虚拟现实）、AR（增强虚拟现实）模拟技术在航海培训中也必将得到广泛应用。国家的海洋强国战略，以及实现从海员大国向海员强国的转变，培养胜任的当代海员是历史赋予我们这代人的使命。

来自各保险公司和船东互保协会的统计足以说明，在干散货船和集装箱船所发生的海上事故的数量要远大于油轮的；而发生于干散货船和集装箱船的海上事故中，航行驾驶和操纵为海上事故的主要原因。通过模拟器训练可以减少 14% 的海上事故，这只是一个相对保守的数字，在实际中，模拟器训练对减少海上事故所起到的作用可能更大。因此，不要因为市场不好而忽略了在海员模拟器训练上的投入，做强海运还是要靠人，增加海员模拟器训练上的投入是物有所值的，尽管其投资回报方式可能不是直接的和立竿见影的。

航海模拟器技术的发展已经不再是单一的航海模拟器、轮机模拟器或克令吊模拟器，而是一个相互制约、相互联系的超大型 VR 系统，其各个子系统之间在进行交互。传统的航海技术培训已经从原来的单一部门培训发展到整条船舶安全生产的培训。海工 DP 系统的发展将全面颠覆现有传统航海技术，为后续无人船舶的出现和管理奠定基础。

我院应该抓住新一代航海培训的前沿雏形，通过和国际化程度较高的模拟器培训中心，以及技术前沿的设备供应商进行合作，在现有传统航海职业教育基础上，通过多方渠道筹措资金，加大先进航海教学设备的投入，朝着高端航海职业教育培训方向迈进。

细节可以看出一个人、一个企业、一个国家的实力，也能决定其成败。在马士基斯文堡培训中心考察期间，不管从接待，还是从公司的上下楼楼梯设计和标识，应急通道的讲解，午餐的安排，每一个和我们准备会谈的马士基员工将我们在前往丹麦前的材料进行了细致的阅读，对很多地方都用红色字体标示，处处体现出企业的严谨性和对我们的到来所做的精心准备。德国维斯马大学海事培训中心也不乏如此。

（二）和丹麦马士基斯文堡培训中心达成的初步意向

通过和丹麦马士基斯文堡培训中心进行的商谈，达成以下五点合作意向。

（1）马士基斯文堡培训中心愿意为我们学院培养高端航海培训教练员 9 名，可以一次前往或者多次前往，指导我院 DP 课程开发、项目实施以及后续的 DP 国际认证的授权。

（2）马士基斯文堡培训中心愿意为我院自动化机舱大楼的后续建设和后续模拟器的设备采购提供技术人员支持，如果需要，可以派相关人员到现场指导，并指导其实训中心的现代化管理。

（3）在下一个马士基集团五年计划中，如果我们的基础设施建设、设备、人员到位，可和我院共同成立江苏海院马士基亚洲培训中心。

（4）在江苏海院马士基中国培训中心成立后，在双赢的前提下，马士基斯文堡培训中心会将中国和亚洲区域的相关高端航海培训放至我院进行。

（5）具体合作事宜将在后续工作中进行磋商。

（三）和德国维斯马大学海事培训中心达成的初步意向

通过和德国维斯马大学海事培训中心进行的商谈，达成以下五点意向。

（1）德国维斯马大学海事培训中心可以每年免试接受3～4名我院航海类（包括航海、轮机、电气）教师前往该校攻读相关专业的硕士学位。

（2）德国维斯马大学海事培训中心愿意接受我院毕业生在完成本科教育（包含成教）后前往其学校进行为期一年半的硕士学位学习。

（3）德国维斯马大学海事培训中心会进一步加强其在航海模拟器、VTS（船舶交通管理系统）模拟器，特别是轮机模拟器方面的教育技术交流，以及轮机工程领域的技术交流与合作。

（4）双方定在9月份之前进行新一轮磋商。

（5）具体合作事宜将在后续工作中进行磋商。

（四）洽谈使用国际贷款项目的可行性

在丹麦马士基斯文堡培训中心期间，作为我们学院模拟器的长期设备供货商kongsberg公司亚洲区主管Torn，特意从挪威奥斯陆赶来，为我们在马士基斯文堡培训中心的调研考察提供便利。同时，他向我们传递一个信息：2016年12月19日，中国与挪威实现双边关系正常化，以此为契机，我院可以使用挪威国家贷款项目进行航海模拟器的设备采购，基本了解的情况如下。

（1）在首付款为20%～30%的前提下，可以通过挪威国家贷款方式采购设备。

（2）贷款利息将根据挪威贷款部门的评级在1.5%～4%之间。

（3）贷款费用需要在6年内还清。

（4）具体事宜将在后续需要中进行进一步了解磋商。

四、后续工作

本次考察工作取得了较好的成绩，但后续的工作很多。

在关于和马士基斯文堡培训中心合作的问题上，希望学校下决心早做决策，占领航运乃至海工平台培训项目制高点，推进我院在自动化机舱大楼4楼360度全任务模拟器建设项目，及早确定与挪威康士伯公司、马士基斯文堡培训中心共建虚拟仿真实验实训中心项目，以扩展学校在航海及海工领域高端培训项目，最终实现马士基亚洲培训中心扎根我校。在项目准备前期，建议我校不要太多宣传。关于与德国维斯马大学海事培训中心的合作，争取今年9月份首派2～3老师赴德国（此前需要签订协议）；接下来跟进商谈，必要时邀请对方来校考察——签订协议等。

考察团在现场指定邓华为本次考察两个单位的联系人，马士基斯文堡培训中心联系人为市场部经理 Christian S. Michelsen，德国维斯马大学海事培训中心联系人为 karsten Wehner。考察团将本次考察情况通过合理方式向航海学院、轮机学院和船舶电气学院进行相关传达，积极开展自动化机舱相关后续建设的工作。

在以后的工作中，我们希望也能从各种细节入手，学习他人之长，为海院航海事业的发展做出应有的贡献。

江苏海事职业技术学院内部控制
基础性评价报告

根据《行政事业单位内部控制规范（试行）》（以下简称《内部控制规范》）、《财政部关于全面推进行政事业单位内部控制建设的指导意见》（财会〔2015〕24号）、《财政部关于开展行政事业单位内部控制基础性评价工作的通知》（财会〔2016〕11号）的文件精神，对我院内部控制建立情况进行全面、系统和客观的评价，具体总结包括以下几点。

一、内部控制建立坚持的目标与原则

学校在全面执行《内部控制规范》的前提下，以规范单位经济和业务活动有序运行为主线，以内部控制量化评价为导向，以信息系统为支撑，突出规范重点领域，关键岗位的经济和业务活动运行流程、制约措施，逐步将控制对象从经济业务层面拓展到全部业务活动和内部权力运行。坚持全面推进、科学规划、问题导向、共同治理原则，基本建成权责一致、制衡有效、运行顺畅、执行有力、管理科学的内部控制体系。

二、内部控制建设取得的成效

（一）成立内部控制组织结构，明确关键岗位责任制

我院成立内部控制建设领导小组，由刘红明院长担任组长，田乃清副院长、陈晓琴副院长担任副组长，成员包括院长办公室、监察处、审计处、教务处、后勤处、财务处等相关职能部门负责人。下设工作组办公室，设在院长办公室。我院经济活动的决策、执行和监督实现相互分离。我院建立预算业务管理、收支业务管理、政府采购业务管理、资产管理、建设项目管理、合同管理以及内部监督等经济活动关键岗位责任制，明确岗位职责分工，确保不相容岗位相互分离、相互制约和相互监督。我院财务处会计人员具有相应资格和能力，同时引进财务系统，对财务系统施行专人管理，按照不相容岗位相互分离原则设置不同岗位的操作权限，实现相互制衡和相互监督，确保财务信息的真实完整。

（二）建立学院预算管理委员会，出台学院预算管理办法

对于我院的预算管理，我院严格遵守《预算法》，实施全面规范、公开透明的预

算管理制度。我院制定了《江苏海事职业技术学院预算管理办法》，使得让"预算来控制支出的合理性"得到了保障。预算编制应遵循"收支平衡、统筹兼顾、勤俭节约、讲求绩效"的原则。经过近一年的准备，2015年年底学院成立了财务预算工作委员会。财务预算委员会下设办公室，挂靠财务处。财务处全面推进各二级学院及行政部门经费预算管理改革，经费预算实行零基预算。我院在2015、2016年省属学校财政教育支出预算执行进度中排名第一。我院还建立经费使用绩效考评制度，大力推进"预算编制有目标、预算执行有监控、预算完成有评价、评价结果有运用"的经费管理模式。建立经费使用绩效考评机制，开展绩效管理，特别要加强对中央和省级重点专项的绩效考评工作，每个预算年度结束后都要认真做好专项资金使用自我评价工作。积极构建以绩效为导向的资源配置机制。

（三）制定收支管理办法，防控财务风险

我院已制定收费管理制度，规范收费行为，加强收费管理，学校收费坚持"合法、合规、公开"的原则。学校所有收入必须及时、全额上缴学校财务处，纳入学校预算统一管理和核算。我院制定了支出管理制度，加强会计基础工作和资金管理，提高资金使用效率。确定支出标准，报销流程，合理设置岗位、明确岗位权限，确保各项支出申请和审批、付款审批和付款执行、业务经办和会计核算岗位相互分离。同时，制定了票据管理办法，规范票据行为，强化财务管理，维护学校经济秩序，严格财务监督。学校票据实行"统一管理、专人负责"的管理制度。

（四）规范招投标工作程序，保障手续完备

招标办制定《江苏海事职业技术学院招投标管理规定》，为进一步贯彻执行管理规定，规范开展招投标工作，我院制定了《江苏海事职业技术学院招投标工作实施细则》，成立了招投标领导小组，招标工作领导小组下设办公室，挂靠招标办。保障在招投标过程中具备合理的组织结构、求实的工作态度、严密的招标程序、充分的过程监督、及时的信息披露。严格执行《政府采购法》《政府采购法实施条例》的各项规定，科学编制政府采购计划和采购预算，严格执行经费支出和资产配置标准，不得无预算、超预算采购。按规定确定采购方式，执行采购程序，对达到公开招标限额标准的项目，必须实行公开招标，严禁拆分项目规避公开招标。严格按照招投标管理办法和招标实施细则执行程序，招标流程、招标细则、中标结果都进行网上公示，坚持公开、透明的原则。

（五）完善资产管理机制和流程控制，以信息化提升资产管理水平

健全两级领导体制，理顺资产管理关系。学院高度重视国有资产管理工作，2005年成立了国有资产管理办公室，2011年成立了国有资产管理工作领导小组，由学院

院长任领导小组组长,依法履行国有资产管理的职责,领导小组下设国有资产管理办公室,具体组织协调国有资产管理工作,各二级学院成立了国有资产管理工作组,建立了学院与各二级学院两级资产管理体制。学院资产管理实行"统一领导、归口管理、分级负责、责任到人"的制度,国有资产管理领导小组统一领导、协调学院国有资产的管理和监督工作;后勤与资产管理处、院长办公室、财务处、图书馆、基建处、科技产业处、合作发展处、教务处为资产分类归口管理部门,按资产的不同形态和分类,对国有资产实施专业管理;各资产使用单位对本部门、本单位管理和使用的国有资产的安全性、完整性和效益性负责。

实施过程控制,责任落实到人。在资产管理过程中,学院借鉴吸收"PDCA 全面质量管理循环理论"和学院正在运行的船员质量管理体系、DNV(挪威船级社)质量管理体系,从资产的计划、审批、执行、使用到回收实施全过程控制,探索形成了符合学院自身特点的资产管理工作体系。

搭建平台,实现资产管理信息化。2012 年,我院贯彻教育厅相关会议精神,启动高校国有资产管理信息化平台建设,建成了"省属高校国有资产管理信息系统"。学院指定专职资产管理员负责系统的日常维护,组织各部门资产管理员进行系统培训,完成了资产清理、数据整理等准备工作,以及基础信息设置、基础数据录入等工作。

(六)制定教学设施设备、实验实习管理办法,规范管理流程

根据《江苏省省属高等学校国有资产管理暂行办法》,规范教学、实验设备流通的过程,确保教学设施和设备符合规定要求并处于可用状态。我院制定了实践教学条件建设项目、仪器设备采购、仪器设备使用的管理办法和仪器设备报废管理规定,以及教学设施和设备管理程序。设置教务处、后勤与资产管理处、各二级院(部)为归口管理部门。教务处负责全院实践教学条件建设项目的立项、验收以及过程监控等管理,制定实践教学条件建设项目相关管理办法;负责全校实践教学条件立项项目的经费预算和使用管理;负责全校教学设备计划的审核,配合后勤处开展设备的绩效管理;负责对外租教学场地或设备进行安全性和符合性评估。后勤与资产管理处负责全院教学设备采购管理以及通用教学设备的采购;负责全院教学设备的维修管理;制定全院教学设备相关管理规章制度;负责教学设备的登账、建卡,并定期组织清查、盘点;负责特种设备的安全管理;负责设备的绩效管理。各二级院(部)负责教学设备所属实践条件建设项目的申报和验收申请,以及教学设备的计划申报、验收、使用和管理;负责专用教学设备的采购。同时设置分管院领导、院长、党委会的审批权限、流程。

为规范实验实习材料、低值品、易耗品流通的过程,确保各类实验实习材料、低值品、易耗品能够及时得到补充,满足实验实习教学的需要,我院制定了《江苏海事职业技术学院实验实习材料、低值品、易耗品采购管理办法》和《实验实习材料、低值品、易耗品管理程序》。教务处负责全校实验实习材料、低值品、易耗品的计划

管理；负责监督检查全校实验实习材料、低值品、易耗品使用情况；负责全校实验实习材料、低值品、易耗品使用的协调；后勤与资产管理处负责会同有关部门制定全校实验实习材料、低值品、易耗品采购管理的规章制度；负责全校实验实习材料、低值品、易耗品采购计划的审批；负责全校实验实习材料、低值品、易耗品的出入库管理；负责全校实验实习材料、低值品、易耗品的库存清查、数据统计和成本核算；负责全校实验实习材料、低值品、易耗品残值的回收和处置。各二级院（部）根据学院有关实验实习材料、低值品、易耗品采购管理规定，制定并组织实施本单位实验实习材料、低值品、易耗品采购管理具体办法；负责编制实验实习材料、低值品、易耗品需求计划和采购计划；负责实验实习材料、低值品、易耗品采购、验收、入库；负责实验实习材料、低值品、易耗品的明细分类账的建立、登记、统计、盘点、清查等日常管理工作；负责实验实习材料、低值品、易耗品的转让、报损、报废等报批手续。同时设置分管院领导的审批权限、流程。

三、内部控制建立过程中存在的问题

（一）内部控制风险评估体系待完善，业务流程再造

尽管开展了内部控制风险评估，梳理了主要经济业务的风险点，但由于时间原因和经验欠缺，对风险定期评估机制的建立还有待完善，在下一步的工作过程中，要全面性梳理风险点，建立经济活动风险定期评估机制，对经济活动存在的风险进行全面、系统和客观评估。同时，充分发挥内部控制牵头部门作用，加强内部控制中的各部门之间的沟通协调和联动机制，加强内部控制机制的建设。组织业务流程梳理、再造，编制流程图，有效运用不相容岗位相互分离，控制内部授权审批权限，施行归口管理，加强预算控制、财产保护控制和会计控制。

（二）实验实训绩效评价难

为进一步加强学院实验室内涵建设，优化实验室资源配置，提升实验实训质量和效益，需要建立有效的实验实训绩效评价机制。但是，由于我院经验和时间有限，尚未建立有效的实验实训绩效评价机制。在下一步的内部控制建立过程中，应把实验实训绩效评价机制的建立作为内部控制建设的重点内容。

四、完善内部控制建立的工作建议

希望省财政厅尽快出台针对高校财务系统统一指南。

江苏海事学院内部控制建设实施方案

为全面推进我校内部控制建设,规范学校经济活动,加强廉政风险防控,提升学校治理水平。根据《行政事业单位内部控制规范(试行)》(以下简称《内控规范》)、《财政部关于全面推进行政事业单位内部控制建设的指导意见》(财会〔2015〕24 号,以下简称《指导意见》)、《教育部直属高校经济活动内部控制指南(试行)》(教财厅〔2016〕2 号)、《江苏省省属院校经济活动内部控制实施指南(试行)》(苏教财〔2017〕2 号,以下简称《实施指南》)等文件精神,结合学校具体情况,提出我校内部控制建设实施方案。

一、指导思想

以大学章程为准绳,以全面执行《内控规范》为抓手,以规范学校经济活动有序运行为主线,以内部控制量化评价为导向,以信息系统为支撑,突出重点领域、关键岗位的经济活动运行流程、制衡机制和措施,规范学校内部经济和业务活动,全面推进学校内部控制体系建设,建立健全科学高效的制衡和监督体系,促进学校内部治理水平不断提高。

二、总体目标

依照《内控规范》《实施指南》的目标,确保学校经济活动合法合规,确保学校资金、资产安全和有效使用,确保学校财务报告及相关信息真实完整,以有效防范舞弊和预防腐败,提高经济活动的效率和效果,促进学校各项事业健康、可持续发展。

三、组织保障

(1) 成立江苏海事职业技术学院内部控制建设领导小组(以下简称"内控领导小组"),负责领导内部控制建设工作,主要职责是:规划和制定学校内部控制建设的基本思路、工作重点、建设计划等;组织全校各部门开展内部控制建设;建立健全学校内部控制建设组织体系和制度体系,推动内部控制建设常态化。

内控领导小组成员如下:

组长:学校校长

副组长:学校纪委书记、相关工作分管副校长

成员:党委(校长)办公室、教务处、科技处、人事处、财务处、后勤与资产

管理处、基建处、招标办、现教中心等部门和单位负责人。

领导小组下设办公室，挂靠学校财务处，负责组织协调全校的内部控制建设与实施工作，主要职责是：组织梳理学校各类经济活动的业务流程，明确业务环节，系统分析经济活动风险，确定风险点，选择风险应对策略，建立健全学校各项内部管理制度并督促相关人员认真执行。办公室主任由财务处处长兼任。

（2）成立江苏海事职业技术学院内部控制建设监督检查工作小组（以下简称"内控监督小组"），具体负责学校内部控制建设及实施情况开展内部监督检查。

内控监督小组组成员如下：

组长：学校纪委书记

成员：督查室、纪委办公室、监察处、审计处等部门负责人及学校部分纪委委员、二级学院总支书记。

监督小组下设办公室，挂靠学校纪委办公室。负责每年对学校内部控制的完善性、有效性等做出客观评价。办公室主任由监察处处长兼任。

四、主要任务

（1）健全内部控制体系，强化内部流程控制。我校应当按照内部控制要求，建立适合本校实际情况的内部控制体系，全面梳理业务流程，明确业务环节，分析风险隐患，完善风险评估机制，制定风险应对策略；有效运用不相容岗位相互分离、内部授权审批控制、归口管理、预算控制、财产保护控制、会计控制、单据控制、信息内部公开等内部控制基本方法，加强对单位层面和业务层面的内部控制，实现内部控制体系全面、有效实施。

（2）加强内部权力制衡，规范内部权力运行。分事行权、分岗设权、分级授权和定期轮岗，是制约权力运行、加强内部控制的基本要求和有效措施。我校应当根据自身的业务性质、业务范围、管理架构，按照决策、执行、监督相互分离、相互制衡的要求，科学设置内设机构、管理层级、岗位职责权限、权力运行规程，切实做到分事行权、分岗设权、分级授权，并定期轮岗。

（3）建立内控报告制度，促进内控信息公开。针对内部控制建立和实施的实际情况，我校应当按照《内控规范》的要求积极开展内部控制自我评价工作。内部控制自我评价情况应当作为部门决算报告和财务报告的重要组成内容进行报告。积极推进内部控制信息公开，通过面向学校内部和外部定期公开内部控制相关信息，逐步建立规范有序、及时可靠的内部控制信息公开机制，更好地发挥信息公开对内部控制建设的促进和监督作用。

（4）加强监督检查工作，加大考评问责力度。监督检查和自我评价，是内部控制得以有效实施的重要保障。建立健全内部控制的监督检查和自我评价制度，通过日常监督和专项监督，检查内部控制实施过程中存在的突出问题、管理漏洞和薄弱环节，进一步改进和加强内部控制；通过自我评价，评估内部控制的全面性、重要性、制衡性、适应性和有效性，进一步改进和完善内部控制。同时，将内部监督、自我评价与干部考核、追责问责结合起来,并将内部监督、自我评价结果采取适当的方式予以内部公开,强化自我监督、自我约束的自觉性,促进自我监督、自我约束机制的不断完善。

五、工作内容

根据《实施指南》的要求,立足学校的经济活动,实现控制目标,围绕风险防控,从学校层面和业务层面展开,主要包括十个方面,详见下表。

控制目标表

序号	内容	负责部门	协同部门	责任领导
1	预决算业务控制	财务处	各相关职能部门	刘红明
2	资金管理业务控制	财务处	各相关职能部门	刘红明
3	资产管理业务控制	资产处	教务处、财务处、各二级学院	田乃清
4	采购业务控制	资产处	教务处、后勤处、招标办	田乃清
5	工程项目管理控制	基建处	后勤处、审计处	田乃清
6	合同管理控制	办公室	财务处、各责任单位	刘红明
7	所属法人单位管理控制	审计处	—	刘志洲
8	信息化管理控制	现教中心	—	陈立军
9	内部控制评价	监察处	审计处、督查室	刘志洲
10	风险分析与报告	审计处	监察室、督查室	刘志洲

(1) 各部门按照内部控制的要求,全面梳理负责经济业务流程,明确业务环节,分析风险隐患;完善风险评估机制,制定风险应对措施。

(2) 各负责部门根据经济业务范围,健全内部控制制度。

(3) 建立健全内部控制自我评价制度,检查和评价内部控制实施过程中存在的突出问题,管理漏洞和薄弱环节,进一步改进和加强内部控制体系建设。

(4) 各部门积极推进内部控制信息公开。

六、工作步骤

(一) 宣传学习阶段 (2017年1—5月)

在全校范围内组织宣传学习,广泛宣传我校内部控制建设的必要性和紧迫性,使各单位部门充分认识全面推进我校内部控制建设的重要意义。加强相关部门人员深入学习《行政事业单位内部控制规范(试行)》《财政部关于全面推进行政事业单位内部控制建设的指导意见》(财会〔2015〕24号)、《教育部直属高校经济活动内部控制指南（试行）》《江苏省省属院校经济活动内部控制实施指南（试行）》等内部控制相关文件精神，促使各部门、各级管理人员准确把握内部控制规范管理要求，更新管理理念，掌握内控方法，促进我校建立系统、规范、高效的内部控制管理机制。

（二）梳理排查阶段（2017年6月—2018年3月）

以全面推进行政事业单位内部控制建设为契机，根据《指导意见》和《实施指南》的总体要求，对学校内部控制建设工作进行认真梳理，科学制定符合学校实际情况的内部控制办法和操作流程，确保内部控制覆盖我校经济和业务活动的全范围，贯穿内部权力运行的决策、执行和监督的全过程。内部控制领导小组牵头部门负责组织各相关部门，认真梳理我校各类经济活动的业务流程，明确业务环节，系统分析经济活动风险，确定风险点，选择风险应对策略，进而做好我校建立健全内部控制制度体系的基础工作。

各负责部门认真梳理排查工作过程中存在的问题、管理漏洞和薄弱环节，认真归纳、分析并找出存在问题的原因。由于主观原因造成的问题，要按照指标要求，采取整改措施，达到内部控制要求，切实有效地防范各类风险，提升管理水平。各部门梳理相关经济业务管理制度，排查各项管理制度存在的缺陷，提出完善意见，为后期形成内部控制制度体系做好准备工作。

（三）落实完善阶段（2018年4—12月）

学校按照《内控规范》《指导意见》和《实施指南》的要求，结合业务内容、组织架构和管理特点开展内控建设的建立和完善工作，形成内部控制制度体系。同时，在学校进行内部控制试运行，检查和评价各部门业务活动在实施过程中存在的问题、管理漏洞和薄弱环节，进一步完善内部控制制度体系，并最终出台内部控制制度体系。

（五）核查验收阶段（2019年1—4月）

2019年4月前，学校内控领导小组和监督检查工作小组对各单位内部控制建设和落实情况进行监督检查，全面推进学校内部控制建设工作。

七、工作要求

（一）加强组织领导

我校各单位、部门要站在促进学校事业健康发展的高度，充分认识全面推进我校内部控制建设的重要意义，把制约内部权力运行、强化内部控制作为当前和今后一个时期的重要工作来抓，切实加强对我校内控建设的组织领导，加强宣传、培训和学习，精心组织落实，将内部控制建设纳入制度化、规范化轨道。

（二）抓好贯彻落实

各部门负责人作为内部控制实施的具体负责人，要高度重视、全面支持，切实担负起责任，组织推动内控实施。按照学校推进内控建设工作方案的总体要求、主要任务和时间表，认真抓好内部控制建设，明确工作分工，配备工作人员，充分利用信息化手段，组织、推动我校内部控制建设。

（三）深入宣传教育

学校要加大宣传教育力度，广泛宣传制约内部权力运行、强化内部控制的必要性和紧迫性，广泛宣传相关先进经验和典型做法，引导广大干部职工自觉提高风险防范和抵制权力滥用意识，确保权力规范有序运行。同时，要加强对我校领导干部和工作人员有关制约内部权力运行、强化内部控制方面的教育培训，为全面推进行政事业单位内部控制建设营造良好的环境和氛围。

三"并"三"争"，打造全方位继续教育培训服务体系

江苏海事职业技术学院继续教育学院是社会培训、成人学历教育、社区教育、各类职业技能鉴定和继续教育管理的归口单位。近年来，根据国家对职业教育与继续教育的战略规划，立足学校特色和专业特点，努力实现"优质继续教育的提供者，校友终生发展的好平台"的美好愿景。

一、坚持"三并"战略，以全面服务促进继教培训体系建设

（一）学历与技能并重，坚持双线发展，两手都要硬

江苏海院在继教培训工作中尤其注重学历与技能两条腿走路，两手都要硬。

学历方面，学校建立了涵盖专科、本科、硕士的全方位学历提升体系，开设30多个专业，为毕业生、校友、行业企业、社区居民等各社会群体提供各层次各类型学历提升服务。在技能方面，以航运特色为主结合其他实用性强的特色课程，通过114个培训项目，积极为航运企业发展、农村劳动力转移和大学生再就业、退役军人再就业等提供助力。同时，尤其注重培训的前瞻性与开拓性。学校为南京职教联合会成员单位，江苏省产业人才培训基地建设单位，2014年被全国总工会评为"职工教育培训示范点"，2017年、2018年、2019年连续三年均入选"全国高职院校社会服务50强"。

（二）专本与专硕并行，打造全方位学历提升体系

学历继续教育方面，以提高教育内容和教育方式的针对性为重点，稳步发展各级各类学历继续教育。具体实践中，江苏海院学历继续教育正在打造专本和专硕两条发展路径：①规范全日制专转本考试辅导培训机制，近年来，我校每年参加专转本考试有900人左右，通过率约50%。②自考助学（专接本、独立本科）规模稳中有升，目前自考助学年招生300余人。③建立上海海事大学专升本南京函授教学点，为已经工作又有继续提升学历要求的毕业生和校友提供服务，助力其职场发展。④与澳大利亚南十字星大学合作开展"专升硕"项目，为我校会计、公共管理、旅游管理等专业的专科大三学生提供至澳洲南十字星大学就读硕士的机会。首期学员经过4个月的精心组织授课和严格要求，5名同学全部顺利通过课程测试，于2018年11月初顺利到达南十字星大学就读为期2年的商科硕士课程。⑤继续教育学院在校内成立"考研指导工作站"，为学校"3+2"分段培养、"4+0"联合培养学生及广大校友提供

考研指导和培训。⑥将学历提升专题讲座纳入全日制新生入学教育中，使学生们一入校就知道和了解可以提升学历的方法和途径，及早做好学历提升规划。

（三）国内与国外并拓，充分培育培训业务国际市场

开展多种形式的继续教育对外交流与合作，积极借鉴国际继续教育先进理念，大力引进国际继续教育优质资源并勇于输出教育资源。2017年、2018年、2019年学校均入选"全国高职院校国际影响力50强"。

（1）2016年4月，新加坡海事基金培训班在我院开班。海员团队合作与领导力、航行安全、防污染、安全生产等课程均由澳大利亚、新加坡等资深海事官员和讲师进行全程英语授课。

（2）2016年9月，江苏海院与韦立国际集团在几内亚创办了"几内亚江苏海院韦立船员学院"，为几内亚铝矿贸易项目培养几内亚籍优秀航运人才。目前已经培养了30多名船员，并投入当地的铝矿运输工作中。

（3）2017年5月，首批缅甸籍船员培训在江苏海院顺利开班，学员在海事学院进行了水手、机工岗位的岗前培训。

（4）2018年11月，我校以零缺陷顺利通过丹麦马士基培训中心质量体系审核。全国首家马士基（中国）培训中心在我校成立，标志着马士基集团和我校在海员培训事务上正式合作的开始。

（5）我校于2018年3月完成巴拿马船员培训质量体系——普通船员培训长期授权体系建设；2018年11月通过巴拿马海事局对我校开展的巴拿马船员教育和培训质量管理体系审核暨普通船员培训项目课程认证，使我校具备培养外籍船员能力。目前我校以此体系年培训孟加拉籍船员近百人。

二、履行"三争"实践，以过硬实力引领继教培训事业发展

（一）强制培训争效益，提升航运培训品牌效应

五年来，学校根据自身专业培训优势，面向社会开展以航运相关培训为主的114个培训项目，年均完成2万人次的各类培训任务、约1万人次的职业技能鉴定任务，培训收入年均2000万元，有力地促进了地方区域经济和航运行业的发展。五年来为相关企业完成培训约2万人次，有力地促进了行业与区域的发展，为长江经济带战略做出贡献。

在完成培训效益的同时，学校也将培训教学质量作为生命线。高级船员培训，理论考试一次性通过率在全国名列前茅，单科通过率在80%～100%之间，学员满意度均在95%以上；普通船员培训、船员合格证培训、各类知识更新等培训考核通过率也达90%，均居于同类院校前列。江苏海事局、南京海事局对我校各类船员培训班

开展多次专项突击检查，全年检查零缺陷。南京海事局对我校师资、场地、实训设备、船员后勤等给予了充分的保障和高度的肯定，于 2018 年将我校设为内河轮机员适任评估基地。

（二）非强制培训争声誉，打造社会服务良好口碑

对于各类非强制性培训，通过积极的宣传、紧密的联络、周到的服务和有针对性的课程，让被培训单位和人员切实感到学有所用、价有所值，发自内心认可学校的培训，从而赢得良好的口碑和声誉。在进行这类培训时，学校从服务社会出发，以服务和声誉为原则，着眼于承接各类公益性、服务性培训。

为全面提升帮扶西部海员发展工作水平，我校自 2012 年起持续开展对延安职业技术学院的对口支援工作。除支援其进行专业课程建设、管理人员挂职等任务外，还不断为其进行师资培训和全国职业院校学生技能大赛赛前集训。

2017 年，我校为江苏边防总队舰艇专业 28 名官兵开展技术培训。培训历时 4 个月，培训项目涉及航海类适任培训理论和实操课程、边防专业技能知识等相关方面。此次培训是我院首次开展军民共建项目。

2019 年，我校承办"远望号测量船"电子电气设备技能培训。远望号测量船是中国航天远洋测控船队的总称，多年来先后参加过"神六"飞船载人航天试验、嫦娥四号中继星"鹊桥"发射海上测控等多项大型任务。此次培训体现了我校为航天远洋测控贡献力量、投身服务社会与国家战略的积极性，也是探索高端培训模式的一次有益尝试。

2019 年，我校与学校所处南京江宁区的淳化街道、大学城社区开展社区教育合作，先后为淳化街道开展纪念改革开放 40 周年、茶艺、老年法律维权等讲座，进行居民学历提升和再就业技能培训，以及举行青少年航海科普夏令营等活动，为大学城社区网格员提供综合素质拓展培训。

2019 年，我校还承接国家海事局支持甘肃省六盘山片区精准扶贫——"海员职业技能"培训。国家海事局、甘肃省水运局、江苏海事局、南京海事局等领导出席开班仪式。对选拔推荐来培训的学员提供培训费、住宿费全免，发放伙食补贴，考核合格推荐至国企就业的全方位服务。

（三）学历教育争基础，铸好继续教育发展基石

学历教育作为继续教育的基础，其发展规模代表了学校的教学能力和组织管理水平。实施学历教育规模倍增计划——2017、2018、2019 连续 3 年函授高起专招生录取人数实现翻番。目前在籍学生近 2000 人，逐步扭转了以往培训规模较大、学历教育不足的不平衡状况。

"长风破浪会有时，直挂云帆济沧海。"江苏海院继续教育学院将继续着力实施"学历与技能并重、专本与专硕并行、国内与国外并拓"的继续教育发展"三并"战

略,通过争效益、争声誉、争基础的"三争"具体实践,打造全方位继续教育与培训综合服务体系,立足服务区域与地方经济发展、立足服务船员与校友终身发展、立足服务国家战略的目标,为建设学习型社会、提升国民素质的探索实践提供海事智慧与力量。

勤积跬步　开辟船员教育新路径
——船员线上培训实施初探

一、前言

江苏海事职业技术学院在江苏海事局的大力协助下，克服多重困难，整合多方资源，从 2 月 17 日起组织开展了形式多样的船员在线教学培训工作。截至 5 月 30 日，我校共完成船员培训约 50 个班，累计完成船员在线培训约 5000 人项，取得了良好的教学效果，为江苏航运经济发展及航运企业复工复产做出了巨大贡献。

二、指导思想

认真梳理船员在线上教学中发现的问题，系统调整线上培训教学计划，合理安排教学进程，务实改进教学方法，科学编制线上教学培训方案，确保船员教育实现线上与线下相融合，虚拟现实技术与场景迁移教学方法相结合，实现"教学方案生生全覆盖、教学质量课课有保障"。

三、目的要求

根据《中华人民共和国船员培训管理规则》《中华人民共和国海船船员适任考试和发证规则》及相关管理要求，结合江苏海事职业技术学院教学实际制订船员线上教学实施办法。

四、教学实施

（1）注重顶层设计，制订实施方案和教学标准。
（2）挑选适合平台，最大程度减轻教师负担。
（3）开展教师培训，提升在线教与学的能力。
（4）设置双重助教，协助教学组织与实施。
（5）鼓励教师创新，灵活运用教学组织形式。
（6）开展网上督导，建立教学实施日报制。

(一) 教学准备

略。

(二) 实施过程

学校疫情防控工作领导小组：全面领导防疫期间的线上教学工作的开展，传达相关精神，做好决策部署，检查并听取相关职能部门的汇报，解决处理工作开展中的各类问题。继续教育学院：负责在线教学统筹协调，对接相关在线教学管理平台的技术人员，导入和登录教师、学生信息，调整教学进程，下达教学任务，利用平台全面掌握在线开课基本情况，根据需要联系开展教师线上教学能力的网络培训。教学单位：负责制定个性化的实施细则，具体组织本部门教师的线上教学；其中，二级学院的教学部门负责做好内部资源统筹，督促、指导教师开展线上教学活动，确保到人，加强对课程的审核和教学过程的监管，确保课程质量水平。学生管理部门：负责督促、指导学生线上学习，协助授课教师开展线上教学。任课教师：负责线上教学的实施，按照要求在线建课，依照下发的教学安排保质保量地完成线上教学，对学生开展线上辅导，逐步积累线上教学经验。班主任：协助线上教学实施，加入本班学生的课程学习之中，及时掌握学生的参与情况，督促学生参加学习。

1. **课前**

调整课程授课计划，定好每次课的授课基本内容，注意控制课时总量，原则上不因为开展线上教学导致课时总量的增减；准备好每次课的线上学习素材。素材应当包括授课视频、对应 PPT、对应电子教材、课后作业、章节测试题，原则上每三次课进行一次线上测试以检验学习效果，还可包含其注入案例、拓展材料、动画演示等。授课视频可以引用平台当中的教学资源库资源，也可以自行上传自己或他人拍摄的符合内容要求的教学视频。上传视频前，教师需要认真审核视频内容的符合性、科学性和政治方向，教师个人要对视频的内容负责；单个视频的时长以 5～10 分钟为宜，每次课的视频总时长不超过 30 分钟，以符合学生认知规律为宜；准备好每次课的任务单，且提前发布给学生。任务单需要明确具体的学习任务布置，包括要学习的素材（视频、PPT、文本等）、学习后的即时作业和课后练习，能体现出教学设计；要明确线上教学和线下教学的同质等效，设定好线上教学的课堂考核方式，线上成绩的认定可通过学生的学习行为数据分析及线上线下考试相结合的方式，做到过程性考核和结果性考核相结合。发布课程公告，公告主要用来发布每次课的任务单，使学员明确每次在线学习的任务，每次学习任务单的建议以天为单位发布，不具体到时间，以方便学生自己选择时间学习；要上传船员线上培训教学授课计划，使学员明确课程整体的线上线下教学安排。

2. **课中**

（1）在线上培训教学过程中，授课教师要随机进行点名；班主任每天应对培训

学员进行视频抽查，核验学员身份并截图，考勤和身份核验情况记录应留存备查。

（2）线上培训平台须满足培训管理的要求，便于任课教师和受训学员的操作，同时符合主管机关监督管理要求，平台应当具备教学管理功能，包括课件管理、随堂测试、在线互动、影音记录、直播回放、课程评价、考核管理。

（3）线上培训所需的场地设施设备配备应满足培训以及海事监督管理的要求。直播教室应配有监控设备，能全程记录培训过程；学生端应为配备摄像头和麦克风的台式电脑或笔记本（平板）电脑。

（4）从事线上培训授课的教师须具备以下条件：满足《船员培训管理规则实施办法》中对船员培训教学人员的配备标准要求；熟悉直播授课形式和所选择教学平台的操作；能熟练运用所选教学平台进行课程设计，对受训学员进行在线考核和答疑。

（5）船员线上培训开班计划、师资安排、培训课时、培训内容和培训过程管理须符合《中华人民共和国船员培训管理规则》及其实施办法和相关培训大纲规范的要求。

3. 课后

根据船员培训项目进行分类，常规教学完成后，任课教师会组织一个检验测试，测试即时掌握情况。定期设置阶段性测试课，作为学习效果的检验，同时也是对学生学习的督促；做好学员线上培训信息的统计。教师应当在下次课开课前，利用平台的统计工具查阅学生的学习记录，并将学员的参与情况进行公布，由加入课程的班主任老师督促学生及时完成；要通过学生学习行为数据分析及线上线下考试相结合等方式，做到过程性考核与结果性考核相结合，确保线上线下教学同质等效。

（三）教学保障

（1）坚持以生为本。
（2）教学课时认定。
（3）教学质量监控。继续教育学院要对教师所开课程进行必要的检查，提前两天检查每次线上培训开课教师的课程准备情况，做必要的提醒，督促教师开展线上教学，确保教学质量。教务处将根据二级学院的网上教学安排，利用平台进行开课检查和数据统计分析，定期发布。以"多元化线上评价手段"为支撑，加强在线教学质量监控。

"多元评价、有效监控、持续改进"，是疫情期间在线教学常抓不懈的质量目标。学校积极探索线上教学督导方式，由校领导、学校督导专员、二级学院督导及教务处巡查人员等多元主体组成在线教学督导团队，有督有导，从教学资源的丰富性、教学内容的正确性、教学设计的完整性、教学组织的规范性以及教学效果的等效性等多维度进行线上教学质量评价；教务处不定期组织阶段性在线教学情况调研，即时跟踪，即时反馈，下沉基层听取师生反馈；各教学单位出台《在线教学质量测评方案》，通过教学资源建设、学生学习效果、学生教学评价及其他在线教学贡献度等指标综合监控教师在线教学质量，及时做出教学质量评价；建立在线教学日通报制度，每天通报教学数据及教学质量情况，及时梳理问题，提出改进方案。通过多维度的在线教学质量监控措施，有效保障我校在线教学质量的持续改进。

五、分析评价

职教云教学平台数据显示，截至 5 月 31 日，江苏海事职业技术学院学生完成登录学习 6039044 人次，教师开课 667 门，开展课堂教学 15840 次，组织各类课堂活动 26578 次，完成作业批改 289796 次，批改考试 48068 次；腾讯课堂教学平台总计开设在线课程 233 门，近一个月课堂运行数 114 个，近一个月课堂活动总量 132160 次，疫情期间平台访问达到 2.1 亿人次，上线学生 24388 人。详见下图。

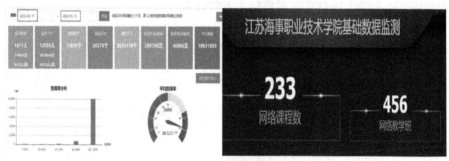

教学平台教学数据汇图

（一）在线教学资源

疫情期间，教师积极提升信息化素养，在各教学平台积极建设拓展教学资源，职教云平台新增各类教学资源 25.7 万个，超星平台新增教学资源 9.7 万个，满足了学员线上学习的资源需要。详见下图。

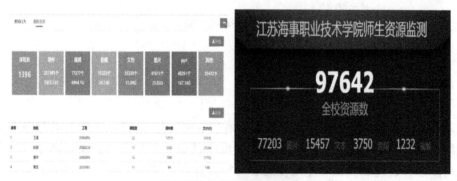

教学平台教学资源建设情况

（二）教师线上教学

教师是线上教学的引导者。我校教师信息化教学基础较好，疫情之前，有近70%的教师利用在线教学平台或资源开展过在线教学；疫情期间，教师们不断丰富课程资源建设，除引用各大平台优质在线资源外，自建资源比例高达31%；教师积极探索多种在线教学形式，即时性在线直播教学与非即时性在线慕课教学相结合，逐步形成"教学平台＋直播课堂"的在线课堂授课模式，"学生自主学习＋教师互动答疑"双线并重，提高了在线教学的效率和效果；经过近4个月的在线教学实践，超过3/4的教师认可线上线下混合模式的教学效果，并有超过60%的教师表示在疫情结束后仍然会延续线上线下混合式教学。疫情期间的在线教学形式已经完成了向线下课堂的平移，线上线下混合式教学将成为教学新常态。

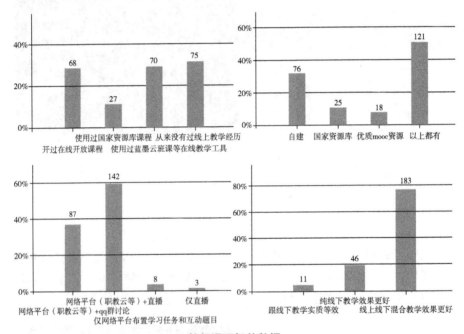

教师调研相关数据

（三）船员线上学习

学员是线上教学的主体。调研显示，有近90%的学生能在课前完成课程平台教学资源的学习，有超过92%的学生表示会准时参加线上学习；从线上学习的接受度和认可度看，超过80%的学生对在线学习持满意或非常满意的态度，有65%的学生认可线上教学的效果。通过学习者的视角可以看出，在线教学作为疫情期间的全新教学形式，得到学生的普遍接受，但结合高职院校学生的学习自觉性和自律性水平，线上线下结合的混合式教学模式将会获得更为广泛的认可度。

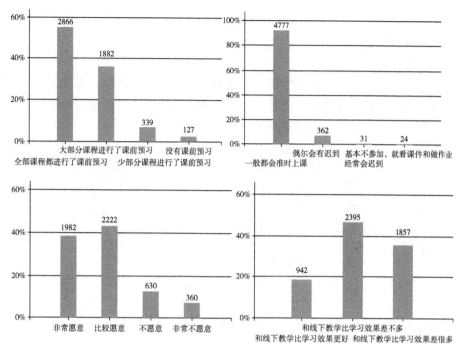

学生调研相关数据

六、改进措施

学校组织开展船员在线教学是为了有效防控疫情，保证学生学习时间，最大限度减少疫情对船员证书有效期的影响，满足船员职务晋升需求，助力航运企业复工复产。江苏海事职业技术学院继续教育学院做到教育部"停课不停学"的要求而采取一系列应急措施；同时也以此为契机，引导航海类教师运用信息技术拓展教学途径、转变教学方式、培养学生自主学习、开展教学改革进行积极探索和实践。全体教师都积极参与到船员线上教学工作中去，抗击疫情，人人有责；教学改革，师生同心。

（一）认清在线教学成为常态化教学的必然趋势

略。

（二）教学培训管理重心应由管理转向服务

略。

（三）在线教学应强化"学生中心"的教学理念

略。

七、持续发展

通过终身教育学习平台开发建设，完成硬件投入并正常运行，通过引进和开发相结合的方式进行软件开发建设，使各功能模块和服务项目软件正常运行和使用，完成海上专业为主的共享教学资源库建设。详见下图。

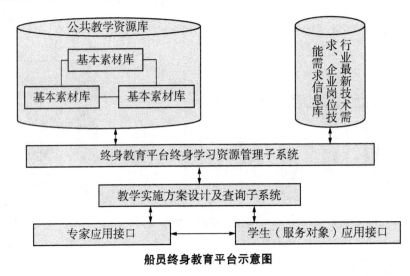

船员终身教育平台示意图

八、结论

船员终身教育是航运教育和航运服务发展的必然趋势，网络平台促使船员终身教育由理念构思到现实执行的转化。网络平台的自身优势使其在终身教育中扮演着重要的不可或缺的角色，它是终身教育的助推者和完善者。终身教育的网络平台应该符合终身教育的要求，为终身教育者提供受教育的条件。因此，在职业技术教育实践中必须不断完善网络平台的建设，构建最优的教育教学模式。学习者可以根据自身时间、空间，利用网络平台找到适合自身的学习内容和学习方式，促进学习型社会的形成。

2020年继续教育学院事业发展面临疫情挑战，在学院党政班子的坚强领导下，继续教育学院也成为全国首家开设线上船员培训的单位，全国首家合格证知识更新培训单位和全国首家模拟器培训的单位。学院得到南京海事局、江苏海事局和交通部海事局的认可和好评，并输出船员线上培训管理办法、船员线上教学实施方案、船员线上培训典型案例等，已报送交通部海事局。

不忘初心，砥砺前行。根据江苏海事职业技术学院双高建设的社会服务目标，船员培训工作将支持国家战略，融入区域发展，服务人人出彩的初心，努力争创新风采！

多方协同　建高素质船员队伍

——交通部海事局专题调研

一、高素质船员的定义

国际、国内对高素质船员需求的呼声越来越响。那么,什么是高素质船员?高素质船员应具备哪些特质?

通常来说,所谓船员素质是为适应船舶运输的要求,船员应该具备的自然素质与社会素质的总和。自然素质包括身体素质和年龄素质,属先天禀赋和资质;社会素质包括政治素质、知识素质、心理素质,靠后天学习、锻炼和提高。

高素质船员应具备良好的敬业精神、扎实的专业知识、熟练的操作技能、丰富的航海经验、较高的安全、环保、保安意识以及健康的心理。从人文因素考虑,高素质船员还应具备良好的组织管理能力、语言沟通能力、经济意识、法律意识、团队意识等等。所有这些构成了高素质船员的基本要求。具体说来,作为一名优秀的高素质船员,至少应具备以下素质:

（1）优良的职业道德、社会道德和思想品质。
（2）健康的心理,强健的体魄。
（3）船员必备的技能和专业知识。
①专业知识和技能;
②应对突发事件的能力;
③语言沟通能力;
④组织管理能力;
⑤法律知识、计算机应用能力等。
（4）持续的学习力。
（5）开拓创新和团队精神。
（6）准确处理信息的能力和决策能力。
（7）较好的抽象思维能力、注意力和熟练的处理业务的技巧,同时还善于利用信息模型进行工作。
（8）良好的职业心理素质、高度的责任心和强烈的事业心,以及良好的领导能力和经营管理能力。特别是船长和轮机长应该具有团结他人,把大家凝聚在一起的本领。
（9）强烈的海洋保护意识。

二、如何与国家有关部门协同，在政策上支持高素质船员队伍建设

（一）发改委、财政部

（1）建议国家发改委和财政部将现有针对远洋船员的个税减免政策进一步扩大到全体船员职业范围，并在政府层面出台相应具体举措确保其得到有力执行，有利于降低船员的个税负担，缓解船员职业吸引力下降、流失率高的状况。

（2）建议财政部出台相关政策，要求各级政府对开展船员培训教育的各类中高等院校和培训机构中增加在船员培训和继续教育方面的专项拨款及税收优惠政策，以支持船员培训机构降低办学成本，提升教学设施设备、师资队伍和办学环境，实现高素质船员培养在质量和数量上的全面突破。

（二）中华全国总工会（以下简称"全总"）

（1）为了真正提高船员的社会地位，建议全总努力推进实现国家层面将船员作为"关键工人"，将船员职业纳入"艰苦工种"。

（2）在保障船员权益方面，建议全总充分考虑职业的特殊性，研究如何恢复海员的劳动报酬具有较大的"水陆差"，真正使船员的收入与其做出的贡献、发挥的作用、付出的辛劳和牺牲相当。

（3）建议全总加快推进完善涉及海员职业特殊权益的法律制度。国际上和传统航运国家的海员权益保障专门法律制度均已十分成熟和健全，国际公约对海员做了全球性最低标准的规定。但我国至今只有行政法规《船员条例》，亟待加快推进《船员法》的立法进程，以实现对海员权益全面、充分、切实的法制保障。

（4）建议将全总海员建设工会的"金锚奖"上升为国家奖，并主要面向船员颁发，要创造机会，让全社会了解船员、尊重船员，让大众知道海员对国家和社会的贡献，知道船员的辛勤劳动与自己的日常生活息息相关。

（5）建议全总通过各种途径宣传船员对国家社会经济发展和世界经济发展所做出的贡献，增强从事船员职业的吸引力和荣誉感，扭转社会对船员职业的偏见和误解，拍摄反映船员工作生活和海运事业发展的相关电影和电视剧，引导更多高素质青年投身船员职业，为高素质船员队伍建设奠定基础。

（三）人力资源社会保障部

（1）进一步深化船舶专业技术人员职称制度改革。

（2）加快立法确保船员劳动权益保障。提议人社部对船员职业加快专门立法进程，使广大船员的职业发展和权益保障有法可依，保障航运业和经济发展，让船员实实在在地感受到国家优惠民生政策的红利与切实保障。

（四）教育部

建议教育部借鉴航运发达国家的做法，将高素质海员培养纳入国家经济发展和国家安全的规划，对航海类专业的招生、学制、教学、考核、毕业等工作，按照航运业发展和海员职业的规律和特点进行统筹、深化改革，从追求规模发展向追求高质量发展转变。对航海类专业的学生实行公费教育，学员与主管部门签订书面承诺，毕业后在海军、海警、海事机构的舰船或中国籍商船上服务至少满五年，以防止航海类教育资源的浪费和人才的流失。

建议政府与海事类院校牵手共同构建航海文化顶层设计。我国有着悠久的航海文化和历史，并且在航海、造船方面取得过世界各国不曾取得过的优异成绩，但由于历史原因逐渐败落。如今，我国正走在伟大复兴的道路上，比历史上任何一个时期取得的成就都高。航运业也要一马当先，一枝独秀。因此，建议由各级政府牵头立项，安排专项经费，由海事类院校和地方博物馆利用得天独厚的知识、人才和教育优势，建设更多的航海博物馆、文化馆等，在全国范围内逐步普及航海文化，让更多人能够深入了解大海，以及大海的另一端有着什么，让人们从小提起对海洋的兴趣，让航海基因流入每个人的血脉中。

（五）退役军人事务部

建议退役军人事务部就业创业司进一步出台具体举措，鼓励和支持退役军人依法取得船员职业资格，鼓励优质船员培训机构以"校企合作、定向培养"方式面向退役军人招生。创新培养模式，确保培训质量，推动航运企业优先录用取得船员职业资格的退役军人，提供必要的政策和制度支持进一步发挥退役军人过硬的政治素质和优良的工作作风优势，推动更多退役军人成为高素质船员。

三、如何鼓励和支持航运企业更好地发挥船员培养（不仅是航海类专业学历教育）中的作用，包括船上培训

航海类高职院校的分类发展将有利于推进航海专业职业技术教育的统筹协调发展，进而实现船员培训教育的高质量发展。根据当前船员培训及船上培训的实际，应切实构建航海类高职院校的分类评估体系，改变资源配置方式，创新体制机制。

航运企业应充分发挥"互联网+"的数字化、智能基础设施（云、网、端一体化），以及云计算、大数据、物联网等有利于创新发展的技术支撑，为其与航海类高职院校的船员继续教育融合奠定了基础。航运企业应充分研究和建设终身人才培养模

式的系统，船员培训教育的总体架构可以分为远程教育系统资源库、远程教育管理系统、网络课程制作系统和远程教育支撑系统四大模块。远程教育系统资源库是资源中心，包含内容丰富的课程资源；远程教育管理系统主要用来进行系统管理和性能管理；网络课程制作系统主要实现网络课程的制作、试题库建设和媒体资源的管理等；远程教育支撑系统主要提供远程教学的实现和评价等。运用计算机网络所特有的信息管理技术和双向交互功能，远程教育系统对每个学员的个性资料、学习过程和阶段情况等可以实现完整的系统跟踪记录；采用远程教育这种比较灵活的教学方式，学员可以自主选择学习地点、时间、进度和教学方式，可以使资源利用最大化。方便船员在船培训，实现知识获取渠道的多元化。

四、建立海船船员和内河船舶船员分别独立的培训、考试和发证管理制度的建议

以江苏辖区为例，江苏海事局主要负责我院的海船船员培训，南京海事局主要负责我院的内河船员培训。根据相关培训、考试和发证管理制度的相关要求，结合我院船员培训的实际，有以下四个方面的建议。

（1）依托信息技术，建立和完善船员培训的教学服务机制、学习资源建设和教学质量评估体系，为学员和教师提供人性化、规范化、便捷性的服务，从而保证学习效果和教学质量。加强建立线上和线下相结合的教学模式，在扩大继续教育规模的同时，还要有效提高教学资源的利用率，实现继续教育的信息化管理。江苏海事学院继续教育学院在疫情期间开展线上线下混合式教学模式，通过检验，其中，船长职务晋升理论考试一次性通过率达99%以上。同时，利用网络平台可以实现院校与航运企业之间教学和学习资源的共享，各高校将其优势、特色课程互相开放，可以实现取长补短、优势互补，达到全方位、立体式的学习效果。

（2）建立科学完善的考证评估体系、高校与学生互评体系、高校与企业在职员工互评体系。结合"宽进严出"的考证评估管理办法，敦促学员主动学习，调动其学习的积极性，形成一定的激励机制。完善考证评估机制也有利于航海类高职院校发现船员继续教育过程中存在的各种问题，从而有针对性地解决问题，不断提升教学和管理水平。

（3）加强对海船船员和内河船舶船员分别独立的培训、考试和发证管理制度的跟踪和监管机制建设。以江苏辖区为例，船员获取管理制度的途径主要包括院校官方网站的通知公告、幸福船员App、海事局官网等。由于船员知识层面存在一定的差异性，在制度建设和发布过程中，应加强制度的分类，便于船员根据自己需要，选择合适的信息栏去检索相关制度文件。因此，信息平台的建设，应充分利用大数据和"互联网＋"等手段。

（4）加强网络远程服务模式的建设。以江苏海事局为例，2020年7月6日，在南通海事局的支持下，某航运院校率先试点运行了船员自助服务终端，通过"让数

据多跑路、让船员少跑路"互联网政务服务，培训船员通过终端便可实现船员证书的申请和取证，享受"足不出校、证书自取"的便捷化船员政务服务，在学校内就能完成从船员证书的培训、考试和发证等一站式的船员政务办理，为船员培养工作提供了切实的便利。相关的主管机关有责任和义务去不断探索如何促进船员政务服务的健康发展。

把握政策　迎接挑战　做好转型准备

——继教院做好高职扩招专项工作的分析

一、政策解读

略。

二、高职扩招100万、200万的背景

略。

三、扩招生源哪里来

2018年，根据各地考试院公布的信息，全国近一半省市高考实际录取比例已经超过90%。在很多地方，高职院校招生困难已经成为普遍现象，录取后报到率低于70%的高职院校也比比皆是。在这种背景下，再扩招100万，招生困难必然加剧，人从哪里来？应该怎么办？

政府工作报告显示，相关部门对此早有认识，其目标显然不是基于现有的生源供给状况，而是着眼于GDP只有6%增长的背景下，如何有效解决社会经济发展，尤其是就业问题：再培训，提高技能再上岗。因此，政府工作报告高调强调职业教育，"加快发展现代职业教育，既有利于缓解当前就业压力，也是解决高技能人才短缺的战略之举"。报告对学生来源也有清晰的表述：改革完善高职院校考试招生办法，鼓励更多应届高中毕业生和退役军人，下岗职工、农民工等报考。与此同时，"扩大高职院校奖助学金覆盖面，提高补助标准"等配套措施也系统地提了出来。

高职教育的教育资源配置与发展速度模式，需要站在整个社会经济发展角度来看，仅仅从教育角度很难完全理解到位。

高职扩招100万，招生办法肯定会有大动作，这也是在此次政府工作报告中明确提出来的。高职院校招生改革实际是高校招生改革中走得最快的，此前就已经有50%不再按传统高考录取方式进行，即所谓的"单招"，更强调专业技能与知识，此番高职大扩招后，注册制入学完全可能会成为部分地方的选项之一。

四、四类人员的现状

略。

五、扩招对高等职业教育带来的机遇和挑战

随着"高职扩招 100 万"政策逐步落地,其中一个明显变化就是招生对象的变化。高等职业教育不但要稳固基本生源,还要不断增加新的生源,体现在非应届生源的明显增加上,在年龄、学历、培训要求、学习能力上也将呈现多元化的特征,这些变化给高等职业教育带来了新的挑战。

(一)招生方式

招生方式需要针对不同入学群体进行改革。中职毕业生与普通高中毕业生不同,退役军人、下岗职工、失地农民、新生代农民工与中职毕业生、普通高中毕业生更不同,他们在知识背景和学习能力方面存在较大差异,所以分类招生势在必行。而分类招生面临的主要问题就是招生考核标准,制定科学、规范的招生标准是改革招生方式的基本条件。

(二)培养方式

随着人工智能、大数据等技术革新,机器换人进程加速,如果高职院校在专业设置、人才培养上仍固守传统的思维和模式,人才培养将很难适应产业发展的需要。随着生源扩充和范围扩大,高等职业院校必须在人才培养目标、专业设置、课程改革、实训教学等方面做出改革与调整,开展针对性的教育,实施个性化辅导,这是培养方式上面临的新问题。

(三)师资力量

数量足、高质量的教师队伍是扩招 100 万的支撑力量,但师资力量不足、质量不高一直是制约职业教育发展的薄弱环节。职业教育教师既是教师也是培训者,不仅要懂得教育教学方法,还要具备开展培训的职业能力。扩招之后,如何更好地满足培养对象的实际需要,分析培养对象的学情与实际情况,开展针对性的教育与培训是职教教师面临的一个挑战。

(四)证书体系

扩招生源中,学历与职业能力提升是其主要需求,能力获得的体现之一是证书的获取。但是,现阶段的职业证书获取与职业教育之间还存在脱节情况,不同部门对证书的管辖权导致证书之间的融通还存在一定问题。

六、学校开展社会招生应关注的四个方面

(一) 招生制度的改革

拿出传统专业优势专业，兼顾社会需求的专业。对于退役军人、下岗职工、农民工等社会生源，采用注册入学、申请入学，同时尽量从操作上减少户籍带来的入学限制。降低入学门槛，并不意味着放弃培养质量，推行"宽进严出"培养改革是改善这一现象的途径之一。制定不同的招生标准，开展内容不同、形式各异的招生宣传，畅通招录渠道，推进不同侧重点的培养方式改革，是接下来招生与培养中需要着力解决的重要问题。

(二) 培养方式的变革

坚持学校办学主体地位，二级学院承担主体责任。生源结构的变化带来培养方式的变革，需要在教学、学籍管理方面有所应对。针对不同生源，分班培养势在必行。分班教学、小班化教学、个性化辅导对于师资、教学资源和条件建设都会带来压力，如何破解压力并提升教育与培训质量和效率是高职院校接下来需要着力解决的要点。

在扩招过程中应坚持"宽进严出"，要坚持品德建设与技能培养相统一。专业建设是高职院校特色建设的主要载体。人才培养必须与区域劳动力市场需求相匹配，这是高职教育建设的主要出发点。在专业建设过程中，充分激发政府、行业、企业等利益相关者的参与热情，将企业要求作为重要组成部分纳入课程内容、教学体系、评价体系中，从而实现专业层面的校企合作。

高职院校应根据培养对象的基本特征和实际诉求，利用新一代信息技术在教育内容、手段和方法上突破创新，探寻相对灵活的教育方式，建立与行业和企业合作的培训模式。生产教育一体化，校企合作是职业教育发展的必由之路，政府、企业和学校共同建立的稳定的技能培训基地、"一站式"的订单培训都是可以尝试的途径。

加大政策鼓励力度，通过教育补贴政策，将资金用于日常教学和培训购买工作，鼓励高等职业学校开设就业培训班，提供资金支持，提供"一对一奖学金"，减轻培训对象就业培训的经济负担。

(三) 师资力量的扩充

教学团队的专业化和高素质是高职教育质量提升的重要保证。双师型教师的培养是提升职教教师质量的途径之一，组建混合型师资团队也是实现教师队伍多元的选择路径，"固定岗+流动岗"的教师资源配置机制是实现混合型师资团队组建的基础。

（四）证书体系的保障

因为是全日制学历教育，所以学校教务处、学工处、组织部、校企合作处等职能部门都需要加入相关工作中。学历证书和职业技能证书需要相互联系，相互整合。设计科学规范的等级标准和评价标准，这样才能保证证书体系发挥统一的框架性作用。这需要在政府统筹、行业指导、学校、企业参与的大框架下进行，只有实现证书的统一，职业教育才能纳入更加开放的体系中。职业院校发放的证书与行业企业的实际交融，其最终的目的是构建更为广泛、更加规范的国家资格框架体系。国家资格框架体系的构建与实施，可以说是职业教育发达国家先行一步的重要经验，证书体系现阶段在我国的工作主要是以试点为主，稳步推进。

七、继续教育与培训管理处承接该项工作的六点考虑

（1）学校需要提供足够的条件保障。目前继教处现有在职人员 10 人，外聘 5 人，除了继续教育学院每年的社会服务工作，仅靠一个部门难以完成需举全校之力才能完成的工作。需要学校从人力资源、制度保障、政策支持予以保证，"百万扩招"实质上是一件阶段性的政治任务，必须要做好。

（2）坚持正确的办学方向。本向招生给予全日制学历证书，体现了国家对上述四类人员的关心，在培养过程中坚持牢牢抓住两课教育和核心专业课教育。

（3）组建合适的师资团队。继教处拟在招生的同时组建合适的师资队伍，队伍包括政、行、企、校四方，为继续教育学院的培训与教学提供保障。

（4）加快信息化建设。目前继续教育学院的信息化建设还相当落后，难以适应今后的人才培养与职业培训，拟利用"双高建设"机会全力推进信息化建设，完善"线上线下"一体化教育培养模式。

（5）实行灵活的激励机制。打通继续教育学院现有各类培训的种类与社招的衔接，建立灵活的奖励机制，奖励的层面从学生扩大到教师及合作企业。

（6）如果能满足上述要求，学校需正式下文明确由继教处来组织实施2020—2021年的社会招生工作，明确相关职能部门的配合工作和二级学院的教学主体责任。

八、其他需要关注的方面

（1）合理提出招生规模。在综合考虑学校资源的基础上，2020年，学校向教育厅申报社会招生规模 600 人。

（2）社招学生相应的继续教育政策有待落实。虽然学校为方便成人学习，探索了各种类型的教学方式，但仍然难以保证每个社会学生的工作及学习需要，企业员工的继续教育时间及保障，需要根据全日制学习的需要进一步优化和落实。

（3）进一步落实相应的配套措施，尤其做好社招学生专项补贴的有效落实，为

高校高质量实现社会招生工作目标提供保障。

（4）为社会学生的学习提供多方面保障，尤其在工学时间、企业效益等方面，制定和落实相应的保障措施。

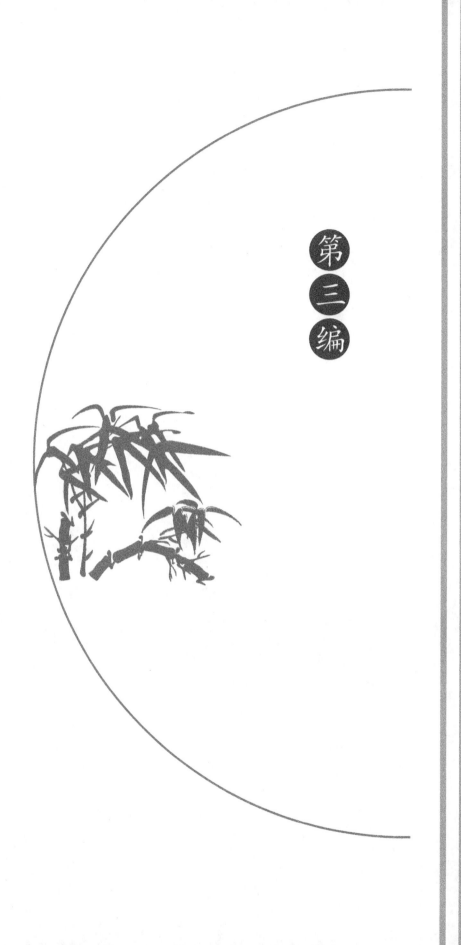

第三编

围绕中心工作
切实提高财务管理水平

随着高职教育的蓬勃发展和财政管理体制、高职院校体制改革的深入推进,高职院校的规模不断扩大,经济活动日趋复杂,经济来源呈现多样化,面临的经济环境、财务管理模式、会计核算手段都发生了前所未有的变化。作为财务部门如何围绕提高教学质量这一中心工作,促进高职院校的可持续发展,有许多问题值得认真思考、精心谋划、寻求对策。

一、压力

高职院校原有经济基础均较薄弱,随着近几年的发展,生均拨款经费标准的提高,特别是今年是全面实现4%的关键之年,机遇来之不易。财政教育经费的大幅增加必然伴随着国家监管力度的不断加强,而高职院校在管理上原有中专校的烙印过深,难以满足现代大学制度的管理要求,特别是内部控制的薄弱,接受特别是主动接受国家社会监管的意愿不强,对进一步做好财务工作形成一定的压力。

二、困惑

高职院校是事业单位,体现的是社会公益目的,理论上应是国家全额拨款解决运行发展所需经费。《国家中长期改革发展纲要》关于经费来源确定的是:建立健全高等教育以举办者为主,受教育者合理分担培养成本,学校设立基金会接受社会捐赠等多渠道筹措经费的机制。这对高职院校而言相当不利,成本计算分摊是一道世界范围内的难题。学费标准调整困难,接受社会捐赠在目前环境下难有大数,几乎全额依赖国家拨款,而财政对职业教育的投入与本科院校相比差距较大。高职院校的培养成本随着社会对高职教育的期望愈来愈高,矛盾较为突出。

高职院校具有"高等""职业"两个属性,在育人上要遵循教育教学规律,在办学中必须遵守市场规律。这两个规律在高职院校运行中必然发生激烈碰撞,在相当长一段时期内都难以寻求最佳平衡点。

另处,各高职院校都强调以教学为中心,体现"以人为本,以学生为本"的办学理念,在实际操作中发展的不平衡、行业背景、社会文化、经济周期等因素,都会不断给财务管理带来新的难点。

三、难题

如前所述,各高职院校在大发展及发展后期提高内涵建设阶段资金问题始终是必须直面的。无论是国家作为举办者还是高职院校作为受托管理者都需进行有效管理,而使之健康、持续发展的基础是规范运行。

在强化资金监管中必须正确对待3个风险:①以资金供需矛盾形成的赤字风险;②以组织行为失范形成的财务风险;③以财务信息公开形成的隐性风险。财务部门必须未雨绸缪提前应对。

四、措施与方法

高职院校必须充分认识加强资金监管在学校改革和发展中的重要地位和作用,切实加强对财务管理工作的领导,支持和保障教育教学质量的提升,促进学校持续健康发展。要建立以资金为约束的事业发展格局、以效益为中心的财务管理体制、以资金安全为目的的资金内部控制制度,具体可以从以下8个方面入手。

(1) 加强经费筹措,优化投入结构,加大基本支出日常运行经费的投入。高职院校要强化成本管理意识,探索不同类型的培养成本测算工作。

(2) 全面预算管理机制的建立,推进经费科学化精细化管理。把全面预算与高职院校的中长期发展规划与中长期财务计划结合起来。

(3) 强化内部控制,完善制度建设。高职院校的内部控制要涵盖经济活动的所有方面,执行力要切实加强。作为运行规范保证的制度,一方面要完善,另一方面也要适时修订补充完善以适应高职院校发展的需要。

(4) 建立健全经费的分配机制,确保内涵建设经费的稳步增长。

(5) 基本建设债务化解工作的长效机制,增强风险防范能力。

(6) 探索适应和促进学院发展的考核评估机制,提高资金使用绩效。要把上级考核指标与学院可持续发展的考核指标相结合,综合考核资金使用绩效。

(7) 完善资产管理和资源分配机制。建立健全资产管理流程并与财务预算编制相衔接,充分发挥存量资产的使用效益。

(8) 加强财务队伍的管理,以满足不断发展的需要。

努力加强财务管理
不断提升财务工作水平

——在省教育厅财务处长会议上的发言

2012年5月24日,我院院长办公会围绕厅领导讲话精神,就全面贯彻落实全省高校财务工作会议精神进行部署。现根据通知要求,结合学院财务工作实际情况汇报如下。

一、以示范性高职建设为契机,推进预算管理精细化

2012年是我院示范性高职建设启动年,学院以科学发展观统领财务管理工作,以促进提高教育质量为中心,以提高人才培养质量为宗旨,进一步加强财务管理,确保学院各项事业持续健康发展。

预算管理是财务管理的重要组成部分,学院本着"量入为出、统筹兼顾、保证重点、收支平衡"的原则科学合理编制了2012年度预算。为确保示范性高职建设顺利进行,学院出台了相关制度予以保障。学院从严控制和压缩行政和消费性支出,新增财力除用于化债外,全部用于内涵建设。为进一步推进节约型校园建设,学院在水电气管理、后勤服务、行政性开支、"三公"经费支出等方面开展精细化管理。

(一)2012年预算安排

略。

(二)2012年预算执行进度及分析(1—5月)

略。

(三)预算执行存在的问题及政策建议

(1)因为高校都是在每年9月学生开学收取学费后才有资金上交当年非税收入,所以学校下半年集中开支许多全年由非税收入开支的费用,导致全年费用支出不平衡,下半年集中用钱的现象会给全年工作带来不利影响。

(2)财政厅规定学校退休人员绩效工资的20%由学院承担,对我院退休人员占在职人员近一半的学校,负担太重。对财力较弱的高职院校,财政部门能否考虑到由财政全额发放学校退休人员工资或根据退休人员占比确定具体承担比率,以利于学院

在保障职工绩效工资发放的同时，还有相对宽裕的资金用于教学、科研，也利于教育公平的推进和提高教育质量。

（3）在考核内涵支出比率时，建议剔除总支出中的退离休人员费用。

二、完善财务管理体制，健全财会制度，加强财会人员队伍建设，推进信息公开

（一）财务管理体制

（1）学院实行"统一领导、集中管理"的财务管理体制。学院对财经政策和财务规章制度的贯彻落实、财务收支计划、资源调配、财会业务实行统一领导，对经费的安排和使用、内部财务规章制度的制定和执行、会计事务实行集中管理。

（2）学院财务工作实行院长负责制，学院经费实行分口预算管理。

（3）学院财务处在院长领导下，统一管理学院的各项财务工作。

（4）学院实行重大问题集体决策制度、专家评审咨询制度、决策责任追究制度。

（5）学院对系部、二级学院实行二级管理，会计核算由财务处统管。

（二）制度建设

2010年以来，财务处按照学院事业发展需要，进一步完善了服务教育教学、科学研究和管理运行的财务制度体系。制订了《学院会计管理办法》《会计人员考核办法》《学院科研经费财务管理办法》等6项规章制度，完善修订了《学院财务管理办法》《学院缴款、借款、报销规定》《学院差旅费报销管理办法》等5项相关规章制度。

（三）加强财会人员队伍建设：

学院所有会计人员由财务处统一领导、集中管理。除必须取得会计从业资格证书外，学院所有会计都具有大学财经方面的文凭，内部设置了各种专业技术岗位，以岗定编。财务处（含招标办公室）现有15人，其中，高级职称2人，中级职称5人，研究生3人。

财务处确立工作方针为"学院位次争先，部门工作创优，个人能力卓越"，目标是"打造一支队伍，强化两个管理"，制定了年度工作重点。

（1）以追求个人能力卓越为目标，着力加强财务队伍建设。

①加强政治理论学习，提高政治思想觉悟。

②加强业务知识学习，提高财会工作水平。

③加强会计人员职业道德教育，实现会计人员学历、职称提升之路、职业能力拓

展之路、职业道德水平提高之路的"三路"重合。

④以科研为抓手，大力提升队伍综合素质。

⑤积极努力学习兄弟院校先进科学的财务管理方法，加强互动联系拓展财务人员的专业视野，提高其业务水平。

（2）加强内部会计控制建设，优化业务流程。

①依据管理目标、要求，设置控制环节点，明确责任人。

②在财务处内部结合流程再造实施轮岗制度。加强财务人员多岗位锻炼，培养财务人员全面业务能力，提高财务处整体综合实力。

（四）提高财务管理信息化水平，推进信息公开

（1）利用高级财务查询平台，实现财务信息公开。

（2）利用网站及时公开相关信息，接受监督。定期向教代会报告预算编制、预算执行、"三公"经费支出、基本建设情况。

三、落实主体责任　推进债务化解工作

（一）新校区建设概况

略。

（二）上年度债务余额情况

略。

（三）本年度预计债务情况

略。

（四）化债工作保障措施实施情况

1. 严格控制新增债务

（1）为有效地控制新增债务，学校组建了由院长负责，基建处、审计处、财务处参与的化债工作小组。

（2）严格按照教育部高等教育基本办学条件标准规划建校，在学校建设可行性研究报告的项目内实施建校。

（3）学校必须开工建设的项目，必须经院领导班子集体研究再上报批准后实施。

（4）严格遵守省有关部门制定的借贷审核制度，未经审核批准的贷款项目，不

予办理新增贷款额度。

2. 积极筹措化债资金

（1）为足额筹措化债资金，化债工作小组认真分析学校债务情况，制定了切实可行的化债计划。

（2）学校严格执行财政厅教育厅的有关要求，从事业经费中按规定比例提取化债资金。

（3）2012年预算安排中，新增拨款的52%用于化债。

3. 保障化债资金专款专用

（1）严格执行省财政厅有关化债资金专款专用的管理原则，管好用好化债资金。

（2）根据资金来源情况，按照规定要求支付工程欠款及银行贷款。

（3）在基建支出方面严格执行领导双签制度，以此把关控制资金支出渠道。

4. 降低财务费用和建设成本

（1）加强工程项目招投标的管理工作。

（2）做好基建工程竣工决算工作。

（3）加强内部管理，严格基建支出各程序的审核管理工作。

（4）重视资金的使用效率，严格控制贷款规模，及时偿还银行贷款等。

（五）关于化债工作的建议

回顾总结我院近年来化债工作情况，在执行省财政厅教育厅有关化债资金管理、使用等方面情况良好，学院各级领导及相关部门，非常重视化债资金的管理及使用。尤其是省政府化债资金及奖补资金的到位，缓解及减轻了我院拖欠工程款的困境，也减少了客观的贷款利息支出。为此，非常感谢省教育厅财政厅对我院的支持和帮助！

高职院校经费来源有限，自行化解债务的能力不强，各种实训投入大，师资培养成本提高，经费结余有限，望上级部门在新增财力安排时，能更多地考虑高职院校的实际情况。

各高职院校取得贷款的宏观背景不同，各自与银行洽谈，难以获得银行的优惠利率，甚至要付出阶段性利率上浮的代价。考虑到目前宏观经济背景，银行对企业的贷款最低可享受8折基准利率，建议教育厅可指定有关院校牵头，组织银行贷款，以降低各院校的贷款成本。

四、推进信息化平台建设，强化资产管理

（1）完善资产管理体制、落实管理机构

（2）加强资产管理工作制度建设

（3）推进资产管理信息系统的使用，提高信息化管理水平

五、切实做好学生资助工作，营造和谐校园

我院学生资助工作坚持以科学发展观为指导，在省学生资助中心领导的高度重视和具体指导下，全面贯彻党的教育方针和国务院〔2007〕13号文件精神，厘清工作思路，明确工作责任，构建了以生源地助学贷款为主，勤工助学为辅，奖助学金、困难补助、学费减免为补助的资助体系，及时布置并认真落实各项资助政策，进一步完善资助工作管理制度，强化政策宣传和信息填报工作，维护了校园稳定和校园和谐。

今后的工作应从以下四个方面努力：一是进一步加大国家对高校学生资助的宣传力度，提高资助工作宣传教育的针对性和实效性；二是加强资助工作人员队伍专业化建设，进一步提高资助信息报送的质量和效率；三是进一步完善激励机制，鼓励、动员、挖掘校外资源，广泛联系社会各界成功人士、企事业单位来校设立校外专项奖、助学金；四是真诚关怀，加强引导，进一步完善"心理扶贫"机制，为特困生制定心理资助预案，不仅从经济上帮助贫困生，更从心理上予以关注，帮助他们克服可能出现的心理问题。

六、加强科研经费管理，推动科研工作水平

根据要求，结合我院的实际情况，财务处与科研处一起重新修订了《江苏海事职业技术学院科研经费财务管理办法》（以下简称《办法》）。《办法》对科研支出、劳务支出、科研资产管理进行了严格的规定，主要内容有：

（1）科研人员在开展科研活动过程中发生的支出，应与科研任务具有相关性，不得将无关的支出在科研经费中列支；必须取得真实、合法的票据进行财务报销，不得使用假发票；必须按照实际开展的科研活动据实支出，不得虚构经济业务或通过非法手段取得票据套取科研经费。

（2）严格劳务支出，科研人员在项目执行过程中发生的劳务支出，必须由本人签收或发至本人个人银行账户，并依法缴纳个人所得税，不得由他人以任何理由代签。

（3）严格执行国家资产管理的有关规定，凡使用科研经费购置与形成的固定和无形资产均属于国有资产，统一纳入学院资产管理，不得以任何方式隐匿、私自转让、非法占有或牟取私利，其处置应按照国家有关规定办理。

在执行过程中，我们发现以下两个问题：

（1）高校科研项目管理与经费管理信息化程度较弱。

（2）科研经费支出缺少可操控依据，实际支出与预算差距较大。

配套管理措施包括：

（1）高度重视科研经费的管理，加强财务管理的信息化建设。构建科研项目信息化管理平台，加强对科研经费的管理和核算。可以针对科研经费管理的特点与需求，从科研项目的立项、项目预算、项目支出到项目结算等事项，都从一套软件程序

上体现，这样无论是科研管理人员、财务人员，还是项目课题人员，只要打开程序，各环节情况都能及时全面掌握，从而实现对科研经费进行实时动态查询、统计、分析和管理，实现科研经费管理由结果控制转变为过程控制，由被动式管理转变为主动式管理。

（2）加强预算管理，建立科研经费绩效考评和合理的激励机制。对科研项目应该严格实行科研经费的"全成本核算"，通过对科研经费收支情况的分析，掌握科研项目支出比例；通过对预算执行情况的分析，促进和引导科研工作进行；通过财务状况的分析，科学决策，统筹调度，合理运用资金；通过对所取得的社会效益与经济效益进行考核和评价，提高项目管理水平和资金使用效率，为科研项目管理提供依据。在校内推行科研管理激励机制鼓励以增强科研工作者的责任感和成就感。

最初的决策是绩效最大化的重要影响因素

——"我为示范建设做贡献"工作总结

在院党委的统一部署下，在院长的直接领导下，在各二级学院、部门的大力支持配合下，财务处（招标办）努力推进经费管理"科学化、精细化"，提高经费使用效率，坚持"服务、效率、和谐、廉洁"的管理理念，紧紧围绕学院事业发展需要，合理安排财力，加强预算控制，组织业务流程再造，提高专业服务能力，强化会计基础工作，努力增收节支，为学校事业发展提供了较好的财力保障，较好地完成了省级示范建设任务。现将财务处示范建设工作总结如下。

一、方案策划

根据江苏海事职业技术学院重点专业建设任务书、江苏省示范性高职院校项目建设任务书进行预算资金安排，制订了《江苏海事职业技术学院示范性高职院校建设项目专项资金管理办法（试行）》和《江苏海事职业技术学院示范性高职院校建设项目专项资金使用补充规定》，规范资金的筹措、管理、使用和核算、监督，保证专项资金的安全有效使用。

根据资金管理办法，建设专项资金管理坚持"总体筹划、分段实施，单独核算、绩效考评，分项管理、保证重点"的原则。建设专项资金预算是我校总预算的组成部分，实行"统一预算、专款专用"的管理办法。学校统一规划，分类分项预算，年度收支平衡。省示范性高职院校建设专项资金金额大，涉及面广，政策性强。合理规划和使用好建设专项资金，任务艰巨，责任重大。

二、工作举措

2012年是我院示范性高职建设启动年，财务处以创建省级示范高职院校的建设提供资金保障为重点，组织编制了2012年度的学院部门预算草案，为推动加快建设，拟定三年软件建设经费一次性在2012年下达，通过设置示范建设资金专用项目号来核算以便及时统计资金的使用情况。在资金紧张，各项费用开支都不断增加的情况下优先保障了省级示范建设各个项目的顺利进行。2013年，财务处紧紧围绕省示范建设要求安排支出预算。在学校资金紧张、各项费用开支都不断增加的情况下，优先保障省级示范建设各个项目的顺利进行，并实时统计省示范建设项目的资金使用情况，及时提供相关数据分析报送相关主管部门，为学院省示范建设努力提供保障。2014年是我院省示范建设极其关键的一年，财务处在学院整体资金不足的情况下排除万难，全力保障省示范建设经费和项目资金调配到位，全体财务处人员加班加点按照项目任务书的要求、验收标准，完成江苏省示范性高职院校项目建设资金专项审计工作以及示范建设专项报告中专项资金报告部分。在项目建设资金管理过程中，认真总结和借鉴其他院校项目管理的经验和做法，坚持把资金使用绩效放在第一位，严格按照省教育厅和财政厅有关示范院校建设资金使用和管理的有关文件精神，统筹安排使用不同渠道下达或筹集的专项资金，强化管理，完善制度，确保建设资金按计划、有重点、分步骤、科学合理使用，保证了项目的建设质量，发挥了资金的最大效益。

招标办制定《江苏海事职业技术学院招投标管理规定实施细则》，完善评委专家库，探索院校联合招标。2014年度，招投标办公室在学院招标工作领导小组的领导下组织开展全院的招投标工作，全年共完成的招标项目216项，完成招标项目金额约10361.6173万元。

三、工作成效

截至2014年12月31日，项目建设预算资金及时足额到位，实际到账金额为6674.11万元，为预算金额的103.25%。其中，省财政专项经费配套1500万元，行业企业投入资金1892.30万元，学院自筹资金3281.81万元。学校在取得省级示范性高职院校建设单位资格后，省财政在本次项目建设中直接投入1500万元，带动行业企业和学校自筹等投入5174.11万元，实现了省级引导、行业企业参与、学校建设的预期目标。固定资产总值由65296.64万元增加到107149.37万元，增长64.1%；教学仪器设备总值由8261.67万元增加到17595.72万元，新增9334.05万元，增长112.98%；校内实训基地数量由10个增加到32个，增长220%；校内实训室数量由91个增加到259个，增长184.6%；校外紧密型实训基地由建设前的35个增加到143个，增长308.6%。

四、典型经验

加强资金管理、过程监控，严禁借示范建设之名干其他事情。

五、工作启示

（1）最初的决策是绩效最大化的影响因素之一。
（2）财务处积极配合学院其他部门的各项工作，认真把好关，发现问题及时补救，对于由此引发的误会、不满、指责、不理解默默承受。财务处人员深知学院建设发展、职工福利待遇提高必须以资金保障为前提，财务处必须依法认真行使监督职能，提高资金使用效率，全力维护学院整体利益。

落实"放管服"
推进内部控制建设

——在省教育厅座谈会上的发言

一、高校落实"放管服"改革有关制度建设情况

（1）我省高职院校自主设计新专业，尚需报教育厅批准。教育厅专业建设的信息服务工作需要加强，高校招生、毕业生就业与专业设计联动机制需尽快建立。

（2）高职院校人员总量的核定需公开透明机制，动态调整的依据要具有可操作性。

（3）"高校自主设置内设机构，依法自主管理岗位设置"要得到彻底的落实，与之相对应的教育行政部门开展的各类评优、评先、考核则要相应取消。

（4）切实落实"自主公开招聘人才"。举个例子：我校欲引进一名国务院特殊津贴享受者、高级技师，因其学历为成人本科而无法进编，与培养大国工匠的精神如何衔接？

（5）科学核定绩效工资总量，绩效工资总量核定的依据要公开。要梳理绩效工资总量核定的逻辑起点，首先要充分考虑人员、承担的社会事业目标之间的关系，再综合考虑经济发展水平、办学层次，有重点地突出服务国家重大战略需求。

（6）"扩大高校资产处置权限"中"处置收益留归学校使用"未得到完全执行。涉及高校的税收优惠空白点较多，如"社会化餐饮企业的所得税问题"是悬在各单位头上的一把利剑。

二、内部控制建设推进情况

我校按苏教财〔2017〕2号文的要求，重视内部控制制度建设，制订实施方案，完善工作机制，梳理业务流程，明确重点业务环节，查找风险点，从顶层设计的角度有序推进符合我校实际的内部控制体系建设。

三点建议：

（1）高度重视内部控制的环境建设，发挥校园文化在内控建设中的正能量作用。

（2）业务流程的梳理与各单位的内设机构的建设、业务的特点有着密切的联系，建设要注重实效，不宜强求一致。

（3）高职院校受到人、财、物等诸方面的限制，内部控制建设既要把控好环节，更要注重替代控制程序，要注重控制效果，防范风险。

收入分配改革的逻辑起点与框架建立

一、收入分配依据

（1）《江苏海事职业技术学院章程》第四条：学院是实施高等教育的公益性事业单位，具有独立法人资格，依法自主办学和管理，享有相应权利和履行相应义务，独立承担法律责任，接受政府监管和社会监督。第八条：学院实行学院、二级学院（部）两级管理模式，并可在国家法律、法规、规章允许的范围内，视情形调整管理模式。第十条：学院由江苏省人民政府举办，主管部门是江苏省教育厅。学院举办者按照有关规定任免学校负责人，依法为学院提供办学经费和资源支持，保障学院办学条件，支持学院依据法律和学院章程独立自主办学，并依法对学院进行监管和考核。第十一条：学院依法享有以下权利……（六）自主确定教学、科学研究、行政职能部门等内部组织机构的设置和人员配备；（七）按照国家有关规定，评聘教师和其他专业技术人员的职务，调整津贴及工资分配。第十二条：学院依法履行以下义务……（三）维护受教育者、教师及其他职工的合法权益。

（2）江苏省人社厅批准的年度绩效工资总额及人员编制定额。

（3）学院决定的机构设置及人员定岗定编数额。

（4）学院必须完成的事业目标。

二、学院 2012—2014 年收入分类情况

略。

三、学院职工近三年收入汇总

略。

四、收入分配面临的矛盾与困难

（1）学院"一流的福利待遇"目标与上级批准的工资总额限制的矛盾。

（2）学院预算收入增长限制与职工期望收入增长幅度的矛盾。

（3）学院各类人员收入比例难以合理确定。

（4）学院事业目标在各年度的不均衡与学院预算收入的相对均衡的矛盾。

（5）绩效工资中基本绩效与奖励绩效所包含的范围与各类人员实际工作的匹配度的矛盾。

（6）考核标准的科学性及合理性与考核对象的认同度的矛盾。

五、合理构建收入分配框架的路径

（1）科学预算年度实际可供分配的收入总额，刚性增长与柔性控制相结合。

（2）鼓励与提倡社会服务，明确职工收入增长的渠道；加强校企合作；高度重视基金会的运行，切实取得捐资助学的成效。

（3）在定岗定编基础上，合理确定各类人员收入比例，并形成共识。

（4）建立收入基金，正确配置各年度工作目标与年度收入的匹配度，形成合理的收入增长预期。

（5）基本工资、绩效工资对应的岗位工作与成效要清晰；学院事业目标要完成的所有工作都要对应到基本工资、绩效工资（基本绩效），即发展目标、额外工作通过奖励绩效分配，或通过收入基金安排。

（6）各类人员岗位工作明确，预期成效清晰，考核标准公开透明，广泛接受监督。

从学校实际出发
有序推进学分制收费工作

——关于江苏省高职院校实行学分制情况的调研报告

根据《省物价局、省财政厅、省教育厅关于明确重修费有关问题的通知》(苏价费〔2006〕103号文),实行学分制收费管理的学校可以对补考后仍不及格需重新学习该门课程的学生收取学费,学费标准不得超过原来学习该门课程的费用标准,其他学校一律不得收取补考费、重修费。

2017年第一次院长办公会会议要求,财务处负责调研省内高职院校实行学分制及学分重修收费的情况,提交教务处作为制定我校学分制改革的参考。

经调研,目前江苏省实行学分制的高职院校主要有几下学校:南京工业职业技术学院、无锡职业技术学院、江阴职业技术学院、苏州工艺美术职业技术学院、苏州市职业大学、常州轻工职业技术学院、常州纺织职业技术学院、淮安信息职业技术学院、苏州港大思培科技职业学院、硅湖职业技术学院等,目前正在向江苏省物价局申请学分制收费的高校有10所左右。

对常州纺织职业技术学院、南京工业职业技术学院实施学分制收费情况调研后,发现学分制计费方式主要遵循以下3个原则:

(1) 学生正常完成规定学业所缴纳的学费总额不得高于实行学年制的学费总额。

(2) 学分制收费由专业学费和学分学费两部分组成。

①专业学费:是指高等学校或中等专业学校学生根据所学专业门类所需要的费用。

②学分学费:是指高等学校或中等专业学校学生所修学分所需要的费用,学校可自行设定学分学费,但每学分的学费不高于80元;学生提前修满学分毕业的,学校应按规定退还专业学费。

(3) 按专业不同核算出专业学费,其余部分核算为学分学费,并统一每学分的收费标准。专业学费与学分学费总额不超过学年制收费总额。

根据调研情况,结合我校补考、重修情况,建议教务处结合学校人才培养综合改革方案核算出各专业毕业时要求的总学分,根据各专业毕业时要求的总学分制定出各专业学分学费、专业学费。

新形势下继续教育发展方向与路径

——"不忘初心、牢记使命"主题教育中层干部调研报告

一、调研目的

党的十九大报告提出,"优先发展教育事业,完善职业教育和培训体系;办好继续教育,加快建设学习型社会"。继续教育是建设新时代中国特色社会主义学习型社会的重要组成部分,尤其是2019年国务院颁布《国家职业教育改革实施方案》,明确提出"职业教育与普通教育是两张不同教育类型,具有同等重要地位",要"加强社区教育和终身学习服务"。高职院校如何平衡职业教育与继续教育,探索符合中国国情的高等职业教育基础上的继续教育,是必须重新审视的课题。

二、调研情况

(一) 调研内容

(1) 从开办继续教育情况着手,运用高等教育学、管理学的相关理论以及文献法和调查法等研究方法,对高职院校继续教育的现状做了较为深入的分析。

(2) 通过理论结合实际,结合历次中国共产党全国代表大会报告和《国家职业教育改革实施方案》《国家中长期教育改革和发展规划纲要(2010—2020年)》《国家教育事业发展"十三五"规划》等相关政策,借鉴成功经验,分析继续教育未来的发展趋势和达成目的可实施的路径。

(3) 探讨继续教育发展模式的构成要素,展开对继续教育发展模式和具体实施操作细节的研讨。

(二) 调研方法

(1) 通过调查研究、资料查阅等方式方法,了解其他院校的继续教育情况,确定高职院校教育继续的战略定位,确定不同继续教育对象的理论知识和实践能力要求。

(2) 通过文献检索和比较分析,对高职院校继续教育模式等进行多方位研究,总结典型的培养模式,提出合理的继续教育模式的管理体制和运行机制。

(3) 通过实证分析法,对比不同继续教育模式的利弊。通过经验总结法,对不同继续教育机制进行归纳分析,最终提出构建适合我校继续教育的发展模式。

（三）调研过程

1. 文件资料梳理

①历次党的全国代表大会工作报告对继续教育的要求的相关表述。

十二大：必须大力普及初等教育，加强中等职业教育和高等教育，发展包括干部教育、职工教育、农民教育、扫除文盲在内的城乡各级各类教育事业，培养各种专业人才，提高全民族的科学文化水平。

十三大：城镇和绝大部分农村普及初中教育，大城市基本普及高中和相当于高中的职业技术教育。加强对劳动者的职业教育和在职继续教育，努力建设起一支素质优良、纪律严明的劳动大军。

十四大：大力加强基础教育，积极发展职业教育、成人教育和高等教育，鼓励自学成才。

十五大：大力普及九年义务教育，扫除青壮年文盲，积极发展各种形式的职业教育和成人教育，稳步发展高等教育。

十六大：加强职业教育和培训，发展继续教育，构建终身教育体系。

十七大：发展远程教育和继续教育，建设全民学习、终身学习的学习型社会。

十八大：积极发展继续教育，完善终身教育体系，建设学习型社会。

十九大：办好继续教育，加快建设学习型社会，大力提高国民素质。

②《国家教育事业发展十三五规划》。

短板——学前教育、职业教育、继续教育仍是教育体系中的突出短板，人才培养的类型、层次和学科专业结构与社会需求不够契合。

主要目标——继续教育参与率明显提升，学习型社会建设迈上新台阶。

从业人员继续教育——35000万人次。

高等教育在校生3680万人，普通本专科2655万人，研究生290万人，成人本专科735万人。

主题主线——大力发展现代职业教育和继续教育，加快培养经济社会发展急需人才。

鼓励——高等学校基于互联网开展学历与非学历继续教育。

措施——大力发展继续教育；加强继续教育平台建设；统筹扩大继续教育服务。

③《国家中长期教育改革和发展规划纲要（2010—2020年）》。

战略目标——构建体系完备的终身教育。

措施：加快发展继续教育；建立健全继续教育体制机制；构建灵活开放的终身教育体系；搭建终身学习"立交桥"。

④《国家中长期人才发展规划纲要（2010—2020年）》。

人才队伍建设——构建分层分类的专业技术人才继续教育体系。

机制体制创新——研究制定人才开发促进法和专业技术人才继续教育等方面的法律法规。统筹规划继续教育，基本形成学习型社会。完善在职人员继续教育制度，分类制定在职人员定期培训办法,倡导干中学。构建网络化、开放式、自主性终身教育体系,大力发展现代远程教育,支持发展各类专业化培训机构。

重大人才工程——开展大规模的知识更新继续教育,每年培训100万名高层次、急需紧缺和骨干专业技术人才,到2020年,累计培训1000万名左右。依托高等学校、科研院所和大型企业现有施教机构,建设一批国家级继续教育基地。

⑤学校对继续教育的要求,详见下表。

学校对继续教育的要求表

要求	学校"十三五"事业发展规划目标任务	2019年高水平院校建设	2019年第三次党代会精神实施方案
计划	—	科技创新与社会服务深蓝计划	科技创新与社会服务深蓝计划
平台建设	—	"评估考证+信息资源管理"航运人才终身服务平台建设方案	建成船员终身教育服务平台、国家船员实操评估基地
高端培训	—	2019年再开发军转海项目1项	新拓展其他高端社会培训、军转培训、国际培训项目若干项
校校合作	—	与本科学校达成合作项目1项	—
专业覆盖	—	每个专业群开发高端培训项目1项,每个专业群新拓展项目社会培训到账金额100万元/年以上,非航海类专业社会培训总人次达在校生数的100%	各类船员培训项目实现全覆盖;实现培训项目在学校各专业群和80%以上专业的全面覆盖
培训规模	实现继续教育培训年人次绝对值达全日制在校生人数的1.3倍以上,社会培训到账资金按不低于10%的年递增率逐年增长	社会培训量突破75000人次,2020年培训年收入1400万元,2021年培训收入1800万元,达到年培训15000人次,培训收入1600万元	社会培训总量超过75000人次,年均培训收入超过2000万元
学历教育	拓展本科层次继续教育专业方向,重点发展"专升本""专接本""远程教育"等本科以上的成人学历,与相关本科院校合作,畅通学生"专转本""专接本""专升本"等升学渠道,服务学生学历提升需要	2019年函授招生规模增长50%,2021年非航海类专业在校生参与学历提升的比例达40%以上	实现成人学历教育规模倍增

续表

要求	学校"十三五"事业发展规划目标任务	2019年高水平院校建设	2019年第三次党代会精神实施方案
外籍培训	引进国际船员培训课程体系,开展境外船员培训	建成巴拿马认证的课程体系,完成26门课程认证;建成丹麦马士基(中国)船员培训基地,联合马士基公司完成高端培训项目的开发	马士基(中国)培训中心、巴拿马船员证书培训基地、江苏港口大学常态化运行,年度培训项目稳定开展
培训品牌	入选全国职工继续教育品牌职业院校	入选全国高职院校"服务贡献50强"	保持在全国高职院校服务贡献50强行列
社区教育	—	2020年拓展社区培训1~2项,2021年服务社区培训人次200以上	—
机制体制	完善继续教育与社会培训激励机制,逐步实行二级学院社会服务年度总量与师资等教学资源配置相适应的管理体制	—	—
对口支援	支持1~2所中西部兄弟院校建设,共享优质教育教学资源	—	—
国际合作	—	—	国际合作品牌计划
涉外培训	—	2020年培训"一带一路"沿线国家船员50名以上,2021年80名	外籍船员培训等非学历生年均达到300人次,成为留学江苏目标高职院校
国际影响	—	—	马士基(中国)培训中心、巴拿马船员证书培训基地成为行业和教育主管部门或地方政府认可的国际交流与合作品牌

2. 整理继续教育学院工作过程中的问题，与学员、合作企业进行交流，对各类问题进行罗列

三、存在问题

（一）软件方面

1. 观念

（1）相关法规政策还不健全，观念还未跟上，学校全员重视继续教育与培训工作的氛围还有待进一步提高，二级学院继续教育开展情况还不均衡。

（2）继续教育与培训体制建设有待进一步创新，进一步加强学历继续教育的规范性和灵活性，调动社会资源支持继续教育。同时，建立学历、技能互认制度和学分制度。

（3）要建立起更科学合理、更国际化的继续教育发展格局，需要更多水平高、业务精、素质优、能力强的人才进入继续教育领域。

2. 师资

（1）本校教师为继续教育甚至是高端培训提供授课水平有限，需在校外聘请师资。能否为继续教育和高端培训提供授课体现了师资水平，通过选、育相关师资，将推动本校师资的进步。

（2）聘请真正有丰富实践经验的企业一线人员积极参与培训工作。

（二）硬件方面

（1）普通培训宿舍、床位、培训教室不够。

（2）高端培训的住处、讲评室等不够。

（3）"互联网＋继续教育"，构建智慧终身职教体系方面还有待突破。

（三）质量方面

（1）学历继续教育在学历补偿方面作用递减，亟须转型发展，要逐步规范学历继续教育，增加其含金量。

（2）社会经济转型，需要更多实践能力强、经验丰富的人才，对学校教学质量要求更高。有培训企业对培训质量、考试通过率等相关指标提出质疑，就表明培训质量存在问题。

四、应对思路

（一）继续教育发展愿景——优质继续教育的提供者，校友终生发展的好平台

该愿景体现了产业链、教育链、人才链的高度融合。产业链方面，在航运经济领域，有泛长三角港口与航运职教集团为依托；教育链方面，表现为学历提升与技能提高并重，中职院校、高职院校、高职继教、航运企业合作；人才链方面，表现为航运人才自身的完善、发展。

（二）继续发展战略

(1) 学历技能并重，明确劳动者素质能力提升是继续教育第一任务。
(2) 专本专硕并行。
(3) 国内国外并拓。

（三）继续教育发展计划

(1) 学历教育规模倍增计划——2019年学历教育到账经费突破300万。"十三五"结束时，力争各类学历教育在籍学生达到3000人。2021年非航海类专业在校生参与学历提升的比例达40%以上。
(2) 培训项目品牌培育计划——针对高级船员考前培训考试通过率，实施N9计划，通过专项题库建设，使得培训学员既能夯实能力，又能确保考试高通过率，进而形成培训品牌。
(3) 职业技能领域拓展计划——各类船员培训项目实现全覆盖；实现培训项目在学校各专业群和80%以上专业的全面覆盖，每个专业群新拓展项目社会培训到账金额100万元/年以上，非航海类专业社会培训总人次达在校生数的100%。
(4) 国际培训办学深入计划——运行巴拿马船员培训中心、几内亚学院等，境外培训点。
(5) 杰出校友助力孵化计划——通过学历提升，以专转本、专接本（独立本科）、专升本、专升硕撑起学历提升立交桥。
(6) 管理制度优化创新计划——贴近市场，推动二级学院积极性。
(7) 人才团队合理构架计划——继续教育需要专业学科支撑。
(8) 继教文化内涵建设计划——学校层面，对继续教育有认知、有行动、行绩

效;在继续教育学院层面,推行有序、质量、服务、开拓的工作文化。

(四)路径

当前,以强制培训争效益,非强制培训争名誉,学历教育争规模,打造继续教育的初步格局。

教育管理拾萃

依托授权开展外籍船员培训，共推职业教育国际化进程

为贯彻落实国家"一带一路"倡议，服务"海洋强国"战略，学校积极采取"走出去""请进来""搭平台"等措施，在招收"一带一路"沿线国家留学生、为国内航运企业开展外籍船员岗前培训、成立几内亚韦立船员学院、合作建立中国第一个马士基（中国）培训中心、成立"一带一路"应用型海事人才研究院等方面都取得了明显的成效。为了进一步推进学校国际化办学进程，学校将依托国际海事培训授权，不断探索人才培养多样化路径，积极拓展外籍船员培训项目。

一、前言

"海兴则国强民富，海衰则国弱民穷"，随着中国经济快速发展和对外开放不断扩大，通过和平、发展、合作、共赢方式，扎实推进海洋强国建设，是实现中华民族伟大复兴中国梦的必然选择。"一带一路"倡议是顺应经济全球化的历史潮流和全球治理体系变革的时代要求，面向职业教育未来发展，学校始终聚焦"引进来"和"走出去"战略重点，通过加强与各方深度合作，共同推动船员培训沿着高质量发展方向不断前进。基于此，学校采取"走出去""请进来""搭平台"等措施推动航运职业教育国际化，主动对接国际海事培训授权，扩大和提升国内船员的就业面和就业能力，不断探索人才培养多样化路径，积极拓展外籍船员培训项目，稳步推动船员培养的国际化步伐，为进一步加强中国海员后补力量的培养奠定重要基础。

二、独具行业特色的办学优势

略。

三、多方合作共搭平台，助力学校发展

近年来，随着国家海洋强国、长江经济带建设战略的提出，作为国际海员培训的学校高度重视与国内行业企业、国外政府、教育主管部门、海事院校和航运企业的沟通合作，运用国内国际两个市场，通过"走出去""请进来""搭平台"等措施推动船员培训发展。

(一)融合政行企校四方资源,共建合作共赢机制

2014年4月,我校成立了四方合作发展理事会,成员来自政府、行业、高校和企事业单位共194家单位。共同搭建"政府主导、行业指导、校企合作、发展共赢"的合作办学平台,努力推进校行合作、校企合作、校地合作和校校合作。

我校成立四方合作发展理事会

(二)服务国内企业发展,积极开展外籍船员岗前培训

随着船岸收入差距缩小,海员社会地位降低,再加上我国人口下降,社会少子化严重,直接造成国内从事航海职业的年轻人越来越少。为了缓解国内船员市场紧张态势,同时为"航海职业教育"输出做准备,学校不断推动船员培养的国际化步伐,重视中国海员后补力量的培养。2016年4月,新加坡高级海员工会下属的船公司新船员上岗培训暨新加坡海事基金培训在我校顺利结业,此次培训班的承接为我校开展国际化合作与培训奠定了基础,提升了我校对外合作交流能力和办学水平。2017年5月,在国家海洋强国及"一带一路"倡议及系列政策的指引下,在中缅海员培训与发展合作谅解备忘录签订的推动下,圆满完成我校首期外籍船员岗前培训,深化了校企合作,加快推进了我校的国际化办学步伐,检验了我校外籍船员培训师资和场地设施水平。

国际合作船培训开班仪式

（三）共同搭建合作平台，加强国际交流与合作

2016年，我校成立了"一带一路"应用型海事人才研究院，研究院秉承"开放、合作、联通、共享"的理念，以专题研究和学术论坛为载体，成为"一带一路"海事发展提供咨询的新型智库。搭建了促进共商海员培养与发展的平台，创建了海员发展共同体，促进了海员队伍可持续发展，进而推动了我国航运事业健康发展，更好地服务全球航运一体化发展。

2018"一带一路"与海员发展国际论坛

(三)引入国外先进培训理念,满足区域行业企业发展需求

马士基集团为泛长三角港口与航运国际职业教育集团的副理事长单位。2018年11月,马士基(中国)培训中心正式在我校挂牌成立,在未来几年内,针对中国及其周边国家航运和船员市场需求,逐步开发适应中国以及周边国家市场需求相关高级船员培训项目,其项目将覆盖海船、特种船舶及其海洋工程等相关领域。我校将通过该中心的运行,引进国际航运培训机构的先进教学理念和管理经验,培养一批具有国际接轨的专业教师队伍,力争建设成为设施设备完备,满足国际标准的国内一流培训中心。

四、引入海事培训发证授权,开展外籍船员培训

(一)紧跟行业发展契机,引入海事培训发证授权

2017年10月,学校被巴拿马海事部门授权为船员培训基地,可申请培训、办理巴拿马海事船员证书。2018年11月,巴拿马海事局对学校培训组织、设施设备、发证范围、办学方针、内外部审核程序、师资证明、培训流程、28门培训项目的课程框架、课程教学大纲、培训评估方法和标准、培训证书模板等均进行了严格审核,学校顺利通过巴拿马海事局船员教育和培训质量管理体系审核和普通船员28门培训项目课程认证。2018年4月17日,巴拿马海事部部长豪尔赫·巴拉卡特·皮特一行到访我校,是继《中巴海运协定》签订之后,首次与我国地方教育和海事主管部门开展的海事教育合作会谈,促进了中巴在海事领域的深层合作。

(二)对接国内国外两个市场,积极开展外籍船员培训

近年来,学校加强与东南亚地区国家政府、教育主管部门和海事院校的联系与沟通,主要合作的机构和学校有新加坡高级海员工会下属新加坡海联海事学院,孟加拉国教育部、侨民福利与海外就业部,孟加拉海事职业学院,柬埔寨教育、青年与体育部职业训导司,泰国马哈拉吉工业与社区教育学院和马来西亚海事学院。通过交流增进了了解,达成了共识,促进了"一带一路"沿线国家航海职业教育的共同发展,为我校外籍船员培训提供了有力保障。

为外籍船员开展岗前培训和选派专业教师到几内亚开展办学,从而打造了一支"下海开船,上岸授课"的优秀外籍船员培训师资队伍。经过近几年发展,学校拥有停泊实习船"育睿轮"、Kongsberg航海模拟器和智能化机舱等一批国内领先的船员培训场地。在获得巴拿马海事部门船员培训授权后,经过中国、孟加拉、巴拿马多边合作共同推进,截至目前,我校举办了3期孟加拉籍船员(机工和水手)适任证书培训,共计100人。这三批学员都来自孟加拉海员学校,在孟加拉已完成两年理论学

习,并通过层层选拔来到我校,在我校紧张的三个月学习中,需完成水手工艺、金工工艺、值班业务、航海操舵、设备拆装等航海专业实践课程学习任务。学员学业完成获得巴拿马适任证书后将直接安排到长三角地区航运企业船舶上工作,为了提高学员中文交流和沟通能力,学校利用晚上和周末时间为学员开展中文口语和写作培训,通过语言学习,增强文化交流,实现民心相通。外籍船员培训得到了江苏海事局、江苏省船员协会和长三角地区 20 多家航运企业的关注和支持,参训学员全部完成培训任务,获得巴拿马颁发的适任证书,并被长三角地区航运企业录用。获得巴拿马海事培训证书授权后,学校在开展外籍船员培训的同时,也加大国内船员巴证培训,通过开展国内船员巴证培训。进一步提升国内船员巴证持有率,扩大和提升国内船员的就业面和就业竞争力。

关注国防技能培训，军地共建融合发展

——2017年继续教育特色案例

一、项目背景

江苏边防总队承担着在江苏海域履行预防、制止、侦办海上违法犯罪活动和维护国家主权安全、海域治安秩序以及参与海上抢险救灾等职责，在维护我国海洋国土主权安全、保护公民人身财产安全等方面都发挥着不可替代的重要作用。

江苏海事职业技术学院（以下简称"江苏海院"）作为全国领先的海事类高等院校，在促进海洋运输发展、海洋资源开发利用、海洋环境保护、维护国家海洋权益、建设海洋强国等方面都肩负着重要的历史使命。

为加强军地合作共建，优势互补，利用优质资源促进国防建设，2017年，江苏海院与江苏边防总队联合举行舰艇专业技术兵培训。

二、实施过程

9月22日，培训班如期开班，江苏海院副校长陈立军出席开班仪式并讲话。江苏边防总队副总队长蔡锦明、副参谋长薛震洲、警务处处长龚增彦、江苏海院航海学院、轮机学院、继续教育学院等的负责人，以及江苏边防总队28名官兵参加了开班仪式。

此次培训课程内容涉及航海类适任培训理论和实操课程、边防专业技能知识等。同时，按照边防总队要求，从人员编制、行政管理条例、量化管理、请销假制度、扣分条例等5个方面对学员的日常培训学习、生活提出了严格的要求。

2017年12月29日下午，江苏边防总队军地合作签约授牌仪式暨江苏海院首期江苏边防总队舰艇专业技术兵培训班结业典礼在我校海川楼4楼会议室举行。刘红明校长回顾了此次培训3个月来的情况，对各位边防队学员在校期间严格执行部队条令条例，保持优良作风，展现边防总队官兵良好形象，为我校士官生和航海类专业学生锤炼军政素质做出良好榜样表示肯定。

随后，张兴荣副参谋长与陈立军副校长代表双方签订了《江苏边防总队、江苏海事职业技术学院战略合作框架协议》。孙勤参谋长与刘红明校长共同为双方互授的"江苏边防总队水兵教育培训基地"和"江苏海事职业技术学院士官培养实践教育基地"牌匾揭牌。

三、项目意义

此次军地合作共建,既是贯彻落实习近平总书记关于军民融合发展指示精神的重要举措,也是加强军地合作、促进部队建设、推动学校发展的有益探索。双方在水兵专业技能培养、士官生军政素质提升、军民交流和融合、师资互派与共建等方面深化合作、共同发展,也一定能够建立和发展团结、友爱、互助、和谐的军民鱼水关系,走出一条符合军地双方特点、彰显海事特色,具有一定创新和示范意义的军民融合发展之路,共同为实现"强军梦想"和"海洋强国"做出应有的贡献。

合影

盯目标 抓关键 深化科研管理

2020年7月8—11日，本人参加了学校组织的暑期干部培训。在四天紧张的学习中，本人在思想上和管理受益匪浅，根据在两次主题讲座、四次交流发言和七次专题研讨中的个人感悟，结合我校科研发展现状，对学校高水平院校建设和"双高"建设期间的科研管理工作思考如下。

一、要深刻领会江苏省委省政府年度综合考核规定中关于科研工作的相关要求

《江苏省年度综合考核工作规定（试行）》的总体要求是：以习近平新时代中国特色社会主义思想为指导，坚持党对教育事业的全面领导，不折不扣贯彻党的教育方针，紧扣高质量发展走在前列目标定位，体现时代性，彰显引领性，突出经常性，注重实效性，充分激发自觉，广泛凝聚力量，展现使命担当，以科学完善的综合考核体系推动高校高质量发展再上新台阶。考核内容主要有：高校高质量发展成效，坚持以新发展理念为引领，突出发展的质量要求，紧扣服务"六个高质量"，重点考核高校的人才培养、科学研究、社会服务、文化传承创新、国际交流与合作、声誉与影响、高质量发展突出成果等。注重分类评价，对江苏省高水平大学建设重点（培育）支持高校及其他本科高校、江苏省高水平高等职业院校建设单位及其他高等职业院校分别评价，区分办学类型，突出办学特色。

《2019年度江苏省地方普通高校〈高职院校〉高质量发展考核 实施方案》（高水平高职院校）中指标说明和计分方法如下：（略）。第15个指标为"科技服务"，该指标通过本年度学校技术合同成交额（技术合同成交额是指当事人之间签订，在省技术合同认定登记系统进行登记审核，并取得技术合同认定登记证明的技术开发、技术转让、技术咨询、技术服务合同中约定的合同总金额）体现。该指标计分方法略。

二、要牢固把握《关于实施中国特色高水平高职学校和专业建设计划的意见》中对高职学校科研工作的相关要求

作为《国家职业教育改革实施方案》的龙头项目，"双高"计划是落实"职业教育与普通教育是两种不同教育类型，具有同等重要地位"的重要制度设计，是一项通过国家顶层设计，构建扶优扶强、持续推进的建设机制。"双高"学校对标国家教育改革发展步伐，整体设计改革发展任务，分段实现《国家职业教育改革实施方案》确定的2022年、2035年两个阶段目标，根据经济社会发展水平，围绕国家战略需要，适时调整建设重点，逐步成为行业品牌、区域支撑、国内领先、世界水平的职业

院校。

"双高"计划建设要求高职院校重视师德建设、重视团队建设、重视教学研究、重视教师科研能力特别是应用技术研发能力的培养。高职院校在发挥示范引领作用方面要打造技术技能创新服务平台,深化产教融合,提升校企协同的人才培养和技术创新水平,提升高端性;在支撑经济高质量发展方面,要支撑国家重点产业、区域支柱产业发展;促进中小微企业技术研发和产品升级。

"双高"计划建设的发展路径是:下功夫加强教师科研能力建设,实现教学与科研一体化,改革科研工作考核办法,引导教师面向行业技术创新和职业教育改革难点、热点开展研究;集中力量建成技术技能创新服务平台,依托实体平台,从面上合作走向同频共振,要聚焦产教融合这条主线,从单一的基地向整合的平台提升,构建校企命运共同体,实现职业教育与产业发展的同频共振。

"双高"计划建设的支持体系有:科研引领破解发展难题;教育科研支撑;应用技术研究;高职超越中职,不仅是在学习内容上的扩大和学习难度上的提高,更重要的是加大科研的成分,"实训实习+实验","体能技能+智能",其科研重点关注的是结合专业的技术发明应用研究,不同于普通高校的以探索科学原理的原创性学术研究。

三、要认真研究学校"双高"计划建设实施方案中"科技创新深蓝计划、打造技术技能创新服务平台"的相关要求

(一)总体目标

对接海洋运输产业六大板块,升级建设基于专业群的六大产教融合集成平台和"一园三区"省级大学科技园,推动产学研创一体化发展;重点建设"一带一路"应用型海事人才研究院新型智库,在服务国家战略和行业发展等方面提供人才和智力支撑;聚焦水路运输企业安全生产标准化考评中心、协同创新中心、工程技术中心等技术技能创新平台建设,服务海洋运输产业高质量发展,努力把学校打造成海事应用技术创新的区域中心。

(二)具体目标

(1)升级建成对接现代海洋运输产业六大专业群的产教融合集成平台。

(2)升级建成"一园三区"省级大学科技园。

(3)建设江苏海事学院海事科技研究院,建成"一带一路"应用型海事人才研究院省级新型智库,向国际海事相关组织提交建议案2项,向交通运输部或省政府提交研究报告3项以上。

(4)建成智慧海事协同创新中心和2个省级工程技术研究开发中心。

(5) 主持国家级科研项目 4 项，获省级以上科研成果奖 8 项。

(6) 科研项目合同成交额累计达 1 亿元，技术服务产生的经济效益累计达 4 亿元。

(7) 科技成果及知识产权转移转化累计金额达 2000 万元，孵化创新创业项目 100 个，孵化小微企业 50 家，服务 50 家中小涉海企业的技术研发和产品升级。

(8) 承接水路运输企业安全生产标准化考评的航运企业考评任务达 60 家，企业安全生产率达 90% 以上。

四、要清晰明确职业教育本科学校创建参考标准中关于科研成果的相关要求

(1) 年均获省部级科研经费不少于 50 万元；
(2) 年均立项省部级科研项目不少于 10 项；
(3) 年均横向技术服务到账经费不少于 1200 万元。

五、要深入解读学校《职工收入分配综合改革实施办法》（2019 年修订）中关于科研工作量统计和奖励的相关规定（略）

六、我校科研管理典型案例

略。

案例简析：上述两项课题申报，有关申报人员条件限制不够，特别是对正高职称的限制不够。若他们申报，易于成功，满足科研考核要求，一方面限制了中低级职称人员的成长路径，另一方面，对学校整体科研水平的提升极为不利。

七、对学校的建议：进一步深化改革学校层面的科研成果管理办法和考核机制

综合本文一至四相关文件中有关科研指标与成果的要求，为了清晰把握学校《职工收入分配综合改革实施办法》的导向性，分析学校现有管理办法在运行中出现的导向性与目标性不一致问题，建议在学校层面改革科研成果管理办法和考核机制。

由于"双高"计划任务目标对学校科研成果的数量和层次要求较高，为了完成指标，实现学校科研的良性发展和高端建设，建议学校在现有办法的基础上，不仅要规定科研工作量，更要明确规定各级职称相对应的科研成果层次和等级，并明确与之相配套的收入待遇。例如，规定博士学位和教授职称教师发表论文必须为三大检索或中文核心，申请科研项目须为国家级或省级基金、科研项目（不包括学会课题），否

则不应算有效科研任务，副教授申请科研项目级别应不低于省哲学社会科学重点课题等。教授和副教授承担的教材编写、教学改革任务原则上不能代替科研任务。学校要根据每年完成的实际科研任务决定教师实际享受的收入待遇，完成即可享受相应职级待遇，配套措施连续两年不能完成则下调待遇，三年不能完成则永久降低职级，从而进一步解决教师抢职称、抢职级的突出矛盾，激发全校教师的科研工作积极性和主观能动性，真正体现我校高层次人才的科研价值，实现我校科研工作成果的正增长和高端化，完成学校"双高"计划所需的科研指标。

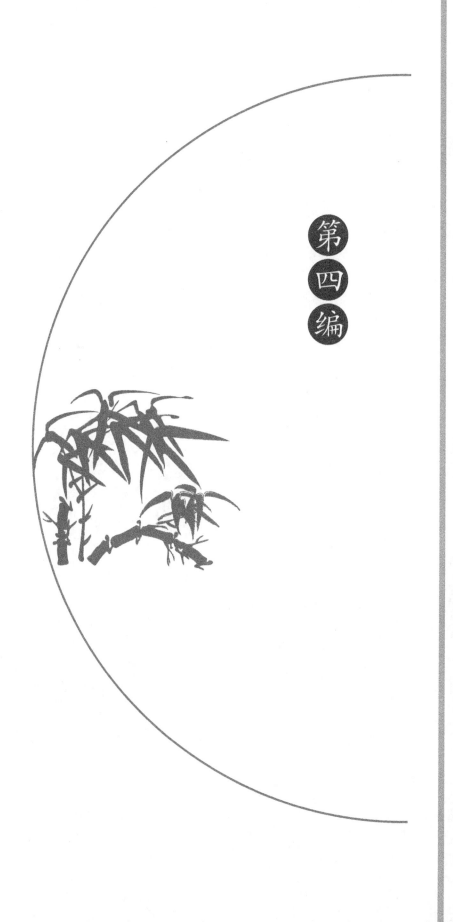

第四编

以不断提高会计人员职业道德水平为主线
合理组织会计行为,营造良好组织文化环境

——南京高职院校财务工作研讨会上的发言

从社会学的角度来看,会计行为属于一种道德文化现象,会计系统的价值取向在很大程度上决定了会计行为的选择。会计文化代表着会计组织的核心价值观,调节和规范着会计组织的管理行为。这种文化价值观可以渗透在会计组织的次文化系统中,如会计文化系统,进而影响会计文化价值观,并一定程度上导致相应的会计行为。简单地说,会计组织文化就是通过影响和塑造会计价值观,对会计行为产生内在作用力的。反过来,会计行为既是会计组织文化的外在体现,也是会计组织文化得以继承和延续的主要载体。

会计文化是人类文化的一个组成部分,具有悠久的历史,可以说有了会计就有了会计文化,就有了会计职业道德。而会计职业道德及其规范是会计文化的核心部分。会计文化的要素主要包括共同价值观、行为规范、形象与形象性活动等。会计文化作为全体会计从业人员共同拥有的价值观念和意识体系,代表一种组织的风气、风格,包括价值观念、行为准则、道德规范、管理制度以及行业形象等,既为全体会计从业人员所创造,同时又塑造了这个群体。会计职业道德是指在会计职业活动中应遵循的、体现会计职业特征的、调整会计职业关系的职业行为准则和规范,是调整会计职业活动利益关系的手段,是人们对会计职业行为的客观要求。会计职业作为社会经济活动中的一种特殊职业,其职业道德与其他职业道德相比具有自身的特征,具有一定的强制性,较多地关注公众利益。因此,会计职业道德应该作为全体会计从业人员的共同价值观。

现阶段人们对高职院校会计部门的定位主要有以下三种:服务部门、保障部门、管理部门。笔者认为,服务、保障、管理这三者之间是相互联系、缺一不可的关系;它们之间的关系就像皮、肉、骨的关系;没有服务,只谈保障和管理是血肉模糊的,是难以长久生存的,这是对高职院校会计人员最外在的要求;没有保障只谈服务和管理是瘦骨嶙峋的,不健康、不圆润的,保障是服务的更高要求;而管理是会计组织的血脉,是会计组织的内在要求,是高职院校会计人员必须时刻紧绷的弦,没有管理,就无秩序可言。没有秩序的组织,谈何发展?因此,管理是会计组织润物细无声的最好体现。而服务、保障、管理的本质都是以人为本。如何做到以人为本?这就对会计行为主体提出了要求。

对会计行为主体的组织领导者,即部门负责人提出了更高的要求;它要求部门负责人在工作中做到"三专、三重、三自一包",即营造良好的组织文化,加强会计职业道德建设。

"三专"是要求部门负责人专业、专注、专心。数据显示,39%的会计部门负责

人是非会计专业人员，如果专业代表的是过去式，那么专注就代表着现在进行时，专心代表着将来时。非专业无法改变或改变的可能性很小，但是专注、专心是我们可以努力和改变的。

"三重"是要求部门负责人厚重、威重、慎重。厚重是指"厚重言寡，遇人不设城府，人自不敢欺"，意思是说厚重言寡，虽遇人不设城府，实内含威严，故令人不敢欺；也就是要求部门负责人勿轻言。威重以超越宽厚为界限，不是说不要宽厚之义，而是防止宽厚被滥用而导致的威重失衡。所谓"宽厚有余，威重不足"是指有开创新局面之雄心，而无控制局势之能力，厚重要求部门负责人勿轻浮。慎重是指慎言慎思而为，即要求部门负责人勿轻率。

"三自一包"是要求部门负责人自强、自重、自保，包终身不违纪，也就是要求部门负责人加强廉政建设，提高业务水准。

对会计部门负责人提出的另一项要求，即要打造一支队伍，强化两项管理。

"打造一支队伍"要求会计部门负责人对会计队伍更加严格，塑造会计人员正确的价值观：以会计职业道德为主线的价值观；更加关心会计人员的切身利益、精神风貌；更加支持会计人员的会计行为不断优化。

"强化两项管理"是指强化会计管理和财务管理。

大力推动优质校建设,提升干部综合素质

2017 年暑期干部培训班第四组发言稿

各位领导老师:

  大家好!

  作为第四组发言代表,本人在综合小组成员讨论内容的基础上,围绕两个方面向大会进行汇报,一是优质校建设,二是魅力型干部培养。

一、优质校建设

(一)优质校建设的轴心:提升社会服务能力

  优质校建设是当前高职院校关注的中心,其建设的轴心应在提升社会服务能力的输出成效上。有别于普通高校的社会服务专项功能,人才培养、科学研究、社会服务、文化传承都是高职院校输出社会服务能力的重要基础和生成环节,其输出成效以及造成的社会影响是推动高职院校科学发展的中轴,也是衡量学校是否优质的重要指标,更是高职教育提升社会吸引力的重要筹码。

  高职教育经历了"示范校""骨干校"建设的黄金期,软硬件环境大有改善,人才培养质量显著提高。与本科院校相比,科研是很多高职院校的薄弱环节,也导致高职院校服务区域经济和社会发展能力不足。高职院校应强化"地方性"和"职业性"优势,加强科研师资队伍建设,将科研对象、科研重点、科研目标牢牢锁定在应用研究上。高职院校应通过产教深度融合、社会培训服务、国际化办学三方面来提升社会服务能力不足的短板。

  发挥政府、学会组织的作用,为行业企业做好服务,实现校企合作双赢,这些对突破校企深度合作具有十分重要的作用。学校在校企合作方面一定要主动应对,为企业做好人才培养和科技服务,赢得企业的青睐。只有这样,才能真正赢得校企深度合作的机会。

  社会培训与职业教育本是一对"孪生兄弟",也是高职院校最直接的社会服务形式,更有可能是未来职业教育做大做强的可行性路径。

(二)以优质学校创建为契机,牢牢抓住科研和科技服务质量不放松

  强化质量意识。培训会上,上海社科院马树超教授一针见血地指出和分析了高职院校创优发展的六大误区。在优质学校创建过程中,内涵建设是学校提高核心竞争力

的必由之路。在我校发展过程中，我们要凸显科研与社会服务优势，就必须牢牢抓住科研和科技服务质量不放松，形成自身的特色和品牌，还要进一步改革科研和社会服务质量评价体系，激发内生动力。

强化科技成果转化意识。推进成果转化，让专利在服务经济发展中发挥其价值，可以对接江宁区一个街道，建立江苏海事职业技术学院科技成果转化基地，为成果转化搭建公共平台。

做好各类管理工作。按照课题分类管理原则，指导项目归口管理部门，做好相关课题的常规管理工作。

营造良好的科研氛围。定期组织学术报告会、交流会，举办科研能力辅导与讲座，提升教师科研能力，加大对影响学校竞争力与显性度的项目的奖励力度。

创新工作思路，从科研管理向科研服务转变，把服务贯穿管理始终，建立高效服务平台，提高服务质量和效率，探索创新服务新路径。

深化产学研合作，加强科技团队和载体建设。依托政府、行业和企业，集中专业、人才、技术、信息和设备等资源优势，培育优秀科技服务与创新团队和载体。

二、魅力型干部培养

此次培训班安排《魅力型号领导干部成长路径分析》的讲座，为干部培养工作指明方向，专家阐述的理念和观点朴实深刻，立意高远，尊重教育和管理规律，使参会的全体干部素养得到进一步提升。在学校事业发展中，领导干部要学会用战略思路赢得人，用正能量鼓舞人，用创新精神引领人的工作方法来推动工作；要以"优秀学校建设"为目标，树立新型的质量观，带动全校教师推动学校事业发展。魅力型领导干部成长需要一定的历程，结合目前高校干部情况实际，我们认为高校干部首先要做遵纪守法的干部。

2017年4月20日前后，中纪委网站公布多所高校领导违纪问题。造成上述状况的原因，既有世界观、人生观、价值观等方面的主观问题，也有体制机制方面的客观缺失，其中，财经纪律松弛，是诱发高校违纪违法案件的直接原因之一。我们认为，目前高校应从以下三个方面做好工作。

（一）构建责任体系，强化财经纪律执行

（1）以《大学章程》为指引，构建大学治理结构体系，逐步形成层次清晰、权责分明的现代大学治理结构。
（2）建立健全财务管理体制和运行机制。
（3）切实加强财务预算管理和经费使用绩效考评。
（4）进一步规范政府采购程序，做好国有资产管理。
（5）做好各级各类科研经费的管理与服务工作。
（6）加强财务队伍建设和加快财务管理信息化建设。

（二）建立健全监督体系，不断提高监督水平

在强化高校财经纪律执行的同时，建立"纵向到底、横向到边"的监督体系，严守"四条底线"，即法律底线、政策底线、纪律底线和道德底线，努力提高监督水平。

（1）注重财经纪律监督机制的顶层设计。
（2）进一步加强内部控制。
（3）充分发挥内部审计的监督作用。
（4）依据高等教育事业发展形势的变化，不断补充、修订和完善各项财务管理制度，提高财经制度执行力度，优化财务治理环境。
（5）有效整合高校外部监督力量。
（6）将日常性监督和专项治理结合起来，聚焦重点，注重监督效果。
（7）充分发挥社会监督作用，充分利用新媒体、自媒体，将财经纪律执行情况置于全社会的监督之下。
（8）进一步增强监督能力建设，特别是对智能化和群体性违反财经纪律行为的研究和防范要高度重视。
（9）努力建立健全严肃财经纪律的长效机制。

（三）加大追责问责力度，守住财经纪律底线

取得严肃财经纪律好效果的关键环节是加大追责问责力度。
（1）明确追责问责的范围。
（2）强化财经纪律约束与严肃责任追究。

综上，通过构建责任体系，完善与整合监督体系，加大追责问责力度，让财经纪律真正成为带电的"高压线"，以促进高等教育内涵发展、特色发展，推进高水平大学和一流学科建设，推进高等教育治理能力现代化，保障高校全面完成事业发展目标。

以上就是我们第四小组向大会汇报的主要内容，不当之处，请大家批评指正。

为优质学校创建做贡献

一、优质校概念和内涵

（一）背景

略。

（二）内涵

略。

二、优质校建设与部门"十三五"规划

优质校建设与学校"十三五"基本重合，在此期间，部门需要完成的任务包括：

（一）主要目标

（1）加快提升学院创收能力和服务社会能力，主动适应行业发展、产业升级、社会建设、民生发展的需求，加强政行企校合作，创新继续教育和社会培训工作。

（2）加强国际合作与交流，引进国际领先的教育培训理念和教学资源，充分利用校内外资源开发继续教育和社会培训项目。

（3）改革继续教育和社会培训管理制度及运行机制，鼓励各单位部门开展培训，努力实现经济效益的平稳增长，力争到2018年继续教育和社会培训年收入达到1800万元，年社会培训超过12000人次。

（4）不断提升继续教育和社会培训质量，进一步扩大学院在社会和行业的知名度和影响力。

（5）树立终身教育理念，推进各类学习型组织建设，开展全民终身学习活动，建设终身学习公共服务体系，搭建终身学习"立交桥"，构建灵活开放的终身教育体系。

（二）建设任务

1. 积极拓展培训项目

（1）开展行业培训服务。重点围绕船员培训，积极拓展培训项目，包括国际培训项目，为行业和企业开展各类项目培训，力争到2018年新增船员培训项目9项。

（2）积极承接政府部门委托的各类培训。依托政行企校四方合作发展理事会的平台，积极承接政府、行业组织的各类培训，力争每年培训300人次以上。

（3）开展社区培训服务。为周边社区的经济、文化建设提供各类培训服务，如城市职工继续教育和再就业培训、进城务工人员和社会待业青年培训等。

（4）开展"三农"培训服务。为传统农民向技能型劳动者的转变提供各类培训服务，如农村劳动力转移培训、新技术培训与推广等，帮助他们掌握在城市和非农产业就业的基本知识和职业能力。

（5）积极推进大学生再就业培训。开展各类非航海类专业专科以上毕业生的航海教育培训，引导更多高校毕业生开展二次就业。

2. 改善继续教育与培训的办学条件

不断改善继续教育与培训的办公与教学条件，建成专用培训教学楼，改善继续教育学院办公条件，将继续教育学院整体迁入10号公寓，形成融办公、教学、培训住宿为一体且相对独立的教育培训场所，打造鲜明的江苏海院继教文化，不断提升培训质量和服务能力。

3. 不断完善继续教育与培训运行机制

（1）完善《江苏海事职业技术学院继续教育与培训工作考核办法》及相关考核指标体系。

（2）理顺校内普通高等教育和继续教育与培训之间的关系，保证普通教育和社会培训达到1∶1.2。

4. 稳步推进国际合作培训

（1）与英国VIDEOTEL（唯视导）公司开展船员培训课程合作，引进国际先进的培训课程，开展船员教育与培训，提高教育培训质量。

（2）与挪威国际培训学院、上海泰华船舶管理有限公司三方合作筹建国际船员培训中心，引进国际先进的培训设施设备和师资，开展船员技能培训和适岗培训，提升我国船员在国际劳务市场的竞争力，并在此基础上，尝试招收第一批国际培训学员，为经济不发达国家培养国际船员。

（3）与新加坡海联海事学院合作开展国际海员和邮轮服务人员岗前培训。

5. 大力提升成人学历教育规模和层次

（1）与上海海事大学开展合作，拓展航海类在校生就读相关本科专业通道。

（2）不断扩大"专接本"规模，力争在2017年"专接本"在校生规模达到500人。

（3）与南京理工大学开展独立本科项目的合作，全方位解决在校学生的学历提

升需求。

（4）认真做好上海海事大学 MBA 项目的宣传和组织工作，力争在 3 年内首期开班。

三、党员如何发挥先锋模范作用

（1）增强大局意识，争做顾全大局，和谐稳定的模范。
（2）增强宗旨意识，争做求真务实，敬业争先的模范。
（3）增强创新意识，争做与时俱进，锐意进取的模范。
（4）增强责任意识，争做敢于担当，创先争优的模范。

"免费培养+定向就业"

——苏陕甘教育协作帮扶项目

2020年4月20日，习近平总书记时隔5年再次来到陕西考察当地脱贫攻坚等情况，他说："我更关心的，就是今年以后是不是能够稳定下来，是不是有一个长效的机制。"共产党人办事是求真务实的，真正让人民群众获得实实在在的好处。这是讯号，也是动员。在这样一个如此不同的春天，逐梦前行的中国，虽然遇到了前所未有的疫情挑战和压力，但是坚定的步伐未有任何犹豫和迟缓。就像习近平总书记所说："重大的历史进步都是在一些重大的灾难之后，我们这个民族就是这样在艰难困苦中历练、成长起来的。"

5年前，习近平总书记在陕西考察并主持召开了第一场脱贫攻坚座谈会。他说："我们实现第一个百年奋斗目标、全面建成小康社会，没有老区的全面小康，特别是没有老区贫困人口脱贫致富，那是不完整的。"为深入贯彻习近平总书记关于动员全党全社会力量攻克深度贫困堡垒、坚决打赢交通运输领域脱贫攻坚战的重要讲话精神，交通运输部海事局推动甘肃省六盘山片区40个国家级贫困县开展海员培养精准扶贫工作。同时，也拉开了江苏海事学院继续教育学院精准扶贫工作的序幕。开展海员职业技能培训是深入贯彻落实《国家职业教育改革实施方案》的文件精神，有利于贫困地区人民就业脱贫，也是发展壮大海员队伍，助力交通强国建设的具体举措。

一、项目背景

甘肃省六盘山片区是交通运输部第七对口帮扶工作组的结对帮扶对象，也是脱贫攻坚的主战场。在部党组的坚强领导下，在江苏海事职业技术学院的大力推动下，交通运输部第七结对帮扶工作组赴甘肃省六盘山片区开展专题调研，提出6个方面的加强，其中有一项是"加强对片区贫困区县海事工作的指导"，推进船员招募计划，拟招募20名贫困群众免费提供船员培训，实现"培养一个海员，致富两个家庭"的示范效应。根据交通运输部第七结对帮扶工作组的工作计划，积极鼓励和支持校企合作，推动首次在六盘山片区有组织地开展全免费海员培养精准扶贫工作，选定江苏海事职业技术学院继续教育学院（该学院也愿意承担，以下简称"江苏海院"）作为"海员培养扶智班"的培养示范基地，选定招商局南京油运股份有限公司（该公司也愿意承担，以下简称"南京油运"）作为"海员培养扶智班"的就业示范基地。

二、实施过程

（一）开班准备工作

交通部海事局高度重视开班前准备工作。2019年3月初，交通部海事局联合江苏海院顺利完成前期精准扶贫招生宣传视频、招生简章等招生宣传资料，并由甘肃水运局代为招生宣传。在交通部海事局的领导下，江苏海院多次召开第1期精准扶贫开班前的准备工作专题会，制定了详细的接站流程、食宿安排、信息采集、健康体检、教学安排等开班准备工作。

（二）第1期"海员职业技能"培训班初见成效，效果明显

2019年4月23日，第1期交通运输部海事局支持甘肃省六盘山片区精准扶贫——"海员职业技能"培训班在南京江苏海院如期开班，交通部海事局孙有恒巡视员和孙大斌处长出席了开班仪式。

本期共招收14名学员，由江苏海院提供来回交通费、免培训费用、免住宿费、发放伙食费等，学员个人不用出一分钱。继续教育学院安排专人对14名学员详细讲解海员培训注意事项，并适时安排海员专业合格证的考试评估与安排适任证书考试评估。江苏海院结合14名学员学习经历与英语应用水平安排优秀教师进行个性化教学。除1人因身体原因退出，13名学员于2019年7月29日顺利结业并通过了甲类值班水手或值班机工的考试和评估。这13人已全部由南京油运接收、签订了劳动合同并进行油化船特殊培训，目前已安排多人上船见习工作。本期精准扶贫初见成效，为"培养一个海员，致富两个家庭"的示范效应打下了坚实的基础。

（三）第2期"海员职业技能"培训班示范引领彰显，意义深远

2019年9月12日，第2期交通运输部海事局支持甘肃省六盘山片区精准扶贫——"海员职业技能"培训班正式开班报到，本期共有29名新学员。选择"海员职业技能"培训精准扶贫发展平台，选择从事海员这一光荣而又伟大的职业，选择通过自己的勤奋和努力走出大山，脱贫致富，报效家乡，报效祖国，未来必将为坚决打赢脱贫攻坚战做到有力的示范宣传，也必将为我国海员队伍的持续健康发展注入新的活力和新的希望。江苏海院继续学院为该班学员提供全免费培训，南京油运公司接收并安排上船实习。

三、政企校联动：扶贫、扶智

苏陕甘教育协作帮扶项目，充分体现了以政府政策为导向、航运企业提供就业机

会、学校提供教育服务平台的政企校联动机制,是深入贯彻落实《国家职业教育改革实施方案》的创新举措。江苏海院立足实际,认真贯彻落实习近平总书记关于精准扶贫工作的重要论述,特别是在重庆考察时的重要讲话精神,脱贫攻坚"两不愁三保障"的一项重要举措,充分发挥政校企合作,推动"海员职业技能"培训项目更具实效、更具生命力,将"交通强国,海运强国"落到实处。

扶贫更需要扶智,"精准扶贫+海员职业技能培训"符合当前坚持中国制度优势,注重六个精准,坚持分类施策,因人因地施策,因贫困原因施策,因贫困类型施策,通过扶持生产和就业发展一批,通过易地搬迁安置一批,通过生态保护脱贫一批,通过教育扶贫脱贫一批,通过低保政策兜底一批,广泛动员全社会力量参与扶贫。

四、总结与展望

在交通运输部海事局统一部署指导之下,江苏海事学院继续教育学院圆满完成两期培训的各项工作,努力让扶贫善举之花开得更加鲜艳,结出更加丰硕的成果。下一步具体工作如下:

(1) 保持与交通部海事局的沟通,及时与相关单位和部门联系落实部局的要求,做好各项工作的衔接,第一时间完成各项工作,并做好宣传报道;

(2) 及时完成培训班报备,适时安排海员专业合格证的考试评估,培训结束时及时安排适任证书考试评估;

(3) 及时完成培训班学员的证书签发工作,包括船员服务簿、海员专业培训合格证、海员证;

(4) 继续教育学院做好优质服务,在学员参加特殊培训和考试评估后及时完成特殊培训合格证的签发工作;

(5) 强化与南京油运紧密合作,确保圆满完成任务。

在继续教育学院 2019 年全体学生大会上的讲话

各位领导、各位老师、亲爱的同学们：

大家下午好！

今天我们在这里隆重举行继续教育学院全体学生大会暨 2019 年度表彰大会，首先我谨代表继续教育学院所有教职工对 2019 级 175 名新同学的到来表示热烈欢迎，对刚才受到表彰的同学表示衷心的祝贺。

同学们，2019 年是我院各项事业快速发展的一年，在校党委的正确领导下，我院师生深入贯彻学习习近平新时代中国特色社会主义思想，以服务为宗旨，以人才培养为中心，大力推进思想政治教育，按照"重在服务、重在创新、重在育人"的总要求，我院在学生教育、管理、服务等方面做了大量扎实而富有成效的工作。下面我就 2019 年主要的学生工作做简单汇报。

2019 年，继续教育学院的学生工作在学院党总支的指引下，结合部门实际，在全院师生的共同努力下，我院学生思想政治教育、社会实践、志愿服务、校园文化建设等工作在学院实现跨越式发展过程中取得了长足的进步。

一是改进并加强学生党建和思想政治教育工作，全面提升学生思想政治素质。我院团总支积极开展学习贯彻党的十九大精神、"我的中国梦""社会主义核心价值观宣贯"等活动，坚定广大团员青年的理想信念。把思想引领作为第一任务，高度关注网络新媒体发展趋势，抓住雷锋月、五四、七一、十一等重大节日契机，开展"我的青春我的团"等主题团日、主题教育活动，进一步增强青年学生深化改革推动发展的使命感、责任感。选拔优秀的学生参加校青年马克思主义培训班，将培训班真正纳入大学生发展党员的重要环节，用马克思主义中国化的最新理论成果武装青年骨干的头脑。将青年学生的思想和行动统一到学习工作中。开展"信仰公开课"促进广大团员青年通过具体实践将信仰落实为行动自觉，以"知"促"行"，以"行"促"知"，化知识为德性，化德性为德行，做到"心中有阳光、脚下有力量"。2018 级 110 多名同学在入校之初便接受了入党启蒙教育，今年顺利完成了 2018 级入党积极分子暨学生干部培训班，使学生对党的理论有了更深的认识，理论水平有所提升，思想境界也得到提升。

二是开展主题教育活动，增强学生思想政治工作实效。继续教育学院团总支注重学生的德智体美劳全面发展。在我院制定的"技能+学历"教育学生技能优、语言美、行为美、心灵美"一优三美"培养体系下，我院团总支积极开展各类文体活动，提升学生的综合素质。通过开展"团学活动进课堂，教学改革促成长"主题活动，将各种专业技能比赛放入课堂，使学生把理论学习转化为实践技能，提升专业技能。在心理健康月手语操比赛中，我院学生积极参与并刻苦训练，最终获得了校手语操大赛一等奖;在2019年校田径运动会上,我院学生获得男子四百米第二名、男子二百米第六名、女子八百米第八名、女生三级跳远第六名;在2019年校足球联赛中取得第三名。

发挥专业技术特色,结合志愿服务基地,突显共青团的主体地位,深入基层,扎实开展青年志愿者工作。通过雷锋月清扫江宁客运站、手绘雷锋宣传海报等活动,不断增强青年学生的能力素质、技能水平,激发青年的无限潜力。

打造品牌项目,弘扬传统文化。在清明节和端午节两个传统节日中,团总支组织学生干部带领孟加拉培训船员一起做青团、包粽子,在活动中让学生更加了解中国传统文化。

三是贴近学生实际,加强团的组织建设,夯实团的工作基础。基层组织建设是共青团的重点工作。以"青年马克思主义者培养工程"为抓手,加大对学生骨干的培养力度,切实提高大学生骨干、团干部、青年学生的思想政治素质和管理创新能力。以实施"红网工程"为平台,改进和加强青年在线、学生会网站建设,充分发挥互联网的思想教育功能,形成网上网下"两线作战、联动并进"的工作转型。

回首即将过去的一年,我院学生工作取得了不错的成绩,绝大多数同学都能努力学习文化知识和专业技能,锻炼提高自身素质,受表彰奖励的同学就是其中的突出代表。今天我们大力表彰获奖同学,既是对他们的肯定和鼓励,也是为了激励全体同学像他们那样对待学习、对待生活,全面提升个人素质。希望获得表彰的同学珍惜荣誉,再接再厉,取得更大的进步和成绩。也希望其他同学以获奖同学为榜样,见贤思齐,努力学习,积极上进,争当优秀学生。

借此机会,我也代表老师向全体新同学提出几点希望与要求。

不负历史使命,增强勇担时代重任的意识。在刚刚过去的全国教育大会上,习近平总书记强调青年学生要在坚定理想信念上下功夫,树立共产主义远大理想和中国特色社会主义共同理想,增强中国特色社会主义道路自信、理论自信、制度自信、文化自信,立志肩负起民族复兴的时代重任。青年兴则国家兴,青年强则国家强,青年一代有理想、有本领、有担当,国家就有前途,民族就有希望。同学们,你们是"两个一百年"奋斗目标的见证者,是实现中国梦和社会主义现代化强国建设的参与者。十九大的号角已吹响,时代在召唤,在座的各位同学要不负历史使命,勇担时代重任。以永不懈怠的精神状态和一往无前的奋斗姿态,时刻准备着为实现中华民族伟大复兴的中国梦贡献青春的智慧和力量。

不负家庭期望,培养勇担社会责任的能力。你们承载着父母的希望,家庭的未来,你们的岁月静好是因为父母在为你们负重前行。希望你们用奋斗回馈父母,不负家庭期望,用奉献回馈社会,勇担社会责任;用社会主义核心价值观引领家庭文明建设,锤炼个人品德,书写家庭美德,遵守职业道德,弘扬社会公德,培养承担社会责任的能力。

不负青春韶华,践行使命担当能力。"大鹏一日随风起,扶摇直上九万里。"生活不能任性,青春无法重来。人生必须精彩,超越永无止境。人的一生只有一次青春。现在,青春是用来奋斗的;将来,青春是用来回忆的。希望你们珍惜来之不易的

学习机会，潜下心来学习本领，沉下性子锤炼气质，恒下心来创造未来，努力让自己的人生更有活力，更有实力，更有质量！

同学们，希望与挑战并存，为迎接挑战，收获希望，作为新时代的青年大学生，我希望大家时刻不要忘记自己的学生身份，做好学生的本职工作。

首先，创立一种刻苦学习的学风。知识是一个积累的过程。任何事业的成功都离不开"认真"二字，认认真真读书，认认真真上课，认认真真做作业。大家能感受到学校的变化、宁静的校园、安静的教室、明亮的灯光下孜孜以求的莘莘学子，这就是校园最美丽的风景。

其次，创设一个文明的环境。说文明话，做文明事。每个班级都是学校的缩影，每个学生都代表学校的形象，每个校园都代表学校风貌，只有人人做到文明有序，我们的校园才会让每位老师、同学感到舒适、安全、和谐。

同学们，时代召唤青年，青年创造未来，美好的明天需要我们自己去创造。希望你们把勤奋学习作为人生进步的重要阶梯，把奉献社会作为不懈追求的优良品格，用青春、智慧和汗水谱写更加壮丽的人生华章！

最后，祝愿各位老师身体健康，工作顺利！祝各位同学学业进步，心想事成！谢谢大家。

服务终身教育体系建设，
助力职业生涯人人出彩

——继续教育学院直属党支部换届工作报告

2018—2019年，继续教育学院直属党支部紧密围绕学校党委和行政工作重点及部门中心工作，深入学习贯彻党的十九大和十九届四中全会精神、习近平新时代中国特色社会主义思想，切实履行全面从严治党主体责任，落实立德树人根本任务，充分发挥党组织的政治核心、战斗堡垒、监督保障作用，服务终身教育体系建设、服务学员专业技能和学历再提升，为学校成功被评为国家优质高职校、江苏省高水平院校建设单位和国家"双高"计划建设单位做出了积极贡献。现将两年来的工作报告如下。

一、以核心促中心，扎实推进中心工作提质增效

继续教育学院直属党支部始终坚持把充分发挥政治核心作用作为激励部门中心工作任务完成的重要手段。两年实现开班260期，培训收入超4100万元，部门重点工作目标任务全面超额完成。

（一）航海类培训优势稳步提升

2018—2019年间，实现航海类培训项目进一步扩充，新增高级值班水手、高级值班机工、内河客船船员特殊培训等项目。高级船员及普通船员的培训规模稳步提升，培训船员超2万人次。

（二）非航海类培训市场逐步开拓

着力推进各专业群高端培训项目的申报和建设。主要项目包括引航员船舶引航技术提升培训班、江苏省船舶检验局首届船舶检修检测服务人员培训、"远望号测量船"电子电气设备技能培训班等。6个二级学院的专业群已经初步形成了服务地方的机制。

（三）学历教育立交桥体系扎实构建

按照"学历与技能并拓"发展方向，加强学历继续教育的研究及体系构建。函授专科规模显著扩大，2019年，专接本招生264人，自考助学招生132人，函授专升本招生40人，专转本招生582人，专升硕招生3人，7名学生就读澳洲南十字星大

学,实现学历提升项目招生人数在全校非航海类毕业生中占比36%。

(四) 国际交流合作深入推进

坚持"国内国外并拓"进一步加强国际合作交流,顺利通过巴拿马海事局船员教育和培训质量管理体系审核暨普通船员培训项目课程认证,共计培训外籍船员180人;加强与国际知名航运培训机构马士基的合作交流,学校成为全国首家马士基(中国)培训中心;积极推进与澳洲南十字星大学的合作办学,先后成立江苏海事职业技术学院澳洲南十字星大学(专升硕)项目江苏培训中心和江苏海事职业技术学院南十字星澳大利亚语言考试中心,为我校12名同学提供了专科升硕士的留学机会。

(五) 服务国家战略和区域发展能力显著增强

贯彻落实国家精准扶贫政策,与延安职业技术学院持续开展对口支援,签订了《帮扶合作备忘录》;先后完成交通运输部海事局支持甘肃省六盘山片区精准扶贫——"海员职业技能"培训班2期,共培养船员42人,全部推荐到南京油运公司工作。

积极响应地方各行业的需求,组织3期渔转海高级船员培训,200多名转业退伍军人航海职业培训、江苏海警人员培训3期、海上风电船员基本培训若干期。

大力推进社区服务工作,先后为淳化街道各社区开展讲座与实践相结合的培训服务4次,培训人数515人,为江宁青龙、河北、民主等6个社区139名青少年开展了4期夏令营、秋令营、冬令营活动,为大学城社区网格员开展2期素质拓展训练活动。

两年来,部门先后多次获得中国高职院校"服务贡献50强""国际影响力50强""江苏省优秀成人继续教育院校""最受欢迎的航海培训机构""2019年中国最具社会影响力高校"等称号,获得第十届全省校园廉洁文化周高校网络新媒体类一等奖、2018年度江苏省教育工委最佳党日活动优胜奖。

二、以教育扬模范,严肃政治生活,提升组织凝聚力

直属党支部以加强党员教育管理为抓手,严格落实党内民主生活制度,严肃开展党内政治生活,充分发挥党员的先锋模范作用,实现基层党组织凝聚力和战斗力不断增强。

着力加强意识形态领导管理工作,加强师德师风建设和新时代公民道德建设、爱国主义教育。举行意识形态工作专题会议4次。各类内部印刷品和网站近200篇通信报道无意识形态问题。

"不忘初心,牢记使命"主题教育期间,直属党支部共召开3次专题会议,组织集中学习10个半天;研讨"八个专题"4次,开展"三问"讨论6次;组织党员干

部学习周恩来、赵亚夫、王继才精神3次;组织各支部开展"四重四亮"活动;开展中层干部调查研究,讲专题党课3次;开展"三听两问",梳理汇总反映集中的各类意见建议;班子成员按照"四个对照"和"四个找一找"要求进行检视反思,列出个人问题清单和整改措施;完成专题民主生活会、专题组织生活会和民主评议党员;主题教育党员覆盖率100%。

三、以规范促成效,全面推进支部六个建设齐头并进

直属党支部按照党要管党、全面从严治党要求,以党的政治建设为统领,全面推进党的思想建设、组织建设、作风建设、纪律建设,把制度建设贯穿其中,深入推进党风廉政建设,充分发挥和体现了基层党组织的战斗堡垒作用。

(一)明确党的政治建设为先不动摇

坚持把政治建设摆在首位。严明政治纪律和政治规矩,确保全体党员干部自觉遵守党的政治纪律,坚定不移贯彻落实各项重大决策部署。坚决维护习近平总书记核心地位,维护党中央权威和集中统一领导。充分发挥党支部的战斗堡垒作用,团结带领职工增强"四个意识"、坚定"四个自信"、做到"两个维护",严格执行新形势下党内政治生活若干准则,营造内部风清气正的政治氛围和干事创业的进取精神。

严格执行新形势下党内政治生活若干准则,规范落实"三会一课"制度和民主生活会、组织生活会制度。2年来共开展中心组学习22次、总支会议40余次、扩大会议4次。

(二)加强理论武装和思想建设不放松

认真参加学校组织的各项专题学习和政治理论学习,及时上交各类学习心得等材料。重视部门内部理论学习的组织开展,组织党员认真学习党的十九大和十九届四中全会精神及新党章、习近平治国理政新理念等重要会议与文件精神,共计开展教职工和党员学习24次。认真做好教职工及学生的思想政治工作,召开教职工座谈会及学员座谈会共6次,开展主题教育活动超过11次。

以年度主题教育为抓手,分别从党的建设、业务工作、思想政治、党风廉政等方面认真组织教职工学习,学思用结合,努力提高服务学校事业发展的能力。两年来部门教职工公开发表论文18篇,在研省哲学社会科学界联合会课题1项,省高校哲学社科项目3项,省社科应用研究精品工程课题结题1项。

(三)完善党的组织建设更全面

直属党支部班子成员分工明确,职责分明,较好地发挥了各自的作用。重视支部

书记及副科级以上干部的培养，严格按照《继续教育学院党员干部教育管理规定》加强对党员干部教育培养，通过人员培养不断规范党员发展程序，重视积极分子培养，认真开展入党启蒙教育和积极分子培训班，不断提升党员素质。修订《继续教育学院党政共同负责制度》，制定并修订《继续教育学院党支部建设标准》。

（四）推进党的作风和纪律建设不懈怠

班子及全体党员严格遵守党的纪律和学校相关纪律规定，认真落实校党委作风建设规定，严格执行学校《党委领导班子成员改进作风，密切联系群众十项规定》《加强干部纪律，改进干部作风的若干规定》等文件要求，将各项规定落实到日常工作中。紧盯中秋、国庆、元旦和春节等关键时间节点，强化监督工作，组织开展节日期间作风纪律监督检查，坚决纠正"四风"问题。

（五）深化党的制度建设更扎实

直属党支部一贯重视制度建设和制度遵守，加强党政联席会议制度，严格执行"三重一大"集体决策制度，以制度管权、管事、管人。制定《继续教育学院落实党政共同负责制若干规定》，研究部门重大事项和决策关系部门发展的重大问题和要害问题必须经党政联席会议研究决定，两年共召开党政联席会20余次，解决了党建工作与教学、管理相脱离的"两张皮"问题，对院长作为行政负责人在职责范围内独立负责开展工作形成了强有力的支持和保障，确保行政工作有序高效开展。严格执行《继续教育学院党支部建设标准》，两年来直属党支部委员会共计召开会议超过20次，完成组织生活会2次。

（六）筑牢党风廉政阵地向前移

直属党支部班子着力推进党风廉政建设，两年共进行党风廉政教育8次，领导干部为全体教职工讲廉政专题党课2次，为大学生讲廉政教育党课4次，组织开展专题警示教育活动2次，组织专题研究会议4次。纪检委员参加校纪委办组织培训2次，部门中层及以上干部参加省党风廉政警示教育活动2次，部门中层集中观看学习内部警示教育片2次。排查重点防控廉政风险点4条，采取6条措施进行整改。

四、以协同求创新，实现党政工团全面协调发展

（一）领导推动党支部工作提质增效

选强配强基层组织双带头人，严格执行继续教育学院基层党支部建设标准。指导支部组织生活会和民主评议党员，教工支部获学校2019年七一表彰"先进党支部"

荣誉称号。指导学生支部在学生中开展入党启蒙及积极分子培养工作。创新性推行在高级船员培训学员中建立临时党支部，两年开展社会培训船员党课6次。

（二）重视支持工会工作落到实处

直属党支部一贯重视和支持二级教代会工作，严格按照规定组织召开二级教代会，对教职工（代表）的提案进行认真落实。2年来，先后9次对部门患有较为严重疾病的教职工进行了慰问，帮助部门所有家中有18周岁以下子女的教职工办理了子女意外、疾病保险，组织了安康杯安全生产竞赛活动，举行了4次质量体系宣贯学习。

（三）深入指导团学工作树德育人

直属党支部指导团总支和学生会开展了雷锋月系列活动、江宁客运站义务清扫活动、宿舍文化月、心理健康月活动、防艾教育、诚信教育、安全教育、新生入学教育、法制教育等。重视辅导员及学生干部培养，定期召开辅导员、班主任工作例会就学生主要问题进行探讨。顺利完成了3期入党积极分子暨学生干部培训班。"阳春三月话雷锋"志愿服务活动获得十佳品牌荣誉称号，汤天意等同学被评选为"优秀志愿者"，王子怡等10名同学被评为"优秀共青团员"，金专婷等6名同学被评为"优秀共青团干"。

五、存在的问题和不足

（1）学校重视继续教育与培训工作发展的意识有待提升。继续教育与培训工作是国民教育的重要组成部分也是与高校发挥社会服务职能的窗口，学校目前自上而下重视继续教育与培训工作发展的氛围仍需进一步营造，认为继续教育与培训工作可办可不办，甚至当作负担的意识和现象仍然存在，导致继续教育与培训工作安排衔接不顺畅，阻碍其健康发展。

（2）继续教育与培训体制机制建设有待进一步创新和激活。班子对继续教育与培训工作的运行机制进行了有益的探索，已经出台了一系列规定和制度激励各二级学院重视和发展继续教育，但由于种种原因，相关政策在实际工作中落实不够，导致继续教育与培训在规模不断扩大的情况下依然面临师资、教室、宿舍、费用等方面的约束，在一定程度上阻碍了继教工作的良性发展，影响了团队的工作积极性，继续教育体制机制的完善和真正落地有待进一步深化。

（3）基层党组织及班子自身建设有待进一步加强。直属党支部班子在两年的工作中，各方面都取得了较为优异的成绩。在工作面临的困难和任务面前，基层党组织的作用有待进一步发挥，班子成员的自身建设有待进一步加强，在思想政治意识、学习意识、市场开拓及业务能力提升等方面都需要进一步强化。

六、未来的工作打算和努力方向

（一）指导思想

深入贯彻落实党的十九大和十九届四中全会精神，紧密围绕学校"双高"计划建设方案的要求，深入贯彻以人为本、终身教育和学习的理念，力争实现"为全民终身学习更便捷，让校友人人出彩更圆满"的发展使命。

（二）发展目标

未来三年，党建目标为"全面建成样板直属党支部"；事业发展总目标为"站稳'双高'学校建设单位航海类第一、江苏省高职院校继续教育前五"。

（三）全面加强党的建设

根据第三次党代会提出"八三六"具体举措中的"六大建设"，直属党支部将在今后的工作中持之以恒坚持从严治党，以党的十九大报告为指引，全面加强党的建设。

（1）加强政治建设。坚持正确的政治方向，继续大力宣传十九大和十九届四中全会精神、习近平新时代中国特色社会主义思想。继续充分发挥党支部的战斗堡垒作用，团结带领职工增强"四个意识"、坚定"四个自信"、做到"两个维护"，严格遵守政治纪律和政治规矩，继续执行民主集中制各项制度，坚决贯彻党政共同负责制，严格执行新形势下党内政治生活若干准则，营造内部风清气正的政治氛围和干事创业的进取精神。

（2）提升理论武装和思想建设。持续推进新思想进校园、进课堂、进头脑，推动党的创新理论落地生根。着力抓好直属党支部中心组学习制度，严肃党内政治生活，发展积极健康的党内政治文化。巩固拓展"不忘初心、牢记使命"主题教育成果，建立健全习近平新时代中国特色社会主义思想学习教育长效机制。在师生员工中深入开展"中国梦""海院梦"等主题教育活动，推广使用"学习强国"学习平台。

（3）健全制度建设。迅速适应学校党组织调整，以教育部高校党组织"对标争先"建设计划、省委基层党建"五聚焦五落实"三年行动计划和高校党支部建设"提质增效"三年行动计划为抓手，对照高校党委基层党建工作责任清单，提升基层党组织的组织力，推进党支部标准化建设。进一步落实《江苏省普通高校院（系）党组织工作标准》要求，完善二级学院党政共同负责制，全面实施党政领导干部交叉任职、党政主要负责人重大事项"双签"制度。进一步加强统战工作，改进校友工作。继续推行在短期培训学员中建立临时支部。

（4）强化作风纪律和党风廉政建设。切实落实中央关于改进工作作风、密切联系群众"八项规定"、省委十项规定和学校贯彻落实上述规定的实施办法,严肃整治"四风"问题。认真落实党风廉政建设"一岗双责"制,加强对学校党委决策部署贯彻执行情况的监督检查,加强部门内部执行党风廉政和廉洁自律情况自查,定期开展岗位廉洁教育和警示教育。仔细梳理分解对实际工作中的廉政风险点,建立防控措施。积极配合学校纪检监察、巡视巡察和审计监督,从严从实抓好巡视、审计发现问题的整改。强化党风廉政建设宣传教育,注重宣扬正面勤廉典范。

(5) 深化组织建设。结合《新时代江苏高校党支部建设"提质增效"三年行动计划建设考核办法》修订直属党支部建设标准。加强对入党积极分子的培养,指导积极分子向党组织靠拢,面向社会培训船员上党课。继续为社区居民开展培训服务,面向中小学开展航海文化营活动。组织党员为新生开展继续教育现场咨询及系列讲座活动,帮助新生树立终身学习理念。扎实指导群团工作,定期举行群团工作专题会议,做好教师及学生的团结教育工作。

(四) 实施"八项计划"和"三争"路径

略。

在未来的工作中,继续教育学院直属党支部将团结带领全体干部职工,进一步提高党建和思想政治工作水平,坚持正确的发展方向,促进继教工作快速健康发展,构建完善职教体系,提升社会服务能力,确保年度重点工作的达成度符合规划,为"双高"任务目标和各项年度重点工作保质保量地完成提供强有力的思想保障、组织保障和政治保障,实现党对继续教育工作领导能力的全面提升。确保到2023年全面建成样板党支部,圆满完成第三次党代会实施方案和"双高"计划建设的任务目标!

以船员为中心，共同打造服务船员的"江苏品牌"

——继续教育学院直属党支部与江苏海事局船员管理处党支部结对共建

为了全面加强新时代基层党支部建设，推进样板党支部建设，继续教育学院直属党支部经过精心筹备，决定与江苏海事局船员管理处党支部开展结对共建，并于2020年6月30日举行了结对共建签约仪式。签约仪式由继续教育学院直属党支部书记袁昌富主持，江苏海事局船员管理处党支部书记、处长唐春晖带领支部全体党员出席会议，继续教育学院直属党支部党员全体参加会议。

结对共建活动为加强两个党支部党建工作提供了良好的平台，双方通过共建取长补短，相互学习先进的党支部管理思想与理念，有效提升党员干部的工作能力和政治素养，促进中心工作全面高质量完成。通过结对共建活动：一是对标，从标准规范上促进双方支部共建；二是共享，充分利用各种资源互通共享；三是共建，共同提升党支部党建能力。

支部结对共建活动的主要目的包括着力打造幸福船员品牌，发挥双方优势，进一步维护广大船员的合法权益，共同为船员提供优质服务。

结对共建活动是双方党支部互相学习、总结提升党建工作的一个良好契机，双方将充分利用这个平台，在增强党建工作意识、丰富党建活动内涵、拓展工作视野等方面，以党建为引领，在工作和生活中进行深度交流，彼此加深了解，协同促进共同业务的发展，努力实现双赢局面。

双方有着共同的服务对象和业务特色，为结对共建提供了坚实的基础。通过结对共建活动，进一步增强党建工作的针对性和实效性，充分发挥基层党组织的战斗堡垒作用和共产党员的先锋模范作用，推动各项工作创先争优。

签署结对共建协议书，标志着船员管理处党支部和继续教育学院直属党支部共建活动正式拉开帷幕，也标志着双方在构建资源共享、优势互补、共同提高的党建工作新格局方面迈出了新的重要一步。

中美关系是国际关系的重要组成部分，广大船员是利益的直接攸关方。活动安排了"在坚定'四个自信'中把握中美关系的走向"的党课。内容从把握五种世界走向趋势、中美关系历史回顾、中美关系发展的核心要素、中美关系未来走向等四个方面，深入剖析了中美贸易战的本质，阐述了面对百年未遇的大变局，面对日益复杂严峻的国际形势，坚定"四个自信"，做到"两个维护"，办好中国自己事情的必要性、重要性和紧迫性。"四个自信"是我国应对复杂中美关系的思想基础和实力基础。全体党员一要统一思想，万众一心，紧紧团结在以习近平同志为核心的党中央周围；二要客观冷静认识到与美方综合实力的差距，既要发挥自身优势，也要找到适合应对美方的方法和策略；三要把握机会促进自身改革，努力壮大自身实力。党课内容引发了大家的深刻思考，党员们纷纷表示，通过此次党课，更加认清了国际形势的严峻复杂，作为一名党员，要勇于直面外部挑战，勇于开拓创新，扎扎实实做好教育工作，为打破美国对中国的遏制，应对"科技冷战"做出自己的贡献。

主题党课"以船员为中心"，从响应号召、幸福船员、疫情防控、谋划未来等四个方面分析了江苏船员为地方经济发展做出的突出贡献和重大意义，"幸福船员"工程实施情况，疫情期间江苏海事局抓紧抓实防控工作，努力为船员排忧解难的工作举措。一直以来，船员为保障全球供应链和世界经济发展都贡献着巨大能量，特别是今年全球疫情大背景下，为复工复产和经济恢复做出了突出贡献，应当切实关注和解决好海员关心的问题，保障和维护海员的合法权益，大力支持航运业复工复产，支持船员队伍发展，大力营造全社会尊重船员、关心船员、关爱船员的良好氛围，为船员队伍的发展创造优良环境。

本次结对共建活动的重要成果之一是：江苏海事局船员管理处和继续教育学院形成了以船员为中心的共同价值理念，将共同打造服务船员的"江苏品牌"，传播"中国声音"。双方党支部将以本次签约仪式为起点，继续本着"以共建促党建，以共建促了解，以共建促互补，以共建促发展"的原则，围绕"以船员为中心"的工作目标，进一步发挥党支部的战斗堡垒作用，突显党员的先锋模范作用，在结对共建的征程中，全面合作将更加紧密、深入地向前推进，党建互促互进的政治优势将更好地转化为发展优势和为人才培养、服务船员的实际行动，共同在新时代的长征路上取得新成效，新进展，新胜利！

战疫情，促发展，船员教育再出发
——政校联动　科学谋划　共促船员线上培训

一、引言

2020年春节，一场突如其来的疫情席卷了华夏大地，全国人民在党中央的领导下，开始了一场针对新型冠状病毒感染肺炎疫情的全面阻击战。江苏海事职业技术学院深入贯彻习近平总书记关于坚决打赢疫情防控阻击战的系列重要指示精神，坚决落实中央应对疫情工作领导小组会议部署，根据教育部有关在疫情防控期间"停课不停教，停课不停学"的精神，根据《中华人民共和国海事局关于明确新冠肺炎疫情防控期间开展船员线上培训有关事项的通知》及《中华人民共和国海事局关于新冠肺炎疫情常态化防控形势下船员管理有关事宜的公告》（2020年第8号）的文件精神，开展船员线上培训工作，助力航运企业复工复产。

二、主管机关

疫情期间，国家海事局、江苏海事局分别就疫情期间船员线上培训制定管理办法，并对辖区培训机构进行重点宣贯，为确保船员线上培训工作规范有序进行、提升船员培训质量提供了理论依据。江苏海事职业技术学院继续教育学院组织船员线上培训遵循依法合规原则，培训和考核均满足相关法律法规和技术规范要求，得到江苏海事局和航运企业的高度赞誉。江苏海事学院在船员线上培训工作中，通过建立身份核查、考勤管理、教学互动、随堂考核、学员评价、结业考试、记录追溯等制度，强化对船员线上培训的过程管理，提高培训和考核的科学性、规范性，保证教学质量。在船员线上培训开班前，专人对线上培训平台、培训组织等提前进行测试和准备。船员线上培训课程，严格遵守主管机关颁布的培训大纲，并组织二级教学单位针对线上培训、平台特点进行课程设计，形成相关材料，在开班前向江苏海事局提出开班申请，经海事机构确认后再开展线上培训。

三、江苏海事学院

江苏海事职业技术学院根据疫情期间线上教学实际情况，制定《江苏海事职业技术学院在线教学管理办法》及《开展在线教学的组织实施流程和相关要求》。

线上培训课程内容涵盖课程相应领域的基本知识、基本概念、基本原理、基本方法、基本技能、典型案例、综合应用、前沿专题、热点问题等，具有科学性、系统性、先进性、规范性等特征。在线课程符合在线课程国家标准及国家海事局船员培训考试大纲要求，课程资源至少包括按照知识点提供的视频、课程介绍、教学大纲、教学进程、试题库、教案或演示文稿、作业等，还可包括重点难点指导、参考资料目录、案例库、专题讲座库、素材资源库等内容。教学单位重视在线课程建设，鼓励教师建设在线课程，并为其提供必要支持；积极推广翻转课堂、混合式教学模式。继续教育学院充分利用管理平台加强对线上课程的管理、抽查、在线督导，形成线上培训督导周报。

四、线上教学实施过程

（一）高度重视，加强领导

为了体现对船员线上培训的重视，继续教育学院直属党支部精心筹划，先后举办了引航员知识更新线上培训班、船员适任证书、知识更新线上培训班等3次特别的开班仪式。江苏海事局副局长王秀峰、船员处处长唐春晖，考试中心主任高革人，南京海事局副局长王爱春及学校副校长陈晓琴、直属党支部书记袁昌富、院长王松明和航海技术学院、机电学院领导等先后通过腾讯会议平台在线出席开班仪式并致辞。

江苏海事局副局长王秀峰、船员处副处长雷兴中、考试中心主任高革人等领导多次到我校调研船员线上线下培训教学情况。

（二）突出重点，压实责任

由于首次开办船员线上培训，没有先例和经验可以借鉴，继续教育学院教学办、学管办等科室在党政班子的正确领导下，积极探索，攻坚克难，在时间紧、任务重、难度大的情况下，高质量完成了教学计划、教学课表和教学资源的设计和准备，对授课教室设备进行了充分调试，确保监控、摄像、电脑手机客户端等现场教学软硬件设备运行正常，全体任课教师经过突击学习，能够熟练运用腾讯课堂、职教云等软件，全程运用在线平台进行学员签到、课程授课、课堂练习和师生互动，并在课后通过微信群、QQ群等渠道及时解决学员学习上的问题，给予在线答疑辅导，每天上、下午对当天上课内容不定时各进行1次及以上的线上测试。根据受培训学员的反馈，培训出勤率高，学习氛围浓厚，管控和要求严格，各门课程教学内容充实，结合实操视频、动画和案例分析，对知识的理解和掌握更加深入，课堂互动情况良好，教学质量满意度接近100%。同时，使用录播教室对整个教学过程进行了全程监控和录像，一是便于主管机构反馈检查；二是保存资料便于后期总结反思，进一步提高教学实效。

（三）加强监督，闭环检查

在教学准备程序上，继教院领导班子定期集中开会讨论开班的可行性，提出问

题,分析困难,由书记和院长分解任务,由教师党员进行分组认领任务,重新构建培训信息发布平台,通过公众号、校园网、企业微信群等平台让船员第一时间了解培训项目,通过大数据分析,掌握船员培训需求。

(四) 联防联控,同向偕行

继续教育学院直属党支部提升政治站位,积极协调任课教师,解决实际困难,在学校各部门的积极配合和支持下严格落实政府和学校的防疫要求。直属党支部全体党员发挥模范先锋作用,积极配合任课教师,教学过程正常有序管控得力,体现了高度的责任心和出色的组织协调能力。

五、船员线上培训成果梳理

(一) 总结推广培训典型案例

及时发现和总结在线教学中一些好的做法和典型的案例,利用网络及时开展分享、交流和在线教研,促进教师教学能力的共同提升,不断提高在线教学质量;及时做好阶段性总结,凝练经验,提升理论,形成可复制、可推广的教改成果,为今后进一步推进混合式教学改革积累成功案例和创新方法打下了坚实的基础。同时,江苏海事职业技术学院组织多轮评审,优选出3个线上教学典型案例报送省教育厅,其中,船员线上培训案例的创新模式得到评审专家的一致好评,其创新点突出,结合行业发展紧密,政行企校联动明显。

(二) 创新教学模式探索

疫情期间江苏海院继续教育学院为了船员知识更新培训的实际困难和企业生产急需,以高度的责任感和使命感克服重重困难完成了线上船员培训56个班,培训量超过5000人次,江苏海事局对此高度重视和赞赏,并表示将继续支持和探索船员培训的新模式。以现阶段的船员线上培训教学成果为基础,进一步规范线上教学和考试制度,建立完整的混合式培训机制势在必行。

(三) 梳理线上培训成果

继续教育线上培训工作综合二级学院多学科力量,统一领导,协同推进,在坚持科学性、确保安全性的基础上有序推进船员线上培训工作,攻克了一个又一个技术问题,形成了一系列研究报告。以内河引航员知识更新培训、内河管理级船员职务晋升考前培训、海船管理级船员职务晋升考前培训三大类培训项目为示范,向江苏海事局和南京海事局提交教学情况实施报告,这些报告凝聚了继教人的心血,也经过了实践的考验,在海事系统得到推广普及,并被海事局推荐到海事类杂志发表,在全国范围内引起强烈反响。继教院"云"上开课,在中国职业技术教育领域传递战"疫"中的时代好声音。

六、政校联动,面向未来

当前,江苏海事职业技术学院肩负着服务江苏区域经济发展方式转变和船员培训需求结构转型升级的责任,学校也将政校联动合作体制机制建设列为重点建设内容。江苏海事局作为行业主管机关,对学校面向培养船员提供高质量教学服务,不断提升教学质量,服务航运企业航运经济可持续发展提供指引。

聚焦关键岗位　心系海员未来

——筹划第十个世界海员日系列活动的思考

2010年，国际海事组织在菲律宾马尼拉召开的《海员培训、发证和值班标准国际公约STCW公约》缔约国外交大会上，决定将每年的6月25日命名为世界海员日，旨在鼓励各国政府、航运组织、船公司、船东在每年的这一天组织有意义的庆祝活动，共同向海员致敬，感谢他们对人类和世界做出的贡献。

2020年6月25日是第十个"世界海员日"。2020年4月24日，国际海事组织（IMO）发布第4198号通函件，将2020年"世界海员日"的主题确定为"Our Seafaring Future"（我们海员的未来），这一主题与今年世界海事日主题"Sustainable Shipping for a Sustainable Planet"（可持续发展的航运为了可持续发展的地球）密切相关。

2020年6月20日，联合国秘书长对世界各地海员面临日益严重的人道主义和安全危机表示关切。由于与新冠病毒相关的旅行限制，全球200万海员中的数十万海员被困在海上数月之久。秘书长认为，没有海员的坚守与努力，世界将无法运转，他呼吁所有国家正式将海员和其他海事行业相关人员指定为"关键工作人员"，并确保可以安全地进行海员换班。

6月20日，在第十个"6·25世界海员日"即将到来之际，国际海事组织IMO拟定了活动的标签和主题——"Seafarers Are Key Workers"！而在此前4月份时国际海事组织（IMO）发布的第4198号通函件中提出的2020年世界海员日主题"Our Seafaring Future"，此次没有再次提及。

国际海事组织在一份说明中说："今年，世界海员日活动将呼吁会员国承认海员是KeyWorker，并敦促他们在新冠病毒暴发期间向海员提供所有Key Worker享有的权利和服务，比如旅行禁令豁免。"

此次IMO以"世界海员日"为契机，向全世界正式发出"Seafarers Are Key Workers"的最强音，"众人拾柴火焰高"，如果我们每一名海员都能积极行动起来，让全世界看到我们海员的特殊贡献，看到我们海员的万众一心，在全世界树立海员敢于拼搏、勇于争取的品质，那么这把火将燃烧得更猛烈。

为全面贯彻习近平总书记海洋强国战略思想，大力营造关心海洋、关爱海员的社会氛围，积极助力"一带一路"和海洋强国、海洋强省建设，在疫情期间进一步弘扬"爱国、进取、敬业、奉献"的海员精神，助推航运发展。6月23—24日，由继续教育学院联合江苏海事局、南京海事局，精心筹备丰富多彩的庆祝世界海员日系列活动。

活动之一是召开主题座谈会，座谈会由江苏海事职业技术学院继续教育学院与江苏海事局共同举办，江苏海事职业技术学院党委宣传部、江苏海事职业技术学院继续教育学院直属党支部和船员临时党支部联办。

新冠疫情发生以来，海员身处 COVID-19 大流行的最前线，在维持全球货物流通供应方面起到了至关重要的作用，同时也面临着巨大困难，如港口出入受限、补给中断、海员换班和遣返等方面的不确定性等等，继续教育学院和在校培训学员感同身受。为了更好地为海员排忧解难，深入了解他们在工作、学习和生活方面的诉求，6月23日下午，继续教育学院在学校行政楼201会议室举办了2020年世界海员日座谈会。

全体在校培训海员期待自己的节日。座谈会当天大雨滂沱，但是参加座谈会的全体嘉宾和学员代表兴致高昂，现场气氛热烈活跃。会议形成了许多共识：海员职业是世界上所有职业中非常特殊和重要的岗位之一，海员的未来关系全球人类的未来。突如其来的新冠肺炎疫情给世界各国经济发展带来严重影响，我国疫情防控所取得的成绩离不开广大海员所做出的巨大贡献，他们克服重重艰难险阻，以国家利益为重，扬帆远航，将保障和安慰送给亲人，将希望和曙光传播到世界各地。海员的未来正是我国战胜新冠肺炎疫情的未来。

会议共同探讨未来世界及中国经济可持续发展的预见，倾听广大海员个人未来发展的心声和期待，共创海员美好未来。

学员代表们用自己数年乃至十数年的航海经历和海事经历，讲述了海员职业生涯的感悟，交流了在工作、培训和生活等方面的疑惑和困难，对行业主管机关和学校提出了合情合理的诉求和建议。来自中远海运、南京油运、苏州泛洋等多个航运企业的16名海员学员代表畅所欲言。座谈会的初衷得到实现。

江苏海事职业技术学院和江苏海事局把关爱海员提高到战略高度，全面落实《交通强国建设纲要》，完善海员职业培养体系，加强海员权益保障，加强航海文化教育，提升海员的职业归属感和吸引力。

活动之二是"寄语未来"大型主题活动。6月24日上午，继续教育学院在学校南大门举行寄语未来"大型主题活动。在"热烈庆祝第十个世界海员日"的红色拱门下，"寄语海员未来"的签字墙正中矗立，两侧是精心设计制作的文化展板，左侧是"疫情中的海员"主题，征集了疫情期间江苏海员坚守岗位、克服困难、确保海运畅通的众多感人事迹，右侧是"海员与世界经济发展"主题，通过数据和图片详细列举了航运业在世界经济发展中的贡献，直观体现了海员职业对全球经济的重大意义。在校学生和教职工在展板前驻足观看，并在现场与继续教育学院老师们进行了热烈的交流和咨询。继续教育学院在校的所有学员统一着装按批次来到现场，他们在签字墙上写下了自己的名字，写下了对未来的美好祝愿和希望，也写下了对学校和老师的深厚感情和牵挂。每个班级在签字墙前的合影留念，标志着他们正式成为学校的校友。

活动之三是答疑解惑。6月24日上午，南京海事局政务中心和船员处工作人员到活动现场，与现场学员进行了热烈的互动交流，为他们答疑解惑。南京海事局和继续教育学院领导围绕疫情防控常态化形势下如何解决船员的现实困难、公司和社会如何为船员营造体面的发展环境，以及作为船员如何创造美好的未来等话题展开了积极交流，双方在签字墙前合影。

　　日落与星空做伴，日升与海鸥同行。浩瀚江海，因为有了海员而有了灵魂；万顷碧波，因为有了海员才显得博大澎湃。作为蓝色国土的耕耘者，海员为人类幸福和国家建设贡献着应有的力量。本次庆祝第十个世界海员日系列活动的成功举办彰显了社会和学校对海员的崇高敬意，也增加了学员们对自身职业的了解、热爱和自信，为他们继续投身航海事业指明了方向。海员们，祝福你们！

突出优势 强者联合 冲击遴选

——申报教育部首批职业院校校长培训基地的思考

一、项目背景

2020年6月23日,教育部职业教育与成人教育司发出《关于遴选首批职业院校校长培训基地的通知》教职成司函〔2020〕8号。

主要内容:为贯彻落实党的十九届四中全会、全国教育大会精神和党中央、国务院对职业教育工作的决策部署,推动全面落实《国家职业教育改革实施方案》,加大职业院校校长培训力度,提高职业院校治理能力和治理水平,决定开展首批职业院校校长培训基地遴选工作。

遴选原则:按照统筹规划、条件公开、自愿申请、合理布局、择优选择的原则遴选职业院校校长培训基地。

遴选范围:职业院校校长培训基地由高等职业院校,或高等职业院校联合普通本科高校、教育部直属事业单位承担。

基本条件

略。

经分析,学校具备文件要求的基本条件。以学校为申报主体,联合单位邀请南京大学教育研究院与教育部职业技术教育中心研究所共同参加,发挥各自优势,努力冲击成为首批职业院校校长培训基地的目标。

二、建设职业院校校长培训基地的条件分析

(一)雄厚的专业实力

江苏海事职业技术学院(以下简称"江苏海院")是江苏省人民政府批准建立的一所全日制高等职业院校,是江苏省高水平高职院校建设单位、国家"双高"计划建设单位、国家优质专科高职院校、全国最受欢迎的航海教育培训机构、全国高职院校国际影响力50强、服务贡献50强和育人成效50强单位,为中国海事教育领域最具国际竞争力和影响力的高职院校之一。

南京大学是国家"211工程"重点支持的大学、"985工程"首批重点建设的高水平大学、A类世界一流大学建设单位。项目牵头部门南京大学教育研究院前身是成立于1982年的南京大学高等教育研究室,作为南大高等教育研究的主体,是全国最优秀的教育学院之一。

教育部职业技术教育中心所（以下简称"教育部职教所"）是教育部直属事业单位，成立于1990年，是一所国家级职业教育科学研究与开发机构，也是国家最高的职业教育科学服务与管理决策服务机构，教育部职教所已经成为国家职业教育改革发展决策的智库，成为推动和落实"职教20条"的改革先锋。

（二）深厚的培训资历

江苏海院是交通运输部海事局核定的航海类专业办学规模全国最大的高职院校，学校具备103项培训资质，与100多家企业合作开展员工培训，年均社会培训规模达2.5万人次，外籍船员培训达200余人次，年培训收入2600余万元，是全国职工教育培训示范点，连续多年荣获"江苏省职业技能鉴定工作先进单位"称号。

南京大学教育研究院作为江苏省职业学校教师省级培训基地，广泛参与了江苏省教育管理与教学骨干、高校干部与教师的人才培养。

教育部职教所是教育部全国职教师资基地和全国职教校长基地（17个）之一，广受好评。

（三）卓越的办学条件

江苏海院地处江苏省南京市，拥有江宁、秦淮和板桥3个校区，占地总面积1629亩，教科研仪器设备总值2.3亿元，建有长三角现代航运技术公共实训基地、现代航海虚拟仿真实训中心、船舶电子电气实训基地、先进船舶制造技术实训基地、现代港口生产技术公共实训基地等一批国家级、省级产教融合实践平台；拥有全国海事类院校唯一的停泊实习船、全球最先进的Kongsberg航海模拟器和Wärtsilä电喷船舶智能化机舱，是全国高校仅有的3个中华人民共和国海事局船员实操考试试点考场之一；新建有超4星级标准的国际邮轮培训中心，餐饮、住宿及设施设备等一应俱全，为项目开展提供了强有力的硬件条件保障。

（四）一流的师资团队

江苏海院拥有专任教师512人，双师教师占比达90.98%；拥有江苏省技能大师工作室、南京市技能大师工作室；拥有省级及以上教学名师、333工程人才、青蓝工程人才、有突出贡献青年专家以及全国技术能手、江苏工匠等60余人；是参与国家海事履约法规研制的6所本专科院校之一和首批交通部指定的索马里海军"护航船长"指派单位。

南京大学教育研究院作为南大高等教育研究的主体，是全国最优秀的教育学院之一，在国内外拥有广泛影响力。

教育部职业技术教育中心研究所现有各类人员76人，56%以上的人员具有高级专业技术职务。

（五）丰硕的教改成果

江苏海院借鉴国际、国内先进专业建设理念，以市场和学生需求为导向，强化专业建设，建立健全专业分类建设和动态调整机制，优化专业结构，提升专业服务水运产业和区域支柱产业对接度。大力推进专业内涵建设，优先扶持新开专业的办学条件建设，优化形成了以海洋运输类专业为主体，以现代服务业与新一代信息技术产业类专业为支撑的"江海联动、水陆并举"专业体系，服务行业、产业转型升级的能力显著提升，建成了一批国内或省内有较大影响的品牌、特色专业。学校曾荣获国家级教学成果奖二等奖3项，省级教学成果奖特等奖2项、一等奖7项，交通运输部教学成果奖特等奖1项，人才培养硕果累累，优秀校友遍布全球，被誉为"新中国优秀航运人才的摇篮"。

（六）完善的后勤保障

江苏海院拟成立项目培训工作领导小组，由学校统筹推进项目的计划和实施。培训内容按照"可学、好学、有用、好用"的原则，依托联合申报单位选聘高水平、有情怀的国家级专家团队，以灵活多样的方式呈献给参训学员，推行个性化、菜单式培养。选派经验丰富的班主任管理班务，确保培训项目的高效、高质量开展。学校借助地处江宁大学城核心区域、交通便利、资源丰富的优势，制订完善的培训安全预案，确保培训顺利实施。

（七）良好的校企合作基础

学校在政行企校四方合作发展理事会框架下，基于专业群组建了泛长三角港口与航运国际职教集团、南京港口学院、金陵船舶学院、华为ICT学院、新东方学习中心等一批校企合作载体。泛长三角港口与航运国际职教集团成员包括马士基集团、中远海运集团、招商局集团等国际知名企业150余家，深度的产教融合与紧密的校企合作极大地推动了专业建设水平与人才培养质量的提升，也为师资培训培养提供了更加广阔的平台。

三、培训方案的初步设想

（一）职业院校校长培训背景认识

高等职业教育伴随着改革开放和国家经济转型升级的发展历程，经历了从无到有、从小到大、从弱到强的发展过程，经过几代职教人的共同努力，已经逐渐形成了具有中国特色的职业教育模式，培养和输送了一批又一批高素质技术技能人才到包括

国家生产建设管理服务在内的行业第一线，为中国经济社会的快速发展做出了不可磨灭的贡献。党的十九大报告明确提出了对职业教育的具体要求，即要"完善职业教育和培训体系，深化产教融合、校企合作"。

校长是职业院校发展的灵魂。作为职业院校的领导者，校长是教育思想的先行者，是行政管理的督导者，校长队伍建设直接关系着职业院校的发展前途和办学力量。为贯彻教育发展规划纲要，面向国家经济社会发展需要，充分发挥校长在职业教育发展中的重要作用，有必要建立专门的校长培训基地、培训体系和专家库，培育一批职业教育专家水平的卓越校长，适应职业教育中长期改革与发展的需要。

（二）培训课程总体初步安排

略。

（三）培训师资

江苏海院、南京大学教育研究院、教育部职教所等高校、研究机构的资深教授、专家学者、政府专家以及合作企业专家。

（四）培训方法

课堂讲授、现场体验、学习参观、交流互动、专家点评等相结合。

落实主体责任　推动科学发展

2017年7月以来，本人担任继续教育学院党总支书记兼继续教育学院（以下简称"继教院"）副院长。任期述职述廉如下。

一、始终坚持学习，加强党的建设，提高服务事业发展能力

（1）加强理论学习，夯实理论基础。认真学习党的十九大和十九届四中全会精神及新党章、习近平治国理政新理念及其他重要会议与文件精神。牢牢把握习近平新时代中国特色社会主义思想，坚定理想信念，不断提高党性修养与政治素质。

（2）把好政治方向，确保班子成员思想上、政治上同党中央保持一致。组织开展中心组学习22次、总支会议40余次、扩大会议4次、教职工学习10次、党员学习10次，主持集中学习并上党课20余次，宣传十九大、习近平新时代中国特色社会主义思想、全国教育大会精神、习近平总书记在学校思想政治理论课教师座谈会上的重要讲话精神等。

（3）加强意识形态领导管理工作，加强师德师风建设和新时代公民道德建设、爱国主义教育。始终把学习作为提高思想素质、促进作风建设的重要手段，积极开展思想政治教育。

（4）继续坚持以"两学一做"学习教育常态化、制度化为抓手，分别从党的建设、业务工作、思想政治等方面认真学习，学思用结合，努力提高服务学校事业发展的能力。扎实开展"双抓双促"大走访、大落实活动，科学制订方案，强化方案宣贯，注重活动效果。"三走进"落实情况效果好。

（5）结合工作，加强研究，促进业务水平提高。完成2017年度"江苏省社科应用研究精品工程"财经发展专项（17SCB－12）结题，完成2项省教育厅高校哲社课题（1项排名第二）。公开发表7篇文章。获江苏省教育会计学会2017年度优秀论文三等奖1次。

二、开展主题教育，学习调研检视，推动问题整改落实

（1）组织召开3次专题会议研究主题教育相关问题。扎实开展"不忘初心、牢记使命"主题教育。认真学原著，悟原理。组织班子集中学习10个半天，研讨"八个专题"；开展"三问"讨论；组织党员干部学习周恩来、赵亚夫、王继才，集中观

看相关视频并赴淮安周恩来故居和纪念馆开展学习；组织各支部开展"四重四亮"活动；开展中层干部调研；讲专题党课3次；开展"三听两问"，梳理汇总反映集中的各类意见建议；按照"四个对照"和"四个找一找"要求，列出个人问题清单和整改措施；制定专题民主生活会会议方案，开展谈心谈话，起草领导班子检视剖析材料，召开专题民主生活会；参加专题组织生活会，开展民主评议党员；党员教育覆盖率100%。

（2）以每次主题教育为新起点，牢牢把握新时代党的建设的总体要求，把党的政治建设放在首位。专题研究继续教育发展在构建服务全民学习型社会的教育体系中的定位问题。

三、着力主体责任，加强组织建设，提高凝聚力和战斗力

强化总支书记的责任落实，坚持以加强组织建设、提高党组织的凝聚力和战斗力来为部门的发展进行保驾护航的理念。

（1）把握规则，围绕中心抓党建。制定了《继续教育学院落实党政共同负责制若干规定》，从制度上找准党建工作与中心工作的结合点，坚持执行继续教育学院党政共同负责制度。完成总支换届选举及副科级干部的选拔，完成班子的组建和人员的配置，同时紧抓党员干部队伍、教职工队伍、群团队伍三大建设。配强党支部双带头人。

（2）把握抓手，推动党建上水平。抓好"三会一课"，组织好党总支民主生活会和支部组织生活会，民主评议党员有实效。

（3）坚持调查研究。走访20余家企业、10家院校，接待数十家企业院校的来访，共同研究继教事业，共同开发培训项目。

（4）坚持履行中层以上干部联系班级制度。认真履行意识形态工作职责，掌握学生思想动态，做好针对性引导。

（5）抓好主题党日活动。2018年主题党日活动获学校最佳党日评比二等奖。2019年"进江宁联社区 拓项目谋服务——党员齐力孵化服务地方新品牌"主题党日活动获学校最佳党日评比一等奖、江苏省年度高校"最佳党日活动"优胜奖。

四、落实党代会精神，推进"双高"计划，提升业务工作品质

（1）2019年是全校落实第三次党代会精神的开局之年，也是推进高水平高职院校建设的关键之年，通过组织动员，把第三次党代会提出的要求落实到具体工作任务中。合理布置任务，细化工作举措，目前实施方案进行顺利，各项指标均超目标要求。

（2）加大开拓创新力度。新建11个校外函授教学点，函授招生比上年度增加4倍。同时，正式获批上海海事大学函授本科南京教学点，首次展开函授本科教育。

（3）完成交通部海事局支持甘肃六盘山片区精准扶贫海员培训项目，先后培养42名贫困地区人员成为海员，并推荐至招商局南京油运公司就业。持续深入，积极作为，以党员进社区为抓手，持续推进社区教育项目。分析、培育、开发培训市场，不断满足社会各方面的培训需求。

（4）努力争先创优。继教院获得"江苏省2017年度优秀成人教育机构"称号，被评为"2019年中国最具社会影响力高校"，被江苏省成人教育协会评为"江苏省2019年度优秀成人继续教育院校"，2019年被评为"江苏省产业人才培训基地"。

五、注重核心导向，紧盯目标任务，推进部门重点工作

科学制订未来发展规划。确定了"优质终身教育的提供者，校友个人发展的好平台"的愿景，以5项外向发展工作计划和3项内部完善工作计划为具体抓手，着重启动实施"学历技能并重、专本专硕并行、国内国外并拓"的"三并"发展战略。

任期内继教院重点工作和常规工作均全面超额完成。

六、引领清风正气，加强作风建设，营造从严治党氛围

（一）认真抓好党风廉政建设，履行党风廉政建设第一责任人责任

（1）认真落实党风廉政建设"两个责任"。
（2）切实加强党风廉政建设。

（二）个人廉洁自律方面

能够严格要求自己，遵守廉洁自律准则，落实中央八项规定及其实施细则精神，秉公用权，树立良好家风，严格要求亲属，严格要求班子成员及教职工，反对"四风"和特权思想，力求做到一身正气。接受组织和群众的监督，洁身自好。践行廉政承诺，坚决抵制不廉行为的人和事。积极参加党总支民主生活会和支部组织生活会，及时报告个人重大事项。

七、分析问题不足，谋划未来发展，完善继教发展战略

（一）主要不足

（1）抓党建工作推进不平衡，特色亮点不足；抓党建思路不够开阔，发展动力不足；抓党建业务不够精通，方法手段单一。

（2）对照十九届四中全会提出的"构建服务全民终身学习的教育体系"的要求，继教院的发展战略有待完善。

（3）未能推动起全校范围内对职业院校广泛开展继续教育工作服务社会的根本意义的重视，对继教与培训的认识仍处于培训创收的较低层次。从事继教与培训工作的积极性不高。

（二）今后主要思路及举措

（1）进一步发挥党员先锋模范作用方面。努力探索新形势下群众工作的方法，提高工作效果。党建工作向"标杆党总支""样板党支部"看齐。

（2）推进继续教育供给侧改革。搭建继教服务平台，稳步发展学历继续教育，广泛开展立足岗位的技术技能培训，积极开展面向前沿的高端研修培训，引进国际精品培训课程和先进培训模式，为全面建成高水平院校贡献力量。

（3）持续提高继续教育与培训的能力和质量，增强市场意识和服务能力，推进实施继教品牌创建计划，加快实施船员培训 N9 计划。

（4）贯彻落实学校第三次党代会精神"搭建人才培养'立交桥'完善继续教育服务体系"过程中，对函授教育存在的风险，在风险分析、风险对策方面有差距。

（5）提高主题活动的吸引力与效果。